KB260687

신화, 전사를 만들다

# 신화, 전사를 만들다

김용호 지음

휴머니스트

1

책 쓸 생각이 별로 없을 때였다. 성공회대학교 문화대학원에서 '신화와 서사' 강의를 처음 개설하여 맡았고, 이때 학생으로 수강한 〈황해문화〉의 전성원이 내게 신화에 관한 책을 써보라며 여러 차례 권했다. 강한 권고의 부담을 피할 생각으로 '같이 쓰자'고 제안하고는 세월을 흘려보냈다.

시간이 남는 시절이 왔다. 이런 때 할 수 있는 도둑질이 글쓰기뿐이라는 점이 안타깝기도 했으나, 전성원의 권고가 살아오면서 고마운 마음으로 비어버린 시간들을 채워 나갔다. 20여 년 만에 처음으로 컴퓨터로부터 자유를 얻어 종이 위에 글을 썼다. 컴퓨터로 글 쓸 때의 직선적 사고와는 달리 이것저것을 평면에 늘어놓는 모자이크적 사고의 독특한 맛이 있었다. 이면지를 한 장 한 장 활용하는 즐거움도 있었고, 팽개쳐놓은 여러 볼펜들의 먹이 끝나는 즐거움도 맛보았다. 이 삶에 다가온 물건들과의 인연을 남김없이 다하고 헤어지는 뿌듯함에, 펜을 잡은 손가락이 아려오는 단맛도 덧붙여졌다.

초고를 끝내가면서 출판사를 선정할 때가 되자 거의 10년쯤 전 생각이 났다. 책 쓸 마음이 없던 때, 선완규가 찾아와 '같이 책을 내고 싶다'는 뜻을 전했다. 그의 은근하면서도 간곡한 시선이 이 마음에 부담으로 살아 있음을 알았다. 지금은 새 출판사의 편집주간으로 일하는 그와 출판을 약속하면서, 한때 염원으로 쏘아올린 정성의 에너지가 오랜 세월을 관통하여 현재를 움직인다는 신비를 느꼈다.

이 책은 성공회대학교 학부와 대학원에서 주변 분들이 권하여 맡게 된 '신화와 서사' 수업에 기인하는 바 크다. '그리스 신화'를 다시 접하고, 《삼국유사》를 제대로 읽는 기회가 다가왔다. 사건과 사건들, 인물과 인물들이 소록소록 살아나면서, 옛 사건의 주역들이 지금 여기의 한 가슴을 깊게 진동시키는 것이 경이로웠다.

프시케가 천상의 사랑을 성취하기까지 겪은 일들이 그녀의 얼굴보다 몇 배나 더 아름다웠고, 장애가 드러날 때마다 떠나고 버리어 마침내 저 궁극의 자유 지평에 이른 원효스님이 그렇게 멋질 수 없었다. 영주 부석사에서 경전을 나르던 소였다가 지방 관료의 계집종으로 환생한 욱면이 절 지붕을 뚫고 하늘로 승천할 때나, 숱한 역경을 묵묵히 받아들여 수정처럼 맑고 단단한 혼이 된 헤라클레스가 하늘로 승천할 때 그들의 노고에 큰 박수를 보냈다.

이 책을 쓰기까지 내가 한 일은 남들의 권고와 요청을 받아들이고 황홀하게 나타난 삶의 전사들과 그들의 자세에 감동한 것뿐이다. 글자를 적어가는 것은 일이라고 할 수도 없으니, 이 삶에 다가온 그들 모두가 시킨 일이다.


2

발칸 반도와 한반도, 인도, 중동, 북유럽 등지에서 살아간 신들과 인간들이 같이 만들어간 사건들은 다 다른 것처럼 보이지만, 깊이 관찰해 보면 그토록 먼 거리와 시간을 관통하는 공통의 시선이 보물처럼 들어 있다. 그들은 같은 눈으로 천지창조를 관찰했고, 인간의 운명과 사건을 움직이는 힘도 같은 눈으로 보았다. 또 모든 존재가 도달해야 할 궁극의 목적지를 조망하는 시선도 비슷했다.

의식의 계단을 따라 오르다 어떤 층위에 이르면 지역과 시간에 관계 없이 세상을 똑같이 보는 시선과 만난다. 치즈를 먹는 사람도, 김치를 먹는 사람도 서로 물리적인 교류 없이 홀연히 같은 시선을 가진다. 그 시선들이 다른 지역의 여러 신화 사건들에 농축되어 있다. 발칸 반도의 할머니들도, 한반도의 어머니들도 같은 신화적 시선을 손주와 자식들에게 전해준 것이다. 오늘날 신화가 다시 부상하는 것은 문화적으로 다른 삶을 살아온 사람들이 만나 함께 새 질서를 창조하기 위해 마음의 저류에 흘렀던 저 고대의 시선을 되살리는 과정이리라.

그 시선으로 보면 제우스와 헤라 부부의 익살스런 연기가 그렇게 큰 자비를 감추고 있는 것이 고맙고, 양친의 꿈을 붙들고 인도양을 넘어 한반도 남해안까지 남편감 김수로왕을 찾아온 인도 공주 허황옥의 결단이 무엇을 위한 것이었는지 감격 어린 마음으로 이해된다. 호랑이 처녀가 인간 남자 김현을 사랑하고 그를 위해 목숨을 바치자 인간 남자가 호랑이 처녀를 위해 절을 짓고 기도하는 현실, 바위의 단단함도 누그러뜨리는 오르페우스의 음악이 아내가 있는 지하 세계까지 녹여버리는 현실이 지금의 단단한 정치적, 경제적, 사회적 현실을 녹이고 새 현실의 축을 세운다. 새롭게 부상하는 현실은 그런 시선, 그런 마음을 통해서야 바르게 세워질 수 있다는 메시지가 동시에 울린다.

3

신화적 시선을 마음의 저류에서 끄집어 올리기 위해서는 할머니의 무릎 베개를 베고, 또는 어머니의 젖을 만지며 귀를 쫑긋 열고 들었던 때의 마음으로 돌아가야 한다. 그 마음 수준이 되어야 시간과 공간의 엄청난 거리를 넘어 고대의 진귀한 시선을 얻을 수 있다.

역사적, 문학사적 사실에 맞느냐 안 맞느냐는 의문, 과연 용과 요정이 어디에 있겠느냐는 의심, 그리고 무엇보다도 몽매한 고대인들이 자연에 대한 두려움에서 꾸민 이야기라는 자만의 어두운 옹고집들을 내려놓아야 한다. 그래야 화학 분자식에 가려진 새와 호랑이와 바위와 풀숲에서 진한 탄식과 소망을 느낄 수 있고, 인간의 몸뚱이가 찬란한 빛을 내며 천상의 음악에 맞추어 하늘로 날아가는 장관을 콘크리트 벽돌 저편으로 바라볼 수 있다. 그래야 신화적 시선이 양미간에 다가와 제3의 시선으로 자리 잡는다.

그러면 알게 될 것이다. 신화는 이야기가 아니라 세상을 보는 시선이라는 것을. 그것도 높은 설명력과 통찰력이 밴 시선이라는 것을. 또 오늘날 차가운 과학의 벽을 뚫고 부상하는 가이아 이론, 카오스 이론, 형태발생의 생명장 이론, 홀로그램 이론, 현대 물리학 등 '황당해 보이는' 최첨단의 시선들은 오랫 동안 덤불에 묻혔던 신화적 시선을 다시 끄집어낸 것이라는 점을. 나아가 채소나 나무를 가꾸며 식물 종족과 대화하는 사람들, 고래나 개들과 소통하며 더 없는 우정을 맺는 사람들, 생명의 원천인 물이 핵폭발에 아파하고 사랑에 환희한다는 사실을 알리는 사람들, 티베트와 동남아를 돌아다니며 가부좌를 틀고 앉는 사람들, 백인-굴뚝산업-이념전쟁-물신숭배의 무지한 지배 껍질을 벗기고 흑인과 백인의 피를 섞은 영웅을 담대한 새 희망의 지도자로 뽑은 사람들 속에도 고대의 그 시선이 살아 올라오고 있다는 것을. 그리고 그 시선들이 거대하게 뭉쳐 지구를 큰 눈으로 바라보며 새로운 삶의 창조를 강력하게 소망하고 있다는 것을.

그 거대한 눈은 수많은 눈동자들로 뭉쳐 있다. 이 책도 그 거대한 눈의 작은 한 눈동자일 뿐이다.

2009년 초봄 김용호

이 삶에 다가온 가장 귀한 손님

딸 윤영에게 바친다

**차례**

지은이의 말 · 4
헌사 · 9

## 1부 사랑

### 순수한 사랑    14
클리티에 · 15
지귀 · 19
우라노스 · 22

### 불순한 사랑    30
호동왕자 · 31
스킬라 · 34
알타이아 · 47
클리타임네스트라 · 49

### 순진불순한 사랑    44
순진한 호동 · 45
글라우코스, 스킬라, 키르케 · 48

### 믿음직한 사랑    56
페넬로페와 오디세우스 · 57
디오니소스와 아리아드네 · 63

### 승화하는 사랑    68
뱀신랑 · 69
김현 · 75
바보온달과 평강공주 · 81

## 2부 소통

### 단단한 벽    88
피라모스와 티스베 · 89
헤로와 레안드로스 · 93
에코와 나르키소스 · 95

### 벽 넘기    104
무왕, 자청비, 멜람푸스 · 105
베르툼누스와 포모나 · 108

### 안벽    114
케팔로스 · 115
아도니스, 스미르나 · 119
오르페우스 · 124
악타이온 · 130
수로 · 140

### 스스로 있음    144
원효 · 145
안벽 깨기 · 150

### 투과 공명    156
영재 · 157
중생사 관음화상 · 161
피그말리온 · 167

## 3부 전사

**사랑의 전사** 174
프시케 · 175
에로스 · 178
내 영혼의 영혼 · 187

**비전의 전사** 196
문희 · 197
자장 · 202
아비지 · 206

**믿음의 전사** 212
허황옥 · 213
아리스타이오스 · 221

**받아들임의 전사** 228
레토, 이오, 칼리스토 · 229
제우스식 사랑과 헤라식 사랑 · 235
받아들임 · 241

**버림의 전사** 248
박제상 · 249
오딘 · 256
당금애기 · 260

**떠남의 전사** 276
혜숙 · 277
사복 · 280
보천과 효명 · 284

**인연의 전사** 294
진정과 어머니 · 295
아도와 고도녕 · 302

**함께 가는 전사** 308
광덕과 엄장 · 309
보양과 이무기 · 315
포천산 다섯 비구 · 318

**몸 던짐의 전사** 320
진표 · 321
욱면 · 326

## 4부 전사의 길

**자비의 전사** 334
바리공주 · 335
자비희사 · 344

**꿈을 깨는 전사** 350
조신 · 351
꿈 깬 여전사 · 356

**전사의 길** 360
헤라클레스 · 361
갈 길 · 368

# I

## 사랑

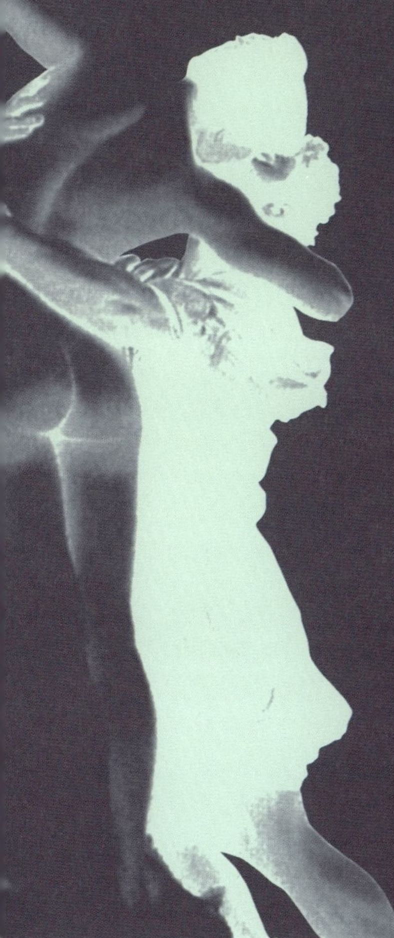

# 순수한 사랑

"사랑은 나의 천국, 사랑은 나의 지옥."

사랑으로 저 환희에 찬 천국에 오르기도 하고,

사랑으로 저 어두운 지옥에 떨어지기도 한다.

사랑은 '빛과 그리고 그림자'라는 양극단적 가능성을 갖고서

모든 인간에게 운명처럼 덮쳐온다.

양극단의 가능성을 갖고 덮쳐오는 사랑,

그 시작은 순수한 사랑이다.

# 클리티에

물속에 사는 요정 클리티에는 태양의 신 아폴론을 몹시도 사랑했다. 그러나 태양의 신은 매정하게도 이 사랑을 도무지 받아주려 하지 않았다. 절망한 클리티에는 머리카락을 어깨 위로 풀어헤친 채 하루 종일 차가운 땅바닥에 주저앉아 있었다. 이러기를 아흐레. 먹을 것, 마실 것을 입에 대지도 않았으니, 그녀의 입술로 들어간 것은 오직 눈물과 이슬뿐이었다.

클리티에는 태양신 아폴론의 마차가 떠오르면 그를 올려다보기 시작하여 궤도를 다 돌아 가라앉을 때까지 줄곧 해바라기만 했다. 마침내 클리티에의 다리는 땅에 뿌리를 내리고, 얼굴은 꽃이 되었다. 이 꽃은 밤새 태양이 뜨기를 기다리며 고개를 숙이고 있다가, 떠오르는 태양에 환희로 얼굴을 번쩍 치켜들고는 임의 자취를 조금이라도 놓칠세라 눈을 떼지 않고 끝까지 얼굴을 맞추었다. 마침내 그녀의 얼굴은 태양의 모습을 닮아갔다.

발칸 반도에서 발생한 이 사건은 슬픈 사랑의 이야기로 전해져온다. 하지만 오래 세월이 흐르고 사람들이 태양을 쳐다보지도 않는 시절, 여전히 태양신을 사랑하는 여인은 클리티에뿐이다. 풀어헤친 머리카락과 흐르는 눈물이 뒤엉켜 임만 쳐다본 그녀의 얼굴이 태양

 ⟨클리티에⟩ 파로디

을 닮은 것을 보면 알 수 있다. 오래 마주한 부부는 얼굴이 닮아가 므로.

숱한 존재들이 태양을 향한 흠모의 정을 보냈으나, 클리티에의 애정만큼 순수하지는 않았다. 대부분은 잠시 쳐다보다가 다른 세상 사에 시선을 돌렸다. 그러나 클리티에는 선 자리에서 미동도 하지 않았고, 헝클어진 머리를 단정하게 할 여유도, 눈물로 범벅이 된 얼 굴을 닦아낼 짬도 없었다. 차인 신세에 대한 절망을 허용할 정도의 틈도 없었다. 잠시도 그를 쳐다보지 않고는 견디지 못할 사랑의 화 신이 되었다.

사랑의 에너지가 집중되자, 한 줄기 강렬한 눈빛이 태양을 향했 고, 초점을 바꾸지 않은 채 계속 따라왔다. 흘깃 내려다보니 차버린 여인이 흉한 모습으로 올려보는 것이었다. 다시 외면했다. 그러나 다음 날도, 그 다음 날도 여전히 강렬한 사랑의 빛이 똑같이 따라왔 다. 그 엄청난 자력을 외면할 수가 없었다. 동정과 애정으로 다시 그녀를 응시하는 순간, 그녀는 영원히 태양을 쳐다보는 존재로 변 해버렸다.

클리티에가 보낸 일편단심의 눈빛에 태양이 얼굴을 돌린 이후, 둘은 매일 서로를 반드시 쳐다보았다. 그들은 세상의 어떤 연인보 다 더 많은 시간을 정면으로 쳐다보았다. 태양이 사랑의 따뜻한 기 운을 계속 보내주면, 해바라기는 흠모와 감사의 정을 하늘로 다시 쏘아올린다. 이 둘의 순수한 사랑 덕분에 그 옆에서 살아가는 다른 생명체들도 태양의 은덕을 나누어 가질 수 있었다.

순수한 사랑의 힘이 드러난 사건이다. 그 힘은 외면한 거대한 얼

굴을 다시 돌리고, 모습을 서로에게 맞추어 바꾸어가면서, 순간에
서 영원으로 퍼져 나간다.

# 지귀

순수한 사랑의 사건은 조금 다른 형태이긴 하지만 7세기 한반도에
서도 일어났다.

　신라 선덕여왕 때 지귀(志鬼)라는 시골 청년이 어느 날 임금님이
계신 서울에 왔다가 시정을 행차하며 지나가는 여왕을 보았다. 선
덕여왕은 성품이 인자하고 지혜로울 뿐 아니라 그 용모가 아름다워
백성들의 칭송을 받았다. 때문에 여왕이 한번 행차하면 숱한 사람
들이 여왕을 보려고 거리를 가득 메웠다.
　시골 청년은 한눈에 여왕을 사모하게 되었다. 그러나 평민 청년
과 여왕의 거리는 메울 수 없는 법. 그는 잠도 자지 않고 밥도 먹지
않으며 선덕여왕을 부르다 그만 미쳐버리고 말았다.
　어느 날 선덕여왕이 행차할 때, 지귀는 여느 때처럼 "나의 사랑하
는 여왕이시여!" 하고 외쳐대며 거리를 뛰어다녔다. 여왕이 그 소리
를 들을까 저어한 관리들이 붙잡아 매질도 했으나, 사람들이 모여
들어 웅성대면서 일은 더 커졌다. 마침내 여왕이 웅성거리며 모여
있는 사람들을 보고 사연을 물었다. 관리는 쑥스러워하며 죄지은
사람처럼 머리를 숙이고 말했다.
　"지귀라는 미친 인간이 여왕님을 사모한다며 소동입니다."

이 해괴한 보고를 받은 여왕의 반응은 의외였다.

"고마운 일이로구나."

여왕은 신하들에게 명하여 지귀더러 따라오도록 하라고 허락했다. 사람들이 놀란 표정으로 어안이 벙벙할 때, 지귀는 너무나 기뻐 춤을 추며 여왕의 행렬을 뒤따랐다.

이날은 왕이 절에서 기도하기 위해 행차한 날. 여왕은 법당 안에서 부처님께 오랫동안 기도를 하였다. 그동안 지귀는 절에 있는 탑 아래서 여왕이 나오길 기다렸다. 그런데 좀처럼 나오지 않자 그 자리에서 잠이 들고 말았다. 기도를 마치고 나온 여왕은 탑 아래 잠들어 있는 지귀를 보았다. 여왕은 가엾다는 듯 물끄러미 바라보더니, 팔목에 끼었던 금팔찌를 빼어 지귀의 가슴 위에 올려놓고는 발길을 돌렸다.

얼마 후 잠에서 깬 지귀는 가슴 위에 놓인 여왕의 금팔찌를 보고는 놀랍고 기쁜 마음에 팔찌를 가슴에 꼭 껴안았다. 가슴 바깥의 금팔찌와 가슴속의 기쁨이 결합하자 온몸이 달아오르며 불길이 솟았다. 가슴에 붙은 불은 머리와 팔다리까지 옮아 기름 묻은 솜뭉치처럼 활활 타올랐다. 지귀가 온 힘을 다해 탑을 잡고 일어서는데, 불길은 탑으로 옮아 탑도 불기둥이 되었다. 지귀가 꺼져가는 숨을 헉헉 내쉬며 멀리 사라지는 여왕 쪽으로 허우적허우적 걸어가자, 그의 불기운이 주변에 있던 집에까지 옮겨 붙었다. 마침내 온 거리가 불길에 휩싸였다.

이후 지귀는 불귀신이 되어 세상을 떠돌며 불을 질러댔다. 뜻귀신(志鬼)이 불귀신이 되어버린 것이다. 이에 선덕여왕은 불귀신을 쫓는 주문을 지어 내놓았다.

뜻귀신 마음속에 불이 일어
몸을 태우고 불귀신으로 변했네.
푸른 바다 밖으로 흘러갔으니
보지도 말고 서로 친하지도 말지어다.


백성들이 선덕여왕의 주문을 대문에 붙이자 더 이상 불로 인한 재난은 일어나지 않았다. 뜻귀신이 선덕여왕의 뜻에는 꼼짝없이 복종했기 때문이다.

순수한 사랑은 사람을 실성하게 만들고, 몸도 탑도 거리도 불태운다. 그 정도로 사랑의 순수한 힘은 세다. 특히 한 대상에 대한 의지가 순수할수록 그 사랑의 힘은 세다. 뜻귀신이라는 이름에서 뜻〔志〕은 '의미'를 말한다기보다는 '의지,' 즉 마음의 쏠림을 말한다. 뜻귀신은 의지 귀신을 말하니, 물불을 가리지 않고 이상에 몸을 던지는 청년일 것이다. 자신의 이상형을 발견하자 온몸을 던져 사랑하니, 미치고 온몸이 불타고 세상을 불태울 수밖에 없다. 사랑만으로 순수한 에너지는 그 정도로 강력하다.

지귀의 사랑은 이 세상에서 사랑의 순수한 질료가 불이라는 사실을 알려준 사건이다. 물의 요정 클리티에가 태양신을 사랑한 것은 물이 불을 향해 하나가 되고 싶다는 뜻을 강하게 가진 사건이다. 물이 불을 그리워하며 오래 바라보자, 불기운이 물로 들어와 흙 위에 해바라기 식물로 태어난 것이다.

물과 불은 상극이기에 서로를 없애기는 쉬워도 결합하기는 곤란하다. 그러나 그토록 순수한 정성으로 오래 쳐다보고 마주 보면 양극의 중간 지대에 식물이라는 생명을 창조해낼 수 있다. 물과 불의 순수한 사랑은 창조적 가능성을 가진다.

그러나 지귀는 뜻에 대한 열정이 강한 사람이므로 본래 불기운이 많았다. 여기에 사랑의 불을 질렀으니, 기름에 불을 결합한 셈이다. 그의 몸이 불기둥이 되어버리는 것은 당연하다. 불이 사랑의 불과 결합하자 파괴적인 기운으로 변한다.

애초에 사랑은 물과 불의 결합을 이룰 정도로 오래가는 따뜻한 기운이었다. 그러나 세상에 신분의 벽과 성별을 구분하는 벽이 촘촘히 세워지면서 강한 뜻과 의지를 가져야만 벽을 넘을 수 있게 되었다. 이 때문에 사랑은 뜨거워졌고, 불이 되어갔다. 이때부터 사랑은 욕망이 되었다.

사랑의 질료가 불이 된 이후 순수한 사랑은 파괴적 가능성을 높여갔다. 서늘한 물 기운을 잃은 사랑은 내면의 강한 뜻과 결합하면서 세상을 불바다로 만들 위험성을 지니게 되었다. 그 불길에 휩싸인 사람들은 떠나겠다는 애인을 죽이고, 애인의 가족도 죽이고, 자기를 죽이기도 한다. '가족 사랑'은 이웃 가족과의 갈등으로, '나라 사랑'은 국가 간 전쟁으로, '우리 신에 대한 사랑'은 종교 전쟁으로 불바다를 만들었다. 불귀신으로 변한 뜻귀신이 한반도를 넘어 전 세계로 나다니면서 큰 불을 지르게 된 것이다.

지귀 사건 이후 '뜻'이 '사랑'과 결합하면 큰 불이 일었다. 이 불은 선덕여왕의 주문처럼 '푸른 바다'의 찬 기운으로밖에 끌 수가 없게 되었다.

서늘한 지혜를 갖춘 선덕여왕은 뜻귀신 속의 불을 보았을 것이다. 그럼에도 '고마운 일'이라고 말하고 팔찌까지 안겨준 이유는 무엇일까? 처녀인 선덕여왕도 사랑의 불기운에 감염된 것일까? 그렇다고 하기에는 불귀신을 잡는 주문이 너무 냉정하다.

선덕여왕은 뜻귀신이 불귀신으로 변할 수밖에 없는 필연성을 보았을 것이다. 그 때문에 뜻귀신을 따뜻한 자비로 대하면서도, 동시에 '푸른 바다'를 불러들이는 서늘한 지혜를 구사했다. 법당에서 기도하고 나온 후 안겨준 팔찌는 지귀 가슴에 불을 일으킬 수밖에 없었지만, 동시에 불귀신이 그녀의 명령에 순종할 수밖에 없도록 죄는 고삐가 되었다. 이후 불귀신은 '보지도 말고 친하지도 말라.'는 선덕여왕의 주문에도 화내지 않고 순종하게 되었다.

# 우라노스

신화, 전사를 만들다

순수한 사랑의 힘은 클리티에처럼 저 멀리 떨어진 태양을 닮을 정도로, 지귀처럼 온 세상을 불로 덮어버릴 정도로 강렬하다. 어째서 사랑은 이토록 강력할까?

발칸 반도에서 최초로 열린 하늘, 우라노스의 마음속으로 들어가면 그 해답을 찾을 수 있다.

'입을 쩍 벌린' 혼돈에서 '가슴팍이 넓은' 대지의 여신 가이아가 먼저 나왔다. 가이아는 '별이 총총한' 하늘 공간 우라노스를 낳아 자기 못지않게 웅대하게 만들어 자기를 뒤덮게 했다. 아들이 어머니를 뒤덮을 정도로 커지자, 아들의 전면적 애무는 모자 사랑을 부부 사랑으로 바꾸었다.

둘 사이에서 거인 신들이 태어났는데, 그 중에는 큰 바다 신 오케아노스, 시간의 신 크로노스, 기억의 여신 므네모시네, 법의 여신 테미스 등 티탄족들이 있었고, 외눈박이에 성미가 사나운 키클롭스족과 팔이 100개에 머리가 50개 달린 괴물족도 있었다.

우라노스는 자식들의 끔찍스러운 꼴을 보고 치가 떨렸다. 그 꼴에 참다못한 그는 자식들을 모조리 묶어 무한지옥 타르타로스에 가두어버렸다. 그러나 어미의 마음은 다른 법. 가이아의 모정은 이 사건을 '최초의 부끄러운 일'이라며 격분했고, 자식들 앞에서 "너희 아버지의 악랄한 분노를 처벌해야 한다."며 선동했다. 모두 두려워할 때 아들 크로노스만이 어머니의 꾀를 따랐다. 우라노스가 가이아의 침실에 들어와 잘 때, 아들 크로노스는 아버지의 생식기를 도끼로 찍어버렸다.

우라노스가 외눈박이에 머리가 100개인 자식들에 대해 역겨워한 것은 이해가 가나, 큰 바다나 시간 같은 아들과 법이나 기억 같은 딸들마저 '끔찍한 꼴'이라고 본 것은 후대인들의 미적 감각과는 사뭇 다르다. 대양의 넘실거리는 자태, 시간의 정확함, 법의 정연함, 기억과 추억의 찬란함 등은 이 세계를 아름답게 만든 자연과 사회의 터전인데, 어째서 이들을 '끔찍한 꼴'이라고 보았을까?

가이아가 낳은 자식 중 가장 웅대한 우라노스. 그렇게 웅대하기 위해 우라노스 자체는 비어 있었다. 총총한 별들을 품어 안을 정도의 장대한 허공, 이는 그 어미 가이아가 태어난 근원인 카오스를 가장 닮았다. 그러하기에 가이아는 자기 몸으로 낳은 아들임에도 불구하고, 우라노스에게 온몸을 내맡겨 애무하도록 허용했다. 태초의 하늘 우라노스는 태초가 흘러나온 원천인 카오스를 그리워했다. 너와 나가 없고, 하늘도 땅도 구분되지 않으며, 모든 것이 형체 없이 하나로 엉켜 넘실대던 혼돈의 허공, 우라노스에게는 그것이 가장 아름다운 고향이었다.

그런데 땅과 하늘이 나뉘고, 몸을 섞어 낳은 새끼들은 큰 바다(오케아노스)처럼 형체가 뚜렷하면서 기묘한 색깔을 띠고, 시간(크로노스)처럼 사물을 생성/파괴하며, 기억(므네모시네)처럼 정신을 산란

〈성좌와 별들〉 알브레히트 뒤러, 판화, 1515년

케 하고, 질서를 세운 법(테미스)처럼 자연스러움을 파괴했다. 카오스는 형체는 없어도 모든 것을 빨아들여 품어 안지만, 태어난 새끼들은 기묘한 색깔과 형체로 서로를 구분하는 기괴함을 아름다움이라 뽐내기 시작한 것이다. 혼돈의 후예 우라노스에게는 질서가 역겨움 그 자체였다.

세상은 카오스의 원리와는 달리 뚜렷이 구분되고 질서가 잡힌 개체들을 생산해 나갔다. 어머니 가이아가 아들인 자기와 교접한 것도 하늘과 땅 사이를 채울 숱한 독립적 실체들을 낳으려는 대지의 탐욕이었다. 다채로운 독립적 질서들을 낳아 대지를 덮으려는 가이아에게, 혼돈으로 복귀하려는 반동 세력 우라노스는 악한 존재였다. 그리하여 새끼를 시켜 아들이자 남편인 우라노스의 시대를 끝내버린 것이다.

우라노스가 아들 크로노스에게 시해된 처절한 사건 이후, 혼돈으로의 회귀 충동은 무의식의 세계로 숨어들었다. 대신 모든 존재의 고향, 모든 것이 다른 모든 것과 구분되지 않는 곳, 개체와 전체가 합일한 곳, 원융의 세계로 돌아가려는 욕구는 생명의 저류로 자리 잡았다. 쪼개짐 없는 원융 합일로 돌아가려는 충동은 사랑의 에너지로 변경되었다.

모든 개체가 잘게 그리고 너무도 분명히 나뉜 세계에서 전체와 합일하려는 욕구는 실현될 수 없다. 이 때문에 원융 합일의 충동은 '나'라는 개체에서 '너'라는 개체의 선을 따라 흐른다. '나'와 '너'의 온전한 합일, 그것을 통해 개체는 그 에고를 해체하여 범아일체의 지경에 도달하려는 것이다. 모든 사랑의 순간마다 저류에 흐르

는 마그마, 원시 회귀의 뜨거운 기운이 솟구친다. 순수한 사랑이 그
토록 강한 힘을 갖는 이유이다.

클리티에가 닿을 수도 없는 저 먼 태양을 사랑한 것도 태양과 요
정이 나뉘기 이전 상태로 회귀하려는 원초적 충동이었다. 그녀는
쪼개져 분열된 존재의 좌절을 범아일체의 합일을 향한 염원의 눈빛
으로 쏘아 올렸다. 그 힘은 자신의 몸을 사랑하는 대상과 닮도록 변
화시킬 정도였다.

지귀가 사랑의 불길로 변하여 온 동네를 태웠던 것도 자신과 세
상을 여의고 혼돈으로 돌아가려는 원초적 열망이었다. 그는 인간의
몸을 탈각하고 사랑의 순수 열정으로 변했다. 그 불길은 인간의 몸
을 파괴하고, 동네를 불태우고, 문명을 없애려는 원시 마그마의 폭
발이었다.

사랑이 순수할수록 한 개체에서 다른 개체로 흐르는 합일 욕구는
우주와 하나가 되려는 욕구와 맞닿는다. 카오스에는 '나' 같은 에고
가 없기 때문에, 카오스로의 회기 충동인 사랑은 자아를 잊거나 파
괴할 만한 힘을 갖는다. 또 카오스에 '나'가 없다는 것은 우주 전체
의 에너지가 담겨 있다는 뜻이기도 하다. 따라서 이론상, 카오스를
갈망하는 사랑은 카오스의 총 에너지, 즉 우주 전체의 에너지에 근
사한 힘을 발휘할 수 있다.

우라노스의 원시 회귀욕은 실패했으나, 클리티에나 지귀 같은 존
재들이 대상을 향한 사랑 속에서 그 에너지를 끊임없이 재생해 쓰
고 있다. 모든 사랑이 순수하다면 우리의 삶터는 불바다에 휩싸여

혼돈으로 되돌아갔을 것이다. 그나마 불순한 사랑이 많기에 삶의
안정성이 유지되고 있는 것이다.

■ 토마스 벌핀치, 이윤기 옮김, 〈클리티에〉, 《그리스와 로마의 신화》, 대원사, 1989.
■ 강봉식 편역, 〈천지생생 · 우라노스〉, 〈지귀 설화〉, 《그리샤 · 로오마 신화》, 을유문화사, 1961.

# 불순한 사랑

대부분의 사랑은 클리티에처럼 며칠씩 그 자리에서 꼼짝도 않고

하염없이 눈물 흘리며 임을 쳐다볼 정도로 순수하지는 않다.

사랑에 미쳐도 밥은 먹어야 하고, 일은 해야 하며,

주변 사람들에게 푸념도 늘어놓고 충고도 들어야 한다.

그 과정에서 여러 요소가 외부나 내면에서 끼어들면서 사랑은 불순해진다.

사랑은 어느 정도 불순하지 않으면 연애도, 결혼도 유지하기 힘들다.

사랑이 현실 속에서 유지되려면 불가피하게 불순해야 한다.

문제는 사랑이 어느 정도까지 불순해야 하는가이다.

# 호동왕자

1세기 한반도 북쪽에는 한민족이 세운 고구려와 중국 한족이 세운 낙랑이 대치하며 적절한 평화 관계를 유지하고 있었다. 사랑의 주인공은 고구려 대무신왕(大武神王)과 둘째 왕비 사이에서 태어난 호동왕자와 낙랑 태수 최리(崔理)의 딸 낙랑공주. 경쟁하는 이민족 국가의 왕자와 공주 간의 사랑은 팽팽한 긴장 관계에 놓일 수밖에 없었다.

20세가 된 호동왕자는 시종들을 데리고 국경 순례를 하고 있었다. 때마침 낙랑 왕도 관할 지역을 순례 중이었다. 호동 일행을 본 낙랑 왕은 잘생긴 우두머리 청년을 보고 말을 걸어 신분을 확인하였다. 호동에게 호감을 갖게 된 그는 이 일행을 낙랑궁으로 데려와 잔치를 베풀며 환대하였다. 낙랑 왕은 호동의 행동을 지켜보면서 사위로 맞고 싶은 생각이 들었다. 하나뿐인 딸에게 호동왕자가 머무는 동안 궁궐 안 여러 곳을 안내하도록 한 것도 그 때문이었다.

둘은 한 달 동안 매일 그렇게 만났다. 깊은 사랑이 이국 왕자와 공주의 가슴에 스며들었고, 미래에 대한 약속으로 이어졌다. 호동왕자는 '결혼 승낙을 받아 오겠다.'는 말로 낙랑공주를 위로하며 고국으로 떠나갔다. 고구려 왕은 '낙랑공주와의 결혼을 허락해달라.'는 왕자의 요청을 듣는 순간, 평소에 늘 가져왔던 야망을 끄집어냈다. 그는 오래전부터 눈엣가시 같은 낙랑을 병합하고 싶었다.

문제는 적의 침입을 예고하며 스스로 울리는 낙랑궁의 신비한 '스스로 울리는 북(자명고自鳴鼓)'이었다. 외부의 적들이 쳐들어올 경우 이 북이 저절로 울려 미리 대비토록 하기 때문에 어떤 나라도 낙랑을 공격할 엄두를 내지 못했다. 아버지이자 고구려 왕은 호동에게 낙랑을 병합한 후 결혼시켜주겠다고 약속하며 그 방책을 내놓도록 요구했다.

호동의 마음은 분열되었다. 한편으로는 아버지와 국가에 대한 충성으로, 다른 한편으로는 적국 공주에 대한 사랑으로 고민에 고민을 거듭하였다. 마침내 결정을 내린 호동은 몰래 낙랑공주에게 편지를 보냈다. '당신이 스스로 울리는 북을 찢으면 나와 결혼할 수 있을 것이고, 그렇지 못하면 나와 결혼하지 못할 것'이라는 내용이었다.

공주도 똑같은 고민을 했다. 사랑이냐, 아니면 아버지와 나라에 대한 충성이냐? 그녀의 결론은 사뭇 과감했다. 공주는 몰래 칼을 가슴에 품고 다가가 스스로 울리는 북을 찢었고, 이 사실을 곧 결혼할 남자 호동에게 알렸다.

북은 조용했다. 낙랑성은 아무 대비도 못한 채 고구려 군에 포위되었다. 낙랑 왕은 딸을 불러 사실을 확인한 후 바로 그 자리에서 공주의 목을 베었다. 그리고는 고구려 군에 항복하였다. 호동왕자에게 안긴 것은 목 잘린 애인의 시체와 승리의 주역이라는 호칭이었다.

큰 공을 세운 호동왕자는 서자임에도 왕위를 물려받을 가능성이 커져갔다. 이는 막 아들을 낳은 정실 왕비의 적이 되었다는 뜻이기도 하다. 왕비는 호동의 무례와 오만방자를 끊임없이 모함하며 왕께 참소하였다. 마침내 마음이 움직인 왕은 변방에 나가 있는 호동에게 편지를 보내 왕비가 한 말에 대해 해명토록 명했다. 이 편지를 받은 호동은 깊은 고민에 빠져들었다. '왕께 사실을 밝히시라.'고 권하는 신하들에게 호동이 토로한 말에서 그의 고뇌가 드러난다.

"내가 어머니의 그릇됨을 들어 해명한다면 이는 어머니의 잘못을 드러내어 불효가 되고, 아버지께도 근심을 끼치니 효도가 아니다."

왕가의 법도로 볼 때 서자에게 정실 왕비는 더 큰 어머니니, 그분의 잘못을 드러내면 효도가 아니었다. 진실이냐 효도냐 사이에서 고민하던 호동은 칼을 들어 자결해버린다.

사랑과 충성 사이에서, 진실과 효도 사이에서 옴짝달싹못하게 끼어버린 운명은 사랑도 진실도 잃은 채, 충성과 효도의 성과를 얻지도 못한 채 젊은 생명을 중단시켰다. 충성이란 대립 요소가 끼어들어 불순해진 사랑은 이렇게 비극적으로 막을 내렸다.

# 스킬라

이와 거의 똑같은 불순한 사랑 사건이 발칸 반도에서도 일어났다. 메가라국의 공주 스킬라가 그 주인공이다.

메가라는 크레타 왕 미노스의 공격을 받아 여섯 달 동안이나 포위되었으나 끄덕없었다. 그 이유는 메가라 왕 니소스의 자주색 머리카락 한 올 때문이었다. 이 머리카락이 니소스 머리에 붙어 있는 한 메가라는 공략당하지 않도록 운명 지워져 있었던 것이다.

그 와중에도 공주 스킬라는 자주 탑에 올라가 성을 포위한 적군을 쳐다보곤 했는데, 늠름한 모습의 적장 미노스 왕에게 그만 깊은 연정을 품고 말았다. 미노스 왕이 자주색 용포를 휘날리며 화려하게 치장한 백마에 올라타 거품을 뿜어내는 말을 고삐로 제어하는 모습은 스킬라의 넋을 송두리째 뽑아놓기에 충분했다. 할 수만 있다면 성문을 빠져나가 적군 진영의 미노스 왕에게 달려가고 싶었다.

스킬라 공주는 나라와 아버지에 대한 배신과 불타는 사랑 사이에서 오락가락하며 신음했다. 마침내 마음은 사랑 쪽으로 기울었다. '불타는 사랑에 빠진 여자라면 사랑의 장애물을 물리칠 것'이라 생각한 스킬라는 사랑의 장애물인 아버지를 타넘기로 결심했다.

밤이 깊어와 성안의 모든 사람이 깊이 잠들었을 때, 스킬라는 아버지 니소스 왕의 침실로 숨어들었다. 그녀는 뛰는 가슴으로 그 운명의 머리카락을 뽑아서 성문을 빠져나왔다. 적진의 미노스 왕을 친견한 스킬라는 아버지의 머리카락과 함께 나라와 자신의 사랑을 바쳤다. 그러나 환상 속의 사랑은 환상 속 애인의 뜻밖의 호령으로 산산이 깨져버렸다.

"사악한 계집이구나. 너는 우리 시대의 수치이니 바라건대 땅도 바다도 너에게만은 쉴 곳이 되어주지 않기를!"

미노스 왕은 적국 메가라를 공정하게 처리하기로 마음먹고 함대를 거두어 떠나도록 명령했다. 버림받은 스킬라는 길길이 날뛰었다.

"배은망덕도 유분수지. 이렇게 나를 떠날 수 있을 것 같으냐? 저를 위해 아버지와 나라를 희생한 나를?"

함대가 떠나자 스킬라는 바다로 뛰어들었다. 그리곤 미노스 왕을 태운 배의 키에 달라붙어 그 배를 엉뚱한 방향으로 가게 했다. 그러자 하늘 높이 날던 물수리가 내리꽂히며 부리와 발톱으로 스킬라를 공격했다. 딸의 배신에 복받친 화가 니소스 왕을 물수리로 변신시킨 것이었다. 자비를 가진 신들은 스킬라를 백로로 변하게 해주었다.

그 이후 물수리는 하늘 높이 날다가 백로를 발견하면 부리와 발톱으로 사정없이 공격했다. 배신한 딸에 대한 아비의 분노는 오늘날까지 쉼 없이 토해내고도 가시지 않고 있다.


사랑을 가장 불순하게 만드는 요소는 배신이다. 상대에 대한, 가족에 대한 배신은 사랑이 지탱될 수 있는 경계를 형성한다. 숱한 애인과 부부가 배신으로 갈라섰고, 상대의 머리를 흉기로 구타하거나 상대의 음식에 독극물을 탔다. 커튼 뒤에서 벌어지는 배신은 어느 날 커튼이 젖혀질 때까지 은밀히 진행되는 사랑의 시한폭탄이다.

애인이나 부부 간 사랑에 비하면 부모 자식 간의 사랑은 배신에 의해 깨질 가능성이 훨씬 낮다는 게 일반적 통념이다. 그러나 많은 아버지들이 낙랑 왕 최리나 메갈라 왕 니소스처럼 배신한 자식들의 목을 베거나 몸에 뼈가 드러나도록 쪼아댔다. 그들의 사랑이 약했다고 볼 수는 없다. 오히려 사랑이 클수록 배신감도 크다.

명분이나 신의보다 정을 중시하는 어머니의 자식 사랑은 가장 믿을 만한 사랑이라는 가정이 있다. 발칸 반도의 알타이아는 그 가정을 실험할 대상이다.

# 알타이아

칼리돈국의 왕비 알타이아는 아들 멜레아그로스를 낳자마자 운명의 여신 모이라이 자매에게서 아주 기분 나쁜 소리를 들었다. '난로 안에 타고 있는 나무가 다 타면 이 아이의 생명도 끝날 것'이라는 소리였다. 알타이아는 황급히 나무를 꺼내 불을 꺼버리고는 주의 깊게 보관하였다.

장성한 아들 멜레아그로스는 숱한 영웅들이 참가한 큰 사냥 대회의 주역이 되었다. 여기에는 아탈란테도 합세했는데, 여성의 아름다움과 청년의 용기가 어우러진 그녀의 자태는 멜레아그로스의 마음을 빼앗아가 버렸다. 사냥이 끝나고 멜레아그로스가 전리품인 멧돼지를 그녀에게 바치자, 같이 참가한 외삼촌 둘이 질투하여 이를 빼앗았다. 사랑의 선물을 갈취한 데 격분한 청년이 두 외숙의 가슴을 칼로 찌르면서 사건은 번져 나가기 시작했다.

사랑에 눈먼 아들에게 친동생들을 잃은 어머니 알타이아는 슬픔과 복수심 사이를 왔다 갔다 했다. 그러다 분노가 점점 커지자 아들에 대한 사랑이냐 복수냐를 놓고 고심할 지경에 이르렀다.

"친정이 쑥대밭이 되었는데 어찌 자기 아들의 승리에 희희낙락할 수 있으리오? 저 아이가 지은 업은 죽음으로 그 값을 물어야 마땅하다. 죽어 마땅하나, 내 손으로 죽여야 하는 것이 한스럽구나."

알타이아는 이렇게 울부짖으며 고개를 돌린 채 운명의 나무를 불길 속으로 던져 넣었다. 나무는 무서운 신음 소리를 냈고, 먼 곳에 있던 멜레아그로스는 영문도 모른 채 어머니를 외치며 쓰러졌다. 불꽃이 사그라지자 그의 고통도 사그라졌다. 나무를 던져 넣은 알타이아는 스스로 목숨을 끊었다.

이 사건으로 볼 때 어머니도 배신감에서 자유로울 수는 없다는 게 분명하다. 어머니의 분노와 배신감도 아들을 죽이는 데까지 이를 수 있다. 아버지가 중시하는 명분이나 신의보다 어머니의 정이 사랑을 유지하는 데 더 큰 힘일지는 모르나, 자식의 배신까지 포용하지는 못하는 것 같다.

부모와 자식은 많은 인간관계 중에서도 사랑의 지속성이 가장 높은 관계다. 그러나 배신은 그 질긴 관계를 원수보다 더 나쁜 관계로 전락시키기도 한다.

# 클리타임네스트라

트로이 전쟁에서 그리스군 총사령관 아가멤논의 아내 클리타임네스트라는 남편이 참전하여 없는 동안 정부(情夫)와 놀아나고 있었다. 전쟁이 끝나고 남편이 돌아올 때가 되자, 그녀는 정부 아이기스토스와 짜고 아가멤논을 죽이고 말았다. 거기까지는 있을 수도 있는 일이다. 이 배신자들은 후환이 두려운 나머지, 아가멤논과 클리타임네스트라 사이에서 낳은 아들 오레스테스까지 죽일 계획을 세웠다.

어머니와 그 애인의 엽기적 음모를 알게 된 누나 엘렉트라는 오레스테스를 망명시키면서, '아버지의 원수를 갚아야 한다.'는 사명을 몇 번이고 상기시켰다. 오레스테스는 장성한 후 변장하고 고국을 찾았다. 누나에게 자신의 정체를 밝히고 오랫동안 맹세해온 그 일, 정부 아이기스토스와 어머니 클리타임네스트라를 죽이는 일을 해내고야 말았다.


사랑은 초기 단계에는 대체로 감정 수준에서 작동한다. 그러다 사랑이 지속되면 상대에 대한 기대가 생기고, 기대를 충족시키기 위해 믿음을 요구한다. 이때부터 사랑보다는 믿음이 두 관계를 이어주는 토대가 된다. 사랑의 관계는 신뢰라는 터전이 무너지지 않는 한 지속될 수 있고, 더 큰 향상과 행복을 창조해갈 수도 있다.

그런데 초기의 순수한 사랑에 비하면 세상은 참으로 불순하다. 주변의 경쟁자가 내 애인을 채가려고 호시탐탐 노리고, 내 애인의 마음도 수시로 바뀐다. 가족 관계를 이루어도 숱한 불확실성이 관계를 흔들어댄다. 이런 상황에서 서로에 대한 믿음은 사랑을 유지할 심리적 조건이라기보다 오히려 물리적 조건이 된다. 결혼식이 시끌벅적한 이유도 감시의 사회 구조를 촘촘히 짜놓아 쉽게 배신하지 못하도록 하기 위해서이다.

그러나 사랑이 기대를 낳고 기대가 믿음을 요청하는 관계 구조에서, 기대는 참으로 믿을 만한 것이 못 될 뿐 아니라 사랑을 불순하게 만드는 일차 원인이다. 스킬라는 성벽 위에서 내려다보았을 뿐인 그 남자에 대해 엄청난 기대를 쌓아올렸다. 아버지를 버리고 나면 저 남자가 나를 받아주고, 마침내 화려한 성에서 행복하게 살리라는. 그 기대는 혼자 만든 시나리오였다. 막상 그 남자에게 갔을 때, 환상적 기대는 큰 물거품처럼 꺼져버렸다. 그 처절한 현실의 순간에도 기대의 기반은 깨지지 않았다. 스킬라는 오히려 '모든 것을 버린 나를 배신했다.'며 미노스 왕의 함대에 해코지했다. 배신한 것은 자신의 환상이었음에도 그것을 알기까지는 물수리에게 더 공격을 받아야 할 것이다.

호동왕자는 낙랑을 점령한 후 결혼을 허락하겠다는 부왕의 요구에 고민하다가 환상적 기대를 세운다. '낙랑 같은 작은 나라는 오래 지탱하기 힘드니, 이왕이면 다른 나라보다 고구려와 합병하는 것이 나으리라.' 이런 기대를 일단 받아들이고 나면, '낙랑을 점령하는

〈아가멤논의 가면〉

것은 낙랑의 축복이고 나와 공주의 행복이다.' 라는 추가적인 합리화가 발생한다. 사랑의 배신은 이처럼 환상적 기대 속에서 이루어지기 때문에, 기대가 깨지기 전까지는 배신행위에 대한 죄책감도 희미하다.

환상적 기대는 무지에서 나온다. '내 마누라는 순진해서 절대 다른 남자와 연애하지는 않을 것'이라든가, '우리 아빠는 너무 헌신적이어서 자식을 버리지는 않을 것'이라는 기대는 인간에 대한 무지에서 생겨나는 욕망이다. 인간관계의 불확실성 앞에서 기대의 욕망이 결합할 때, 배신의 연기가 안개처럼 깔려 나간다. 화목하고 단란한 어떤 가정의 안방에도 배신의 시한폭탄은 째깍거리고 있다.


기대의 환상적 성격 때문에 믿음의 기반도 취약해진다. 믿음은 헌신을 요구한다. 그러나 남편이 전쟁에 나간 10년 동안 정부를 두지 않을 정도의 헌신은 쉽지 않다. 더욱이 낙랑공주처럼 사랑하는 남자에 대한 헌신과 아버지에 대한 헌신 중 어느 한 쪽을 선택하고 다른한 쪽을 버려야 하는 상황에서는 더욱 어렵다. 클리타임네스트라처럼 남편을 죽이고 아들까지 죽이려는 충동에 이르는 것을 보면, 헌신은 고사하고 배신을 합리화하지 않는 것도 쉬운 일이 아니다.

사랑의 캠페인에 녹아난 사람들은 사랑이 만병통치약인 것처럼 생각한다. 그러나 사랑을 유지하는 것은 신뢰이고, 신뢰는 헌신을 요구하는 어려운 일이라는 점에 대해서는 애써 외면한다. 힘들고 귀찮은 일이므로. 사람들은 어려운 헌신 대신 기대라는 자기의 욕망을 부여잡는다. 그리고는 배신 가능성의 안개 속에 갇혀버린다.

사랑은 어느 정도 불순해야 유지될 수 있다. 그러나 믿음을 깨는 정도까지 불순해지면 사랑도 깨진다. 배신은 불순한 사랑이 유지될 수 있는 마지노선이다.


■ 김광복, '호동왕자,' 〈똥침국어교실〉. 고전산문. http://www.hongkgb.x−y.net/main
■ 토마스 벌핀치, 이윤기 옮김, 〈니소스와 스킬라〉, 《그리스와 로마의 신화》, 대원사, 1989.
■ 토마스 벌핀치, 이윤기 옮김, 〈멜레아그로스와 아탈란테〉, 《그리스와 로마의 신화》, 대원사, 1989.
■ 토마스 벌핀치, 이윤기 옮김, 〈아가멤논, 오레스테스 그리고 엘렉트라〉, 《그리스와 로마의 신화》, 대원사, 1989.

# 순진불순한 사랑

불순한 사랑은 불순해 보이지 않는다.

불순성의 가면은 순진성이다.

그래서 불순한 사랑은

순수한 사랑처럼 보인다.

그것이 순진불순한 사랑의 정체다.

# 순진한 호동

호동왕자의 마음속에는 비운을 불러들이는 성향이 강하게 자리 잡고 있었다. 애당초 낙랑공주에 대한 사랑과 결혼하려는 의지는 모두 순수했다. 그러나 부왕이 '낙랑 정복 후 결혼'이라는 조건을 내걸자 강력한 불순 요소가 끼어들었다. 부왕을 따르면 충성과 명예를 얻겠지만, 사랑하는 여인의 부친과 그 나라를 패망시키는 배신 행위가 된다. 만약 사랑을 택한다면 적국의 부마가 되는 패륜과 불충이 된다.

양자택일을 강요하는 상황에서 호동은 둘 다 취하는 순진한 선택을 하게 된다. 사랑도 취하고 낙랑 정복도 취하겠다는 것이다. 최상의 시나리오는 고구려가 낙랑을 정복한 후 낙랑 왕과 공주가 합병을 자발적으로 받아들이는 것이다. '낙랑 왕이 네게 호의적이니 정복당해도 그 호의를 유지하리라'는 환상적 가설이다. 환상은 순진하다.

환상이 현실과 부딪칠 때 그 순진성은 불순함과 결합한다. 공주에게 스스로 울리는 북을 찢으라고 요구하는 순간, 호동은 사랑하는 이에게 친정과 그 나라에 대한 배신을 요구한 것이다. 배신을 요구하면서 사랑의 순수성은 사라지고, 순진한 환상이 불순한 욕망과 결합한 순진불순한 사랑만 남았다.

순진불순한 사랑이 현실과 결합하자, 전쟁 공로자의 명예는 얻었으되 목이 붙은 애인은 잃었다. 어느 한 편의 선택을 강요당하는 상황에서 둘 다를 가지려고 선택한 결정은 둘 다를 잃는 결과를 낳았다. 비록 명예가 남았으나, 그것을 활용할 기쁨이 사라졌다.

그는 순진했지만 순수하지는 않았다. 불순 요소는 순진함의 구멍을 타고 끼어들었다. 껍데기 명예를 쓰고 사랑하는 이를 죽인 죄책감에 시달린 호동에게 유사한 이차 시련이 다가왔다. 왕비의 모함에 대해 해명하라는 부왕의 명령은 진실이냐 효도냐의 선택을 강요했다. 여기서 호동은 둘 다를 선택하지 않는 선택, 즉 자결을 선택했다.

일차 시련에서는 둘 다를 선택했고, 이차 시련에서는 둘 다를 선택하지 않았다. 이는 외견상 반대이지만, 사실은 같은 성향을 드러낸 것이다.

호동은 분열 없는 세계에 대한 이상을 강하게 견지한 인물이다. 세계가 분열되기 이전의 합일을 잊지 못하고, 현실에서 그 합일상을 직접 실현할 수 있다고 믿는 이상주의자이다. 사랑과 충성 모두를, 효도와 진실 모두를 가질 수 없을 경우 둘 다를 포기한다. 이상주의가 허무주의로 반전한 것이다. 그런 점에서 호동은 순진한 영혼이다.

호동의 마음속을 좀 더 야비하게 파헤치면, 그는 욕심이 아주 많은 사람이다. 둘 다를 갖지 못할 경우 차라리 선택에 따른 자기 분열을 피하려고 한다. 죽음을 택할 정도로 둘 다를 모두 가지려는 욕망이 강하다. 어느 한 편으로 자신이 쪼개지지는 않겠다는 것이다. 그 이상적 환상과 욕심에 의해 그는 순진불순한 사랑의 주인공이자 희생자가 된다.

순수한 사랑에 불순 요소가 끼어들면 마음은 여러 갈래로 분열한다. 그 분열을 넘어설 역량이 없을 때 순진불순한 사랑은 비극을 부른다. 비극까지는 아니더라도 사랑의 순수성을 잃고 이기적 욕심을 사랑이라고 포장하게 된다.

이러한 사랑의 심리 구조를 잘 드러내는 사건이 시칠리아 섬 주변에서 일어났다. 어부였다가 바다의 신이 된 글라우코스, 물의 요정들이 좋아했던 처녀 스킬라, 약물과 마법의 여신 키르케 등 한 남성과 두 여성 사이에서 발생한 사랑과 증오와 복수의 사건이 그것이다.

# 글라우코스, 스킬라, 키르케

어부 글라우코스는 물이 그리워 바다에 들어갔다가 멋진 바다의 신이 되었다. 신이 된 것을 기뻐하고 있을 즈음, 바닷가를 거닐기 좋아하는 아리따운 처녀 스킬라에게 첫눈에 반했다. 그는 물 위로 모습을 드러내고 '귀한 신분의 나'를 사랑해달라고 구애했다. 그러나 물에 몸을 담그고 손발을 씻던 스킬라는 화들짝 놀라 절벽 위까지 달아나버렸다. 스킬라는 절벽 위에서 상대가 정말 신인지 괴물인지 내려다보다가 그 모습과 색깔에 다시 한 번 놀라고 말았다.

글라우코스가 육지에 이별을 고하고 물로 뛰어들었을 때, 강의 신들이 환영하며 몸과 마음을 바꾸어주었다. 그의 머리카락은 바다처럼 파래지고 물 위까지 끌리었다. 어깨 폭이 넓어지고 가랑이와 다리는 물고기 꼬리로 변했다. 바다의 신들은 글라우코스의 새로운 모습을 칭찬해주었고, 본인도 '멋지고 아름다운 신이 됐다.'며 좋아했다. 그는 어부에서 멋진 신으로 변한 자기 모습에 자신감을 갖고 구애했으나, 그 '멋진 몸매'에 대해 스킬라는 절벽까지 도망갔고, 아래에서 계속 하소연하는 그를 보다가 더욱 놀라 멀리 도망쳐버렸다.

글라우코스의 실망은 이만저만이 아니었다. 그는 마법의 여신 키르케를 찾아가 사랑의 고통을 하소연하며 호소했다.

"당신의 마법을 써서 스킬라의 마음에 사랑을 심고, 내가 사랑하는 만큼 그녀도 나를 사랑하게 해주세요."

그런데 바다처럼 푸르른 글라우코스에게 매력을 느낀 건 상담자인 키르케 여신이었다. 그녀는 복잡한 충고의 말을 늘어놓으며 '스킬라를 버리고 내 사랑을 받으라.'는 뜻을 비쳤다. 그러나 글라우코스의 답변은 분명했다.

"이 사랑은 오직 스킬라만을 위한 것이랍니다."

화가 난 키르케는 졸지에 연적이 되어버린 애꿎은 스킬라에서 분풀이하기로 마음먹었다. 키르케는 스킬라가 곧잘 멱을 감는 만(灣)에 가서 독약을 풀고 강력한 주문을 외었다. 스킬라는 그런 줄도 모르고 물속에 들어갔다. 그런데 독사 떼와 괴물 무리가 자기 주변을 감싸고 있는 것을 보고 기절초풍했다. 자기 몸이 머리가 여섯 달린 뱀 같은 괴물로 변한 사실을 안 것은 그 뒤였다.

그녀의 성미 또한 외모에 맞게 변해버렸다. 스킬라는 바닷가 절벽에 붙어 있다가 긴 목을 늘여 괴성을 지르며 지나가는 뱃사람들을 먹어치우는 것을 낙으로 삼았다.

도망가는 스킬라를 쫓는 글라우코스, 다시 그를 쫓는 키르케의 뱀 꼬리 물기식 사랑은 이렇게 비극적인 결말을 맺었고, 그 후유증으로 애꿎은 뱃사람들만 무서운 스킬라의 밥이 되는 결과를 낳았다.


스킬라가 해신들이 칭송한 글라우코스의 멋진 모습에 징그럽다고 도망친 것은 깊은 바다를 몰랐기 때문이다. 그녀가 바다를 좋아한 것은 사실이나, 실제로 즐긴 것은 물의 요정들이 노니는 바닷가뿐이었다. 얕은 해변을 좋아하는 이가 깊은 바다를 두려워하는 경

〈신성한 사랑과 세속적인 사랑〉 티치아노, 1515년경

우이다.

우리는 늘 자연을 사랑한다면서 펜션에서 이삼 일 머무는 것이 고작이다. 깊은 자연은 두렵고, 그것이 다가오면 불안에 떨며 도망간다. 다른 사람과 얕은 사귐과 이해는 즐기되, 상대의 깊은 내면이 드러나면 부담스럽거나 무서워지는 것이 우리 마음이다. 연애할 때만 해도 이런저런 면이 좋다던 연인들이, 결혼 후 상대의 내면세계에 질리는 것과 같다.

스킬라는 표피만 사랑하는 사람들을 대변한다. 그녀는 부담 없는 껍질만 사랑하는 마음의 상징이다. 껍질 뒤의 깊은 본성이 드러나면 그 기괴함에 무서워 도망간다. 그녀의 사랑은 두려움과 짝을 이루며, 사랑과 두려움 사이를 왔다 갔다 한다.

스킬라는 키르케의 복수를 받을 만한 아무런 잘못도 저지르지 않았다. 그녀를 향한 글라우코스의 일편단심이 키르케의 질투로 변화되어 그녀를 덮친 것이다. 스킬라가 노닐던 만에 뿌려진 키르케의 약물과 마법은 글라우코스의 실연의 상처가 키르케를 통해 증폭되고 변형된 복수이다. 깊은 바다에서 발생한 한 작은 파문이 얕은 바닷가에 이르러 쓰나미가 된 것이다. 이 쓰나미에 직접 대결할 용기가 없는 스킬라는 운명에 대한 저주와 분노로 흉포해졌다.

사랑을 불순하게 만든 스킬라의 책임은 두려움과 불안에 있다. 깊은 바다에 대해 가졌던 두려움과 불안이, 치명적 쓰나미를 맞으면서 저주와 분노로 바뀐 것이다. 자기 내면에 있던 불안과 두려움

이 근본 동기라는 점을 모르는 그녀는, 글라우코스도 키르케도 아닌 애꿎은 사람들만 골라 분풀이한 것이다.

반면 글라우코스는 깊은 물에 대한 동경에 몸을 던질 용기가 있는 사람이었다. 그가 물속에 뛰어들었을 때, 강의 신들이 환영해주었고, 몸과 마음도 깊은 물에 맞게 바꾸어주었다. 문명을 버리고 깊은 자연 속으로 들어간 용기 있는 사람들만이 누릴 수 있는 축복이다.

그러나 그의 마음은 '높은 신분과 멋진 자태'에 대한 자만심으로 혼탁해졌다. 스킬라에 대한 사랑이 절실한 것이긴 해도, 거부에 따른 좌절이 컸던 것은 자부심에 상처를 입었기 때문이다. 깊은 숲 속에 은거하며 자연에 몸을 맡긴 사람들이 문명인들에게 경멸을 느끼는 것도 '신선 같은 삶'에 대한 오만 때문이다. 자기 내면의 자만심을 모르기에, 스킬라의 두려움도 알 길이 없다.

글라우코스의 사랑이 불순해진 두 번째 요인은 비겁함이다. 그는 거부에 따른 상처를 달래기 위해 상대와 다시 대면하고 당당히 호소하는 대신 마법에 의존하려 했다. 즉 공짜로 사랑을 얻으려 한 것이다. '내가 사랑하는 만큼 상대도 나를 사랑하는' 상태가 되려면 바로 그 상대에게 당당히 올인해야 한다. 공짜로 사랑을 얻으려는 심보가 삿된 마를 불러들인 것이다.

글라우코스의 사랑에는 자만심과 비겁이 짝으로 달라붙었다. 사랑이 거부되자, 절실했던 사랑은 자만심의 상처로, 비겁한 술수로 변화되었다. 그의 사랑에 덧붙여진 자만과 비겁이라는 불순 요소가 불행을 끌어들인 것이다.

키르케는 워낙 사악한 마법사이므로, 그녀의 배신감과 복수심에 대해서는 그저 이해가 될 뿐이다. 그녀에게 사랑은 배신감과 복수심을 짝으로 한다. 그녀는 자기 사랑이 받아들여지지 않는 요인을 바깥에서 찾는다. 스킬라가 그 원인으로 지목되자, 그녀에 대한 처벌은 곧바로 정당화된다. 게다가 그녀는 마법의 막강한 힘을 휘두르기에 무고한 연적에 대한 처벌도 도전받지 않는다. 그 잔인한 성품은 마법의 힘으로 세워진 오만의 성에 갇혀 있다. 불만족의 원인을 바깥에서 찾는 습성, 그리고 그에 대한 처벌을 정당화하는 오만한 권력, 그것이 키르케의 사랑을 불순하게 만든다.

이런 불순 요소들로 인해 3자 사이에서 발생한 사랑의 최종 결과는 글라우코스의 좌절, 키르케의 복수, 스킬라의 분노뿐이다. 애초의 사랑은 사람마다 내면에 숨기고 있던 상이한 불순 요소들로 인해 그 형질이 변경된다. 처음의 사랑 에너지가 강력한 만큼 형질이 변경된 좌절·복수·분노의 에너지도 강력하다. 이렇듯 사랑은 내면의 불순 요소들과 결합하면서 애정 관계를 원한과 적대 관계로 변화시킨다.


현실 세계에서 순수한 사랑이 지향하는 '온전한 합일'은 직접적으로 실현될 수 없다. 그러하기에 불순 요소가 끼어드는 것은 불가피하고, 이 불순 요소들은 사랑의 위협으로 발전할 가능성을 항상 안고 있다.

깊은 자연이나 깊은 내면과 만나는 데 대한 두려움(스킬라), 외모와 신분에 대한 자만(글라우코스), 능력에 대한 자만(키르케), 공짜로 사랑을 얻으려는 욕심(글라우코스), 문제의 원인을 제3자에게서 찾는 무책임(키르케), 사랑의 배신자가 배신을 감추기 위해 저지르는 파괴성(클리타임네스트라), 아버지와 나라를 팔아넘기면서까지 사랑을 얻겠다는 편집증(낙랑공주, 스킬라), 대립하는 둘 다를 모두 얻지 못하면 어느 한 편도 취하지 않겠다는 이상적 집착(호동왕자) 등등으로 사랑은 내면의 불순 요소와 결합한다.

이 불순 요소를 위협적인 수준까지 키우는 것이 내 안의 무지다. 이 무지가 분명치 않을 때 '순진함'으로 드러난다. 따라서 불순한 사랑의 원형은 '순진불순한 사랑'이다.

사랑과 충성 모두를 취하려는 호동왕자의 이상주의는 순진하다. 분열적인 상황에서 '이것이며 저것이다.'로 대응하려면, 그에 적합한 현실의 토대를 창조하거나 그것이 나타날 때까지 기다려야 한다. 그전까지 사랑의 순진성을 지탱하는 것은 환상과 기만과 강요이다. 호동은 '낙랑이 고구려에 병합되는 게 축복일 것'이라는 환상과 기만에 기댔고, 다시 '내가 우리 아버지를 배신할 수 없으므로 당신이 당신 아버지를 배신하라.'며 상대에게 강요했다. 그러나 환상과 기만, 그리고 강요는 오래 유지될 수 있는 게 아니다. 순진불순한 사랑은 깨지거나 갈등을 유발하거나 적대적으로 바뀐다.

오늘날처럼 남녀 간의 사랑이 모든 관계의 이상처럼 폭발하는 세상에서는 순진불순한 사랑이 늘어난다. 선생이 한 이성 제자를 사랑하면 교육자의 공적 지위가 무너지고, 직장 상사가 한 이성 부하를 사랑하면 조직의 공적 규칙이 깨지며, 내 선배가 내 마누라를 사랑하면 선후배 관계와 부부 관계가 깨지고, 아빠가 딸을 성적으로 사랑하면 가족이 깨진다. 이성 간의 사랑은 전통적 인습과 짝짓기 권력 투쟁을 대체하는 데는 기여했으나, 불순 요소를 걸러낼 책임과 헌신이라는 높은 가치를 훼손시켜왔다.

사랑이 이상화되면서 그 이면에서 진행되는 불순 요소들은 은폐된다. 그 은폐가 무지에 둘러싸이면서 사랑은 순진해 보이나, 바로 그 순진성 때문에 관계는 더 쉽게 파괴되고, 더 많은 고통을 더 많은 사람이 더 자주 겪게 된다.

쪼개진 것들의 조합으로 이루어진 이 세계에서 한 편을 선택할 수밖에 없는 상황은 인간들에게 독특한 훈련 기회를 제공한다. 이런 구조는 사랑에 끼어드는 불순 요소들을 감지하고 통제할 수 있는지, 그리고 높은 가치와 사랑을 같이 유지할 만한 힘이 있는지를 시험한다. 어떤 것이 고통을 야기하고, 어떤 것이 높은 가치와 평안으로 이끄는지를 가려낼 통찰력을 키우는 훈련 과정을 제공하는 것이다.

순진성의 가면을 쓴 무지가 껍데기를 벗고, 사랑 속에 끼어드는 많은 요소들 가운데 높은 가치와 낮은 가치를, 향상의 길과 퇴행의 길을 분별하여 향상의 길로 나아가도록 하는 훈련, 그 훈련의 기회가 이 세계에서 사랑이 그토록 복잡하게 작용하는 이유이다. 분별력과 결단력이 없다면 사랑은 순간순간 왔다가 불을 지르고 그 사람과 이웃을 잿더미로 만드는 고삐 풀린 불귀신이 될 것이다. 그 훈련 과정을 통해 사랑의 패배자들은 영혼의 빛을 잃고, 사랑의 진정한 승리자들은 영혼의 빛을 더한다.

■ 토마스 벌핀치, 이윤기 옮김, 〈글라우코스와 스킬라〉, 《그리스와 로마의 신화》, 대원사, 1989.

# 믿음직한 사랑

사랑은 아무나 하나?

한 노래 가사가 질문한다.

그 대답은 둘로 나뉜다. 사랑은 아무나 시작한다.

그러나 그 완성을 이루는 사람은 소수이다.

믿음직한 사랑은 완성을 향한 첫 성취다.

# 페넬로페와 오디세우스

유명한 사랑의 배신자 클리타임네스트라의 남편 아가멤논이 참가한 트로이 전쟁에 페넬로페의 남편인 오디세우스도 참전했다. 전쟁이 10년 동안 진행되었으니, 남겨진 부인들의 고독과 주변 남자의 유혹도 10년이나 진행되었다. 그러나 오디세우스는 돌아오는 여정이 꼬여서 20년 동안이나 집을 비웠으니, 페넬로페의 고독과 주변으로부터의 유혹은 다른 부인들보다 배가 되었다. 그럼에도 이 과정에서 클리타임네스트라가 취한 길과 페넬로페가 취한 길은 확연히 구분된다.

페넬로페의 미모와 마음씨가 아름답기로 소문난 만큼 구혼자들도 득실득실했다. 다른 장수들은 다 돌아왔는데 오디세우스만 돌아오지 않으니, '당신 남편은 죽은 게 분명하다. 나와 결혼하자.' 는 구혼자들의 성화가 극에 달했다. 그녀는 저 유명한 '페넬로페의 베 짜기' 로 시간을 벌며 남편이 돌아올 날만 기다렸다. 구혼자들의 성화가 극에 달하자, '시아버지의 수의를 다 짜면 구혼자들 중 한 사람을 고르겠다.' 고 공포한 후, 낮에는 베를 짜고 밤에는 짠 베를 풀었던 것이다.

페넬로페는 당시의 심정을 한 음유시인에게 다음과 같이 털어놓았다.

"이 전쟁의 파국 속에서 나보다 더 무거운 타격을 받은 사람은 없을 거예요. 매일매일을 남편의 안녕을 빌며 비탄에 빠져 있으니……."

페넬로페의 유일한 안식은 잠드는 것뿐. 그러나 잠들기까지 페넬로페는 스스로 이름 붙인 '슬픔의 침대'에서 눈물로 베개를 흥건히 적셔야 했다.

페넬로페는 무엇을 지키려고 한 것일까? 결혼에 따른 정절의 윤리였을까? 그녀가 지키려 한 것이 남편과의 혼인 약속이라면, 남들은 다 돌아왔음에도 불구하고 남편은 돌아오지 않으니 그가 죽었다고 믿어도 좋을 만한 상황이었다. 게다가 남편도 떠나기 전에 혼인 약속에 대한 굴레를 풀어준 바 있다.

"부인, 한 가지는 분명하오. 모든 병사가 다치지 않고 트로이에서 돌아올 수는 없다는 것. 신들이 나를 돌아오게 할지, 트로이 땅에 쓰러뜨릴지는 알 수 없소. 여기 모든 것을 당신에게 맡기고 떠나오. 지금 당신이 하듯이 내 부모를 잘 돌봐주시오. …… 그리고 우리 아들 턱에 수염이 나면, 당신이 좋아하는 사람과 결혼해서 떠나시오."

그런데 왜 페넬로페는 남편을 기다리기로 결심한 것일까? 이타케의 여왕과 결혼하려는 구혼자들 중에 쓸 만한 인물이 없었다는 것도 한 요인일 수 있다. 그러나 그녀의 표현처럼 슬픔의 침대에서 매일 밤 외로운 몸을 누이는 것만큼 '무거운 타격'도 드물다. 이미 아들 텔레마코스의 턱에 수염이 자란 지도 오래되었다.

그녀를 이해할 수 있는 한 사건이 있다. 페넬로페는 스파르타 왕 이카리오스의 딸로, 그 용모와 마음씨가 아름다워 처녀 시절에도 숱한 청혼자들이 있었다. 그 많은 경쟁자들을 물리치고 오디세우스가 간택되었다. 그러나 아버지 이카리오스 왕은 딸에 대한 애착이 너무 두터워, '남편 따라 이타케로 가지 말고 아버지와 함께 살자.'고 졸랐다. 오디세우스는 결혼하여 이타케로 가 같이 살지, 아니면 아버지에게 남을지의 선택을 페넬로페에게 맡겼다.

딸에 대한 아버지의 애착이 담뿍 묻은 곤란한 요청에 대해 페넬로페는 아무 대답을 하지 않고 너울로 얼굴을 가렸다. 아버지는 더 이상 강권할 수 없음을 알고 딸을 떠나보냈다. 대신 부녀가 이별한 장소에 기념비를 세워 정절의 여신에게 바쳤다.


아무 대답 없이 너울로 얼굴을 가린 것은 아버지에 대한 애정을 표현하면서도 남편을 선택하겠다는 강력한 메시지였다. 어느 한 편을 선택할 수밖에 없을 때, 양쪽 모두에 대한 애정과 신뢰를 애틋이 표현하면서도 어느 한 편에 대한 의지를 강하게 드러낼 줄 아는 현명함과 단호함이 페넬로페에게는 있었다. 호동왕자와는 사뭇 다른 경지다.

남편은 아내의 인생에 대한 결정권을 아내에게 두 번이나 맡겼다. 이타케로 오기 전에 한 번, 전쟁에 참전하면서 한 번. 페넬로페는 결정권이 자신에게 있다는 무게를 깊이 느꼈고, 그 때문에 더 괴로웠을 것이다. 정절의 여신에게 바친 친정아버지의 기념비 때문이었을까? 페넬로페는 과부로 인생을 마칠 가능성까지 받아들이며 남편의 귀환을 기다리기로 결단을 내렸다.

그것은 남편의 귀환을 전제해서라기보다 자신의 삶에 운명적으로 주어진, 높은 가치를 지닌 관계에 바치겠다는 결단이었다. 하늘과 자신과의 대면 속에서 내린 결단이었다.


페넬로페가 '베 짜기'로 시간을 끈다는 사실이 드러나자, 구혼자들의 성화는 더욱 거세어져 왕궁을 제 집처럼 누비며 엉망으로 만들었다. 그들의 성화에 다시 밀린 페넬로페는 '활쏘기 대회의 승리자에게 시집가겠다.'고 다시 선언했다. 자신의 결단을 포기한 것일까? 현명한 페넬로페가 그렇지는 않았을 것이다. 지정된 활은 남편 오디세우스만이 쏠 수 있는 것이었다.

어머니가 분명한 태도를 보이자 아들 텔레마코스도 마음이 움직였다. 아들은 구혼자들의 살해 위협을 무릅쓰고 아버지를 찾아 나섰다. 그사이 오디세우스도 귀향길의 험난한 여정을 거치며 많은 여인들에게 유혹을 받았다. 그에게 반한 아름다운 바다의 요정 칼립소는, 오디세우스를 죽지 않는 존재로 만들어 영원히 자기 곁에 두려고 하였다. 하지만 오디세우스는 칼립소의 구애에 다음과 같이 대답했다.

"페넬로페는 얼굴 생김에서나 자태에서나 당신보다 초라합니다. 당신은 늙지도 않고 죽지도 않지만 그녀는 죽을 수밖에 없는 존재니까요. 그렇다 해도 나는 집에 돌아가기를, 내 귀환의 날을 맞기를 매일 원하고 갈망하고 있습니다."

화려한 제안에도 불구하고 오디세우스가 '매일' 귀향을 갈망한 것은 남편의 안녕을 '매일매일' 빈 페넬로페의 자력 때문일 수도 있다. 제우스와 아테나를 비롯한 많은 신들이 그의 귀환을 도운 것도 페넬로페의 기도 덕분이라 할 수 있다. 마침내 아버지와 아들이 만나 신분을 드러내지 않고 활쏘기 대회에 참가했다. 다른 자들은 활을 펴보지도 못하고 포기할 때, 자기의 활을 든 거지 차림의 오디세우스는 왕궁에서 구더기처럼 득실거렸던 뻔뻔스런 구혼자들을 모두 처단하고 아내와 재회했다.

가족과 왕국의 유지, 그리고 운명적으로 주어진 가치 있는 관계에 충성하겠다는 페넬로페의 결단은 믿음의 자력을 발산했다. '남편은 돌아온다.'는 믿음은 페넬로페에게서 퍼져 나가 아들의 행동을 촉발시키고 신들을 감동시켰을 뿐 아니라, 귀향의 험난한 여정에 있던 오디세우스에게 '집으로 돌아간다.'는 믿음을 매일 되새기게 하였다. 흩어졌던 가족이 다시 모일 수 있었던 것은 페넬로페를 중심으로 이미 믿음의 공동체가 형성되었기 때문이다.

사랑을 완성으로 밀고 가는 제1의 힘은 믿음이다. 사랑은 아무나 시작하지만, 모두가 숱한 역경과 불확실성을 만난다. 이때 믿음이 깨지면, 사랑은 불확실성의 소용돌이 속으로 빨려 들어간다. 믿음은 관계에 대한 헌신을 낳고, 헌신은 다시 믿음의 공동체를 강화한다.

통상의 오해와는 달리 믿음은 어떤 종교인이냐를 확인하는 지표가 아니다. 만약 믿음이 그런 수준에서 그친다면, 믿음은 당파를 확인하는 서약 정도에 그칠 것이다. 믿음은 불확실한 상황에서 비전에 대해 몸과 마음을 바치는 행위로 드러난다. 남편이 죽었을 가능성이 높은 상황에서 '돌아오리라'는 비전에 모든 행동을 맞추는 것이 믿음이다. 그렇게 강한 믿음은 그 믿는 바를 현실 속에 끌어당기는 자력을 갖는다.

믿음이란 행위로 드러나는 내적인 힘이며, 그것도 비전을 실현해내는 정신물리적인 힘이다. 그 힘이 약하면 닥치는 역경과 불확실성에 애초의 비전과 약속을 포기하고 상대를 배신하게 된다. 믿음과 신뢰는 사랑을 완성해갈 인격적 역량으로, 페넬로페처럼 높은 공력을 가진 사람들이나 발휘하는 힘이다. 그 믿음직한 힘에 의해 사랑의 작은 배는 풍랑을 헤치고 목적지에 접근할 수 있다.

# 디오니소스와 아리아드네

또 다른 사랑의 성공 사례가 있다. 이들은 믿음뿐 아니라 또 다른 힘이 사랑을 완성하는 데 필요하다는 사실을 시사한다.


술과 포도의 신 디오니소스는 천상의 왕 제우스와 인간 여인 세멜레 사이에서 태어났다. 그러나 할머니로 변장한 헤라의 꾐에 빠져 천상의 갑옷을 입은 제우스를 보는 순간 세멜레의 몸은 불타버렸다. 제우스는 타버리는 애인의 몸속에서 아기 디오니소스를 꺼내 니사의 요정들에게 맡겼다.

하지만 헤라의 저주는 멈추지 않고 다시 장성한 디오니소스를 따라다녔다. 그를 미치게 하고, 세계 각지를 방랑하는 고달픈 삶으로 내몬 것이다. 방랑을 하는 동안 디오니소스는 포도 재배법도 배우고, 인도에 가서 깨달음을 얻어 새로운 종교를 발칸 반도에 퍼뜨리기도 했다. 디오니소스의 제례에는 주로 여자들이 가정을 팽개치고 열광적으로 참여했는데, 그 무질서와 광란을 우려한 군주들은 디오니소스를 탄압했다.

사랑의 다른 주인공 아리아드네는 크레타 왕 미노스의 딸이었다. 아버지 미노스는 몸은 인간이되 머리는 황소인 괴물로 그 성질이 흉포하기로 유명했으니, 어린 시절 아리아드네의 고통이 어떠했을

지는 짐작할 만하다.

미노스 왕은 강권을 행사하여 아테네에서 조공을 받아왔는데, 매년 총각과 처녀 일곱 명씩을 받아 미궁에 사는 괴물 '미노스의 황소'에게 바쳤다. 이 미궁은 실로 교묘하여 누구든 들어가면 빠져나오지 못하고 헤매다가 미노스의 황소에게 잡아먹혔던 것이다.

아테네의 왕위 계승자로 책봉된 영웅 지망생 테세우스는 크레타 왕의 엽기적인 조공 요구를 끝장내기 위해 제물 총각으로 자원하여 미노스 왕 앞에 불려 나갔다. 그 옆에서 바라보던 공주 아리아드네는 첫눈에 두려움 없는 이 청년에게 반해버렸다. 아리아드네는 테세우스에게 '아테네로 데려가 결혼해줄 것'을 요청하고서, 그가 응낙하자 몰래 칼 한 자루와 실 한 타래를 넘겼다. 덕분에 테세우스는 실을 풀면서 미궁으로 들어가 미노스의 황소를 칼로 찔러 죽이고, 풀어놓은 실을 따라 미궁을 빠져나오는 데 성공했다.

둘은 약속대로 크레타를 도망쳐 아테네로 가다가 낙소스 섬에 기항했다. 아리아드네가 사랑의 단꿈을 꾸다 다음 날 아침 깨어났을 때는 마치 악몽이 전개되는 것 같았다. 잠들어 있는 동안 테세우스 일행이 그녀를 버려둔 채 낙소스 섬을 떠나버린 것이다. 테세우스가 은인을 버리고 떠난 것은 아테나 여신의 현몽 때문이라는 설이 있다. 그러나 평소 그의 품성으로 미루어볼 때, 추격하는 크레타 군을 따돌리기 위한 방책이었거나, 당시 적국인 크레타의 공주를 애인으로 데려가서 벌어질 문제들이 골치 아팠을 가능성이 크다.

슬픔과 배신에 절망한 아리아드네는 목을 매달았으나 죽지는 못했다. 괴물 아버지에게서 탈출하는 데는 성공했으나, 아버지를 배

〈디오니소스와 아리아드네〉 티치아노, 1561~1568년

반한 데 대한 벌로 사랑의 배신을 당하고 버려지면서 삶의 의지를 모두 상실했다.

한편 어머니의 손길 한 번 느끼지 못하고 저주의 광기에 내몰려 이곳저곳을 전전하며 군주들의 피살 음모를 피해 다녀야 했던 디오니소스는 끝없는 방랑 중에도 낙소스 섬을 마음에 들어했다. 출생부터 계속된 비운의 주인공이 하늘을 이불 삼고 땅을 베개 삼으며 돌아다닌 중에도 낙소스 섬은 마음의 고향처럼 푸근했다. 무엇이 있었기 때문일까? 그 섬에는 아버지에게 내몰리고 애인에게 버림받은 여인, 아리아드네가 있었다.

신세 한탄을 듣다 보니 서로가 서로에게 위안이 되었다. 디오니소스는 그녀가 마음에 들어 상처를 위로하며 아내로 삼았다. 그들의 결혼식 날, 아프로디테 여신은 보석이 주렁주렁 달린 황금관을 선물했다. 디오니소스는 그 관을 아리아드네의 머리 위에 씌워주었다. 아프로디테는 테세우스에게 버림받아 깊은 슬픔에 빠진 아리아드네를 가엾이 여겨, 떠나간 인간 애인 대신 천상의 애인을 짝지어주겠다고 약속한 바 있었다. 제우스의 아들이자 인간의 비운과 슬픔에 대해 누구보다 깊이 아는 디오니소스가 그녀의 몸과 마음을 감싸안은 것이다.

목을 매달 정도의 좌절을 딛고 비운을 눈물로 삼키며 외로운 섬에서 고통을 받아들였던 여인의 머리에는 사랑의 여신이 선물한 관이 씌워져 황금색으로 빛났다. 그 관은 아버지에게서 받은 횡포와 애인에게서 받은 배신의 상처를 모두 참아낸 승리의 상징이었다.

디오니소스에게 아리아드네는, 요정들 품에서 자라면서 자연의 감수성을 배우고, 포도의 생명을 키우는 법을 배우고, 마음 다스리는 법을 깨쳐 마침내 버림받은 사람들을 구원할 길을 창시하기까지 꺼억꺼억 울며 견뎌낸 외로움과 고통과 슬픔의 위안처가 되었다. 그에게 아리아드네의 황금관은 비운에 저항하지 않고 그 물꼬를 돌려 구원의 길로 바꾸어낸 창조의 승리를 상징하는 것이었다.

후일 아리아드네가 죽자 디오니소스는 그녀의 머리에 씌워진 황금관을 벗겨 하늘로 높이 던져 올렸다. 관은 하늘로 하늘로 서서히 올라갔다. 올라갈수록 보석은 점차 그 빛을 더하더니 마침내 하늘 끝에 닿아 빛나는 별이 되었다.

자신의 비운과 슬픔을 견뎌냈을 뿐 아니라 다른 사람들의 고통과 슬픔까지도 치유할 길을 창조해낸 사랑이 북쪽왕관자리로 하늘에서 빛나게 된 사연이다. 이리하여 참음과 받아들임이라는 사랑의 제2원리가 하늘의 별로 많은 사람들의 마음을 비추게 되었다.


쪼갬의 원리가 지배하는 이 세상. 쪼개진 존재들은 외로움과 결핍감에 시달린다. 사랑은 반편 존재들이 결핍을 채워 합일과 온전함으로 향해가는 몸부림이다.

하지만 남자는 늑대요 여자는 여우이다. 처음에는 다 멋진 왕자요 공주지만, 시간이 지나면서 늑대와 여우로 변해간다. 그사이에 많은 역경이 있고 불확실성이 있다. 거기서 사랑을 유지하기는 정말로 어렵다. 믿음이라는 힘, 참고 받아들이는 힘이 없이는 애초의 사랑은 유지될 수가 없다.

사랑은 아무나 시작한다. 그러나 공통의 비전과 서로에 대한 믿음이 있는 소수의 사람, 닥치는 역경을 참고 받아들이는 소수의 사람들만이 사랑의 승리자로 남는다. 그 보상은 공동의 향상으로 다가온다.



■ 토마스 벌핀치, 이윤기 옮김, 〈페넬로페〉, 《그리스와 로마의 신화》, 대원사, 1989.
■ Penelope / Carlos Parada. Greek Mythology Link. www.maicar.com/GML.
■ 토마스 벌핀치, 이윤기 옮김, 〈디오니소스와 아리아드네〉, 《그리스와 로마의 신화》, 대원사, 1989.

# 승화하는 사랑

사랑의 신화가 지배하는 세상에서
사람들은 사랑 자체에 머무르려 한다.
그러나 일부 사람들은 더 나아간다.
그들은 사랑을 타고 넘는다.

# 뱀신랑

한반도에서 한 노부부가 자식 없이 살았으나 늦게까지 자식에 대한 기원을 멈추지 않았다. 마침내 그 결실로 할머니가 아들을 낳으니, 본래 운명에 없던 것을 기원으로 끌어내서인지 아들은 뱀이었다. 이웃집 세 딸이 아이를 구경하러 왔다가 징그러워 물러서는데, 오직 셋째 딸만이 호감을 보였다.

뱀 아들이 자라나 어머니에게 이웃집 딸과 혼인시켜달라고 졸랐다. 어머니는 곤혹스런 마음을 누르고 아들을 위한 정성으로 이웃집에 가서 청혼하였다. 당연히 딸들이 거절하는데 셋째 딸이 좋다하여 기적적으로 혼사가 이루어지게 되었다.

놀랍게도 혼인 첫날밤 뱀은 허물을 벗고 잘생긴 남자가 되었다. 그 후로 낮에는 뱀으로, 밤에는 사람으로 지내다가, 얼마 뒤 완전히 뱀 허물을 벗고 온전하고 멋진 남자가 되었다. 어느 날 남편이 먼 길을 떠나면서 아내에게 뱀 허물을 주며 잘 보관하라고 당부하였다. 그러면서 만약 허물이 없어지면 다시는 만나지 못하게 되리라고 단단히 일렀다.

남편이 없는 사이 찾아온 두 언니들은 멋진 남자를 얻게 된 동생을 시샘하였다. 남편의 당부를 잊은 셋째 딸의 실수로 언니들은 허물의 비밀을 알게 되고, 그들은 이를 찾아내어 태워버렸다. 허물 타는 냄새는 먼 곳에 있던 뱀신랑에게도 전해졌다. 그는 다시 돌아오지 않았다.

자신의 실수를 뉘우친 셋째 딸은 남편을 찾아 나섰다. 오랜 세월을 전전하며 밭 가는 사람, 빨래하는 여자, 까치 등에게 길을 물어 물어 마침내 지하 세계로 들어가 남편이 사는 곳을 찾아갔다.

남편은 새 여자와 살고 있었다. 셋째 딸은 둘 사이에서만 불렀던 노래를 불러 남편이 자기를 알아보게 하였다. 두 여자 사이에 놓이게 된 남편은 몇 가지 시험에서 이긴 사람을 진짜 아내로 삼겠다고 선언했다. 물 길어오기, 호랑이 눈썹 가져오기 등의 내기에서 이긴 쪽은 셋째 딸이었다. 그녀는 오랜 고생 끝에 뱀신랑과 재결합하여 행복하게 살았다.

뱀신랑은 〈미녀와 야수〉의 야수나 백설공주와 비슷한 업보를 안고 이 땅에 태어났다. 그들은 전생에 뭔가 뛰어난 매력과 힘을 가진 존재였으나, 자신의 능력에 대한 자만에 빠져 큰 잘못을 저질렀음에 틀림없다. 그 속죄를 위해 그들은 뱀이나 야수 등의 형태를 입고 축생계에 태어났고, 사람들의 혐오를 받으며 자기 에고를 죽이는 훈련을 해왔다. 여자인 백설공주는 세상에서 가장 예쁜 얼굴을 자만하여, 몸이 시체처럼 차갑게 잠드는 시련을 겪어야 했다.

그들 모두는 다른 사람의 진정한 사랑을 받고 온기 어린 입맞춤을 받아야 본래의 멋지고 아름다운 모습으로 돌아올 수 있었다. 다른 사람의 진정한 사랑을 받아야 한다는 과제는 뱀이나 야수, 또는 시체처럼 추한 자신의 에고와 오만을 죽이는 훈련을 마쳤을 때에야 비로소 사랑스런 영혼으로 다시 태어날 수 있다는 법칙을 드러낸다.

〈무신도 중감찰위〉                    〈무신도 상사위〉

뱀신랑이 셋째 딸의 사랑을 받아 추한 뱀의 외양을 벗게 된 것은 인내와 자기 낮춤의 시험을 잘 통과했다는 뜻이다. 사랑을 통해 자기 영혼의 때를 벗기는 과제를 달성한 자, 그들은 승화하는 사랑에 성공한 자이다.

누구나 징그러워하는 뱀아이에게 호감을 보였고, 더욱이 평생을 바칠 남자로 선택한 셋째 딸. 그녀는 뱀에게서 보통 사람들이 감지하지 못하는 어떤 매력을 보는 눈을 가졌다. 그 통찰력 때문에 셋째 딸은 능동적으로 뱀을 신랑으로 선택했다.

바로 그 점에서 이 이야기의 그리스판 여주인공인 프시케보다 탁월하다. 프시케가 운명이 내모는 행로를 따라 사랑의 신 에로스를 남편으로 만나고, 남편이 떠난 후에도 꾸준히 그의 도움을 받는 반면, 한반도의 셋째 딸은 처음부터 끝까지 자신의 결단에 의해 사랑을 성취해 나간다. 남들이 징그러워하는 뱀 속에서 빛나는 보석을 보고, 그 보석을 다시 찾기 위해 평생을 걸기로 결단하고 밀고 나간다는 점에서, 셋째 딸은 사랑을 통해 자신을 승화시키는 영웅이다.

그러나 뱀신랑이 멋진 남자 모습으로 바뀌자, '남편을 키운다.'고 생각하는 모든 여자가 그렇듯, 셋째 딸도 오만에 빠져들었음에 틀림없다. 두 언니의 질투는 셋째의 약점을 파고든다. 프시케의 언니들처럼, 셋째 딸의 언니들은 '네 남편은 천 년 묵은 구렁이이고, 너를 해칠 때를 기다리고 있을 것이다.'라고 겁주었을 것이다. 남편이 당부한 경계심을 잃고 의심에 빠져든 셋째 딸은 남편의 허물이 불타는 상황을 초래한다.

사랑을 오래 유지하기 위한 제1초석, 믿음과 신뢰는 이렇게 하여 붕괴된다. 한반도의 뱀신랑은 발칸 반도의 에로스보다 훨씬 냉정하게, 허물 타는 냄새를 맡는 순간 뒤돌아 떠나버리고 아무 연락도 없이 딴 여자와 산다.

뱀 허물은 두 사람의 사랑을 맺어준 상징이다. 뱀신랑에게 그 허물은, 뱀에서 인간으로 변하는 과제를 달성하도록 도와준 아내의 은혜를, 그리고 그 은혜에 대한 보답으로 동고동락해야 한다는 과제를 상징한다. 셋째 딸에게서 그 허물은, 뱀과의 사랑에 헌신키로 한 겸허와 그 겸허에 대한 하늘의 보답을 상징하는 것이다. 그 허물이 타버리는 순간 아내에 대한 보은의 의무도 타버렸고, 사랑에 대한 헌신과 겸허도 타버렸으며, 하늘의 보답도 사라져버렸다.


그러나 셋째 딸의 역량은 이때부터 발현된다. 그녀는 남편의 믿음을 배반했다는 자신의 잘못을 남김없이 인정한다. 슬프고 후회스럽고 죽고 싶겠지만, 보통 이혼하는 부부들처럼 남 탓만 하고 있지 않는다. 그녀는 속죄의 여정을 떠나기로 결정한다. 다른 세계에서 온 지체 높은 존재 같았던 남편이 사랑의 배신자인 자신을 다시 받아들여 줄지는 미지수이다. 그러나 그녀에게 중요한 것은 배신에 대한 속죄 자체였다. 그 결심이 얼마나 대단했으면 까치까지도 그녀에게 갈 길을 일러주었겠는가?

지하 세계에 있는 남편은 이미 다른 여자와 살고 있기에 셋째 딸에 대한 미련을 버렸음에 틀림없다. 모험적인 여정을 통해 찾아온 그녀를 몰라볼 정도로. 두 여자와 한 남자의 삼자대면 순간, 셋째 딸은 둘만이 아는 노래로 그의 기억을 일깨우는 지혜와 과감성을 보인다.

남편은 약속을 어긴 여자를 받아들일 의무가 없다. 그러나 지상에서부터 지하 세계까지 속죄 여정을 이뤄낸 용감한 여인, 사랑의 노래로 달콤한 과거를 회상케 하고 큰 은혜를 일깨워준 여인은 이미 과거의 셋째 딸이 아니다. 그 빛나는 매력과 용기 앞에서 남편은 '영원한 아내'를 선별할 시험을 제안한다.

자신의 부주의를 깊이 뉘우친 셋째 딸이 물 길어오기 같은 주의력 시험에서 질 리가 없고, 험난한 여정을 겪어낸 그녀가 호랑이 눈썹 가져오기 같은 용기 시험에서 질 리가 없다. 지하 세계의 지체 높은 남편과 동반자로 영원한 행복을 누릴 자질이 다 입증되었기에, 그 뒷이야기는 말하지 않아도 뻔하다.

오만과 부주의에 대한 참회로부터, 남편을 만나 속죄하겠다는 결단, 까치와 소통하는 신통력, 험한 여행을 통한 두려움 극복 등을 통해 그녀는 인격의 비약적 향상을 이룬다. 차원 높은 세계에서 지체 높은 남편과 재결합할 수 있었던 것은 그녀의 공력이 그 세계와 지위에 맞을 정도로 커졌기 때문이다.

승화하는 사랑을 하는 사람들은 사랑의 감정에 집착하지 않음은 물론 관계의 유지에도 집착하지 않는다. 그들이 지향하는 것은 사랑을 매개로 한 혼의 정화와 향상이다. 사랑의 행복감에 집착하는 사람들은 그것을 잃는다. 반면 사랑을 통해 승화하려는 사람들은 좀 더 큰 행복을 얻는다. 그것은 사랑의 꿀맛보다 더 높은 곳을 향해 나아가기 때문이다. 사랑의 행복감은 그 부수적인 열매일 뿐이다.

# 김현

사랑을 통해 승화하는 또 다른 쌍이 한반도 신라에서 8세기 후반에 나타났다. 신라에서는 음력 2월이면 초여드렛날부터 보름날까지 남녀들이 흥륜사의 탑을 돌며 복을 비는 풍습이 있었다. 젊은 화랑인 김현(金現)도 밤이 깊도록 혼자 쉬지 않고 탑돌이를 하고 있었다. 그때 한 처녀가 염불을 외면서 뒤따라 돌다가 서로 눈길을 주고받았다. 그들은 탑돌이를 마치고는 조용한 곳으로 가 정을 통하였다.

처녀의 사양에도 불구하고 김현은 처녀를 따라 서산 기슭의 한 초가집으로 들어갔다. 노파가 따라온 총각을 보고 사연을 물은즉 처녀는 사실대로 말하였다. 그러자 처녀의 어머니가 대답했다.

"좋은 일이긴 하지만 없었던 것만 못하구나. 그러나 이미 저질러진 일을 어찌겠느냐? 네 오라비들이 나쁜 짓을 할까 걱정되니 은밀한 곳에 숨겨라."

얼마 후 호랑이 세 마리가 들어오더니 사람 말로 얘기하였다.

"집에서 비린내가 나니 요기를 했으면 좋겠어요."

노파와 처녀가 그들에게 '미친 소리를 한다.' 며 힐난하자, 하늘에서 외치는 소리가 들렸다.

"너희가 남의 생명 빼앗기를 즐기니 마땅히 한 놈을 죽여 악행을 징계하겠다."

세 호랑이는 하늘에서 들려오는 준엄한 꾸짖음을 듣고 근심에 떨었다.

이때 처녀가 나서서 말했다.

"만약 세 오라비가 멀리 피하여 스스로 뉘우친다면 제가 대신 그 벌을 받겠어요."

이 말을 들은 호랑이들은 기뻐하면서 고개를 숙이고 꼬리를 치며 도망갔다.

처녀가 김현이 숨은 곳으로 들어와 말했다.

"비록 제가 낭군과 같은 부류는 아니지만 하룻밤 즐거움을 같이 했으니 그 의리는 부부의 결합처럼 소중합니다. 그러나 세 오라비의 악행을 하늘이 미워하니, 우리 집안의 재앙을 제가 감당하려 합니다."

처녀는 계속해서 자신이 할 일을 설명했다. 자기가 내일 거리로 들어가 사람들을 해치면, 왕께서 높은 벼슬을 내걸고 자신을 잡으려 할 것이다. 그때 낭군이 자신을 쫓아 성 북쪽 숲으로 오면 기다리고 있겠으니 그때 자신을 잡으라는 것이다.

김현은 손을 저으며 만류했다.

"사람이 다른 부류와 사귀게 된 것이 정상은 아니지만 하늘이 준 운명인데 어찌 배필의 죽음을 팔아서 한 세상 벼슬을 바라겠습니까?"

처녀가 엄중히 입을 열었다.

"제가 일찍 죽는 것은 하늘의 명이고 저 또한 바라는 바입니다. 이것은 낭군의 경사이고, 우리 가족의 축복이며, 온 나라의 기쁨입

화살에 맞고 피를 흘리는 호랑이, 평안남도 덕흥리 무덤

니다. 하나가 죽어 다섯 가지 이로움이 있는데 어찌 꺼려하겠습니까? 다만 저를 위해 절을 짓고 강론하여 좋은 업보를 얻는 데 도움을 주시면 낭군의 은혜는 더 없이 클 것입니다.”

말을 마치고 호랑이 처녀와 김현은 울면서 헤어졌다.

다음 날 과연 사나운 호랑이가 성난 사람들을 해치니 감당하지 못한 국왕이 2급 벼슬을 내걸며 호랑이를 잡으라고 독촉하였다. 김현이 호랑이 처녀가 지시한 대로 숲 속으로 들어가니, 호랑이는 처녀로 변신하여 웃으며 말했다.

“어젯밤 낭군과 은근히 나눈 말을 잊지 마세요. 오늘 제게 다친 사람들은 흥륜사의 간장을 바르고 그 절의 나팔 소리를 들으면 곧 나을 겁니다.”

처녀가 말을 마치고 김현이 차고 있던 칼을 뽑아 스스로 찌르자 바로 호랑이 모습으로 변하며 쓰러졌다.

김현은 호랑이 처녀가 일러준 대로 사람들을 치료하고, 벼슬에 등용된 후 절을 세웠다. 절 이름은 ‘호랑이의 원이 깃든 절’이라는 뜻으로 호원사(虎願寺)라 하였다. 여기서는 항상 〈범망경(梵網經)〉을 강론하여 호랑이의 명복을 빌면서, 스스로를 희생하여 어짊을 이룬 은혜에 보답했다. 김현은 죽을 즈음 이 감동스런 일을 적어 세상에 알렸는데, 그 기록을 ‘호랑이를 논하는 숲(논호림論虎林)’이라 이름 지었다.


호랑이 처녀는 전생에 신심 깊은 구도자였으나 포악한 성품을 극복하지 못하고 이생에 호랑이가 되었을 것이다. 그녀의 둔갑 능력도 전생에 특별한 신통력을 훈련했다는 점을 짐작케 한다. 그러나 험난한 호랑이의 삶 속에서도 전생에서 이어진 좋은 싹이 자라나 짐승의 성품을 극복할 수 있기를, 그리하여 고단한 짐승의 삶을 접고 인간이나 더 높은 존재로 태어나기를 탑을 돌며 간절히 기원하였을 것이다.

그 기원이 지극히 간절하여, 하늘은 좋은 품성을 가진 인간 남자와 하룻밤 인연을 허락했다. 그래서 호랑이 처녀는 하룻밤 인연을 '부부의 결합처럼 소중한 의리'로 받아들이며 깊은 떨림으로 하늘에 감사했다.

그녀가 하늘에 기원하면서 받은 메시지는, '네 생명을 공덕으로 바쳐 너를 사랑해준 사람과 네 가족을 이롭게 하면 짐승의 삶을 접고 더 높은 곳에서 다시 태어날 수 있다.'는 믿음이었다. 그 확신이 깊어지자 자기 몸을 바치는 것이 '하늘의 명이고 저 또한 바라는 바'라고 당당히 받아들일 수 있었다. 마지막 소원도 '나를 위해 절을 짓고 강론해달라.'는 것이니, 자신이 지은 공덕에다가 사랑하는 사람이 자기를 위해 베푸는 공덕까지 합하면 좋은 업이 모여 향상된 삶을 얻게 되리라 믿었던 것이다.

호랑이 처녀는 단순히 사랑 감정 때문에 상대를 위해 자신을 희생한 게 아니다. 사랑을 통해 승화하려는 전사들은 사랑을 자기 향상의 계기로 받아들이고 몸까지 바친다. 더욱이 자기 향상뿐 아니라 사랑하는 이들의 향상까지 돕는 일이라면 주저할 것이 없다. 그것은 사랑을 서로의 향상을 위한 도전이자 축복으로 받아들이기 때문이다.

일부 불교문화에서는 한 쌍의 남녀가 윤회를 거듭하는 동한 꾸준

히 같이 환생하며 사랑하고 영적 성장을 돕는 소울메이트를 인정한
다. 김현과 호랑이 처녀는 사랑하면서도 몸까지 바쳐 공덕을 쌓고
영적 성장을 격려하는 위대한 소울메이트라 하겠다.

# 바보온달과 평강공주

사랑을 통해 승화하려는 또 다른 남녀가 한반도 북쪽 고구려에서 6세기 평원왕 때 만났다. 사내아이의 이름은 온달. 얼굴은 우습게 생겼지만 속마음은 밝았다. 홀어머니와 가난하게 살면서 항상 밥을 얻어다 어머니를 봉양했다. 낡은 옷과 해진 신발로 저잣거리를 왕래하니 사람들은 그를 '바보온달'이라고 부르며 놀려댔다.

왕의 어린 딸은 평강공주로 몹시 울어대는 울보였다. 부왕은 어린 공주가 울 때마다 "네가 항상 울어대니 귀족의 아내는 될 수 없겠고 바보온달에게나 시집보내야겠다."며 놀려댔다. 공주의 나이 16세가 되자 왕은 귀족 집안에 시집보내려 하였다. 그러자 공주는 엉뚱하게도 '임금이 식언하실 수는 없다.'며, "아버님 평소 말씀대로 온달에게 시집을 가겠습니다."라고 우겼다. 설득하기도 하고 윽박지르기도 했으나 공주의 마음이 변치 않자, 부왕은 노하여 공주를 궁궐 밖으로 내쫓았다.

공주는 쫓겨난 그 길로 온달을 찾아가 부부가 되었다. 공주는 궁궐에서 갖고 온 패물로 집과 밭을 마련하고, 왕실의 병약한 말을 사와 잘 먹이며 준마로 키웠다. 이렇게 집안의 터전을 닦는 한편 남편 온달에게는 무예와 학문을 닦게 하였다.

고구려는 매년 봄 왕과 군사들이 참여하는 수렵 대회를 열었다.

그리고 그날 잡은 짐승으로 산천의 신께 제사를 지냈다. 온달도 말을 타고 이 수렵 무리를 따라갔다. 그런데 말을 타고 달리는 품이 남보다 앞서고 잡은 짐승도 많았다. 왕이 그의 승마 기품과 사냥 솜씨에 놀라 불러서 이름을 물으니 바로 ‘바보온달’이었다. 이에 왕은 놀라며 기이하게 여겼다.

중국 북주(北周)의 무제가 고구려 영토인 만주 요동을 침략하자 평원왕은 직접 군사를 거느리고 나가 싸웠고, 온달은 선봉장으로 북주 군사를 물리치는 데 큰 공을 세웠다. 왕은 기뻐하며 예의를 갖추어 온달을 정식 부마로 맞이하고 벼슬도 내렸다. 그 뒤 온달은 왕의 은총을 받으며 위엄과 권세를 떨쳤다.

새 왕의 즉위 후 신라의 침공이 잦아 고구려는 남쪽 지방을 잃었다. 온달은 왕의 허락을 받아 군사를 이끌고 출정하면서 “고구려의 땅을 되찾지 못하면 돌아오지 않겠습니다.”라고 맹세하였다. 맹세가 씨앗이 되어서인지, 온달장군은 전투 중에 화살을 맞고 쓰러져 숨을 거두었다.

장사를 지내려는데, 놀랍게도 그의 관이 전혀 움직이지 않았다. 이를 보고 공주가 다가가 관을 어루만지며 위로하였다.

“생사가 이미 결정되었으니 이제 돌아가소서.”

그러자 비로소 관이 움직였다. 왕은 이 이야기를 듣고 몹시 슬퍼하였다.


평강공주의 행로는 마치 인생 시나리오를 미리 알고 움직이는 것 같다. 궁궐을 나온 후 바로 바보온달을 찾아간 것도 그렇고, 집안을

단양의 온달 산성

키우고 남편을 성장시키는 프로그램도 그러하며, 남편의 죽음 앞에서 던지는 말도 그러하다. 어떻게 된 것일까?

일반적으로 아이가 태어나 5세까지는 전생을 기억하는 사례가 많다고 하는데, 평강공주는 보통 아이보다 더 뚜렷이 기억한 듯하다. 전생의 한에 대한 기억이 뚜렷하여 그토록 울보처럼 울어댔을 것이다. 그 한은 이생에서 풀어야 할 어떤 과제를 강력히 암시하는 것이었다. 아버지가 늘 하던 말, '바보온달에게나 시집보내겠다.'는 말은 딸의 인생 과제를 부지불식간에 지시한 것이었다.

평강공주는 자신의 운명적 배필이 귀족이 아닌 천민 속에 있다는 것을 알고 있었음에 틀림없다. 스스로 알았건, 궁녀 중에 용한 점쟁이를 통해서였건 말이다. 그리고는 아버지가 귀에 박히도록 거론한 '바보온달'이 전생의 한과 연관된 인물이자 이생의 과제를 풀어야 할 바로 그 인물임을 확신하게 된다. 그러했기에 공주는 쫓겨나는 즉시, 마치 과거의 남편에게 달려가듯 자연스럽게 가야 할 곳으로 찾아갔다. 공주로서는 꿈도 못 꿀 천민의 허름한 움막으로. 그녀의 행동은 전생의 남자에게 정성을 기울이지 못해 발생한 불행의 업보를 풀어야 한다는 절실한 의무감에서 나온 것처럼 단호하다.

천민이지만 속마음이 밝은 바보온달. 느닷없이 나타난 여자는 그 밝은 속마음을 지혜와 정성으로 가득히 감쌌다. 하늘이 보낸 지혜와 정성에 보듬어 안겨 바보온달 속에 잠자던 재능은 환하게 피어올랐다. 그 결과가 처음 드러난 것은 아내의 권유로 참여한 수렵 대회에서였다. 왕 앞에 불려가 '온달'이라는 이름을 밝혔을 때, 왕은 사연을 직감했다. 매정하게 떠나간 딸년은 그리움과 분노의 한을 머금고 살아온 아버지에게 멋진 선물로 기별한 것이었다. 그 순간 왕은 하늘과 땅이 딸의 행로에 함께했음에 전율했다.

이로써 평강공주는 주요한 인생 과제를 이루었다. 부왕은 떠나간 딸로 인해 일었던 분노와 그리움의 한을 풀면서 부마와 딸을 끌어안았고, 천민 온달은 늠름한 장수가 되어 장인과 그 다음 대의 왕을 모시는 충신이 되었으며, 평강공주는 못다한 정성을 다 바쳐 전생에서부터 내려온 업을 풀며 자유를 얻었다.


죽은 몸으로도 관을 움직이지 못하게 했다는 것, 이는 온달이 어느 정도로 아내를 사랑했는지, 그리고 아내에 대한 존경과 감사가 어느 정도로 깊었는지를 보여준다. 그는 아내의 손길과 축원을 받지 않고는 한 치도 움직이지 않겠다고 작정한 듯하다. 그의 삶의 모든 영광은 평강공주의 사랑과 정성과 지혜로 쌓아올려진 것이니, 그 은인의 승인 없이는 이 삶을 정리할 수 없다고 생각한 것이다.

온달은 자기 삶의 은인이 바로 아내라는 사실을 하나의 토씨 없이 받아들일 정도로 마음이 밝은 사람이었다. 또 그럴 만큼 마음의 그릇이 큰 남자였다. 마침내 아내가 다가와 어루만지며 생사를 가를 때가 되었다고 말하자, 그녀의 말을 남김없이 받아들이고 떠나갔다.

평강공주의 이별사는 슬픔에 몸부림치는 보통 아내들과는 그 경지가 다르다. 공주는 먼저 관을 어루만지면서 그때까지 오랜 시간을, 나아가 많은 생애를 거쳐 나누어온 사랑의 온기를 전한다. 그리고선 마치 천상에서 내려온 메시지처럼 차갑고 장엄하게 이별사를 말한다.

"생사가 이미 나뉘었으니, 미련을 버리고 이제 돌아가시라."

공주는 출정식에서 남편의 맹세를 들으며 '때가 되었다.'는 것을 직감했을 것이다. 하나 전생에서 남편에게 한 잘못을 이생에서 풀었고, 남편도 그 때문에 거지로 태어나면서 맺힌 한을 사랑과 감사의 정으로 승화시켰으니, 두 사람이 이생에서 해야 할 일은 다 이룬 것이었다. 그녀에게서 중요한 것은 이별이 아니라, 사랑을 통해 이생에서 해야 할 일을 다 했느냐 못 했느냐 뿐이다. 다 이루었고, 그것으로 이생의 의미는 정리되었다.

'이제 돌아가시라.'는 말은 엄청난 무게가 실려 있다. 이 세상은 본래 우리가 있어야 할 곳이 아니라는 암시. 서로 간에 못 푼 사랑의 숙제를 풀기 위해 잠시 이곳으로 온 것뿐이라는 충고. 숙제를 풀었으니 '가야 할 곳으로 가자.'는 단호한 권고. 그 엄중한 말과 함께 평강공주의 손은 온달장군의 관을 부드럽게 쓰다듬고 있었다.

사랑 자체에 머무르려는 보통 사람들과 달리, 그리하여 그 사랑조차 지키지 못하는 우리와 달리, 온달과 평강은 사랑을 넘었다. 하늘이 준 인생 과제를 해결하기 위해 사랑에 뛰어든 것이다. 그들은 사랑을 지켜냈을 뿐 아니라, 그것을 발판으로 더 높은 곳으로 올라갔다. 사랑으로 승화하려는 사람들이 가는 그곳으로.


■ 김광복, '뱀신랑 설화,' 〈똥침국어교실〉, 고전산문. http://www.hongkgb.x-y.net/main
■ 일연, 김원중 옮김, 〈김현이 호랑이를 감동시키다〉, 《삼국유사》, 을유문화사, 2002.
■ '온달,' 네이버 백과사전.
■ 김광복, '바보온달과 평강공주,' 〈똥침국어교실〉, 고전산문.

# 2

# 소통

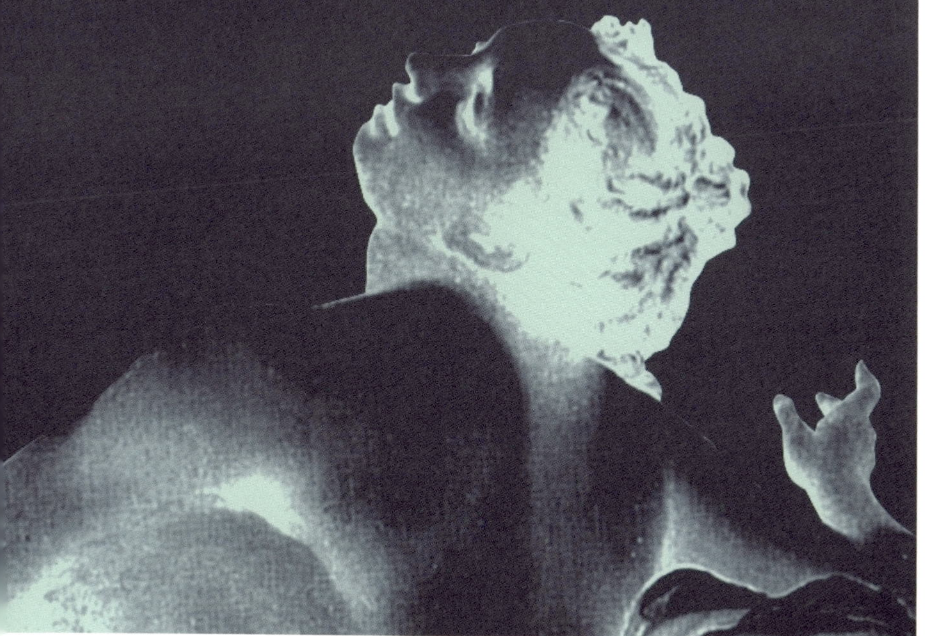

# 단단한 벽

'벽을 넘어서.'

삶의 고통이 온갖 벽 때문에 생긴다는 사실을 안 사람들이 노래한 구절이다.

그래서 벽을 넘으려는 용사들이 숱하게 나타났다.

그들의 인생 실험을 통해 밝혀진 사실이 있다.

벽은 이중으로 되어 있다는 것.

바깥벽과 안벽.

벽을 넘는 데 성공했거나,

벽을 넘다 쓰러진 사람들을 통해

우리는 고통의 근원을 좀 더 알게 되었다.

# 피라모스와 티스베

바빌로니아 왕국에서 생긴 슬픈 사랑의 사건은 입에서 입을 타고 발칸 반도에 건너와 정리되었고, 다시 영국에까지 건너가 셰익스피어라는 극작가에 의해 〈로미오와 줄리엣〉이란 연극으로 되살아났다. 바빌로니아의 최고 미남인 피라모스와 으뜸 미녀인 티스베 사이에서 일어난 비극적인 사랑의 사건이다.

두 집안은 이웃이었으니, 오가는 교류도 빈번하고 사이도 가까웠다. 그 사이에서 두 남녀는 뜨겁게 사랑하는 관계로 발전했다. 두 사람은 서로를 기꺼이 결혼 상대로 생각했으나, 부모들은 이를 허락하지 않았다. 양가 부모가 '다시는 만나지 말라.'고 했을 터이니, 집안 사이도 멀어져갔다.

비록 연인은 바로 옆집에 있었으나 두껍고 높은 벽으로 인해 사랑의 불길은 서로의 가슴속으로만 타들어갔다. 어느 날 두 사람은 그 거대한 벽에 난 작은 구멍 하나를 찾아냈다. 그때까지 그 구멍을 안 사람들은 없었으니, 벽을 매만지며 상대를 갈망한 남녀는 실낱같은 소통의 통로를 찾아내고야 만 것이다.

이 구멍은 두 사람이 대화를 나눌 수 있는 유일한 '말길〔言路〕'이었다. 달콤한 사랑의 말이 이 구멍을 통해 넘나들면서, 두 사람은 이렇게 탄식했다.

"무정한 벽이여, 어째서 우리 둘을 이렇게 갈라놓는다지? 그러나 우리는 너의 은혜를 잊지 않는다. 그래도 사랑의 말에 목말라 있는 귀에 달콤한 말을 전할 수 있는 것은 다 네 덕분이니까."

이윽고 밤이 되어 이별을 고해야 할 순간이 오면 두 사람은 자기 집 쪽의 벽에다 입술을 눌렀다. 그 이상으로 어찌해볼 도리가 없다는 탄식이 깊어가며 둘은 마침내 탈출을 결심했다.

만나기로 한 흰 뽕나무 밑에 먼저 도착한 사람은 티스베였다. 하지만 기다리던 곳에는 얄궂게도 입가에 피를 묻힌 암사자가 나타났다. 티스베는 정신없이 바위틈으로 도망치느라 쓰고 있던 너울을 떨어뜨렸다. 사자는 땅에 떨어진 너울을 입으로 발기발기 찢어버리고는 사라졌다.

늦게 온 피라모스는 피투성이가 된 티스베의 너울을 보고 가슴이 철렁 내려앉았다. 애인이 어떤 짐승에게 발기발기 찢어졌다고 생각하고 절망이 가슴으로 내려앉는 순간 피라모스는 칼로 제 가슴을 찔렀다. 가슴에서 용솟음 친 피는 하얀 뽕나무 열매를 빨갛게 물들였다.

바위틈에 숨어 있던 티스베가 약속 장소로 갔을 때, 애인은 피로 범벅이 된 채로 쓰러져 있었다. 그 옆의 뽕나무도 슬픈 피를 뒤집어쓴 채 울고 있었다. 그는 숨이 끊어져가는 피라모스를 부둥켜안고 상처에 눈물을 뿌리며 식어버린 입술에 몇 번이고 입을 맞추었다. 마침내 결심한 듯 그녀가 울부짖으며 소원을 빌었다.

"가엾은 양가 부모님들이시여. 저희의 애절한 소원을 용납하소서. 사랑과 죽음이 저희를 묶었으니 바라건대 한곳에 묻어주소서. 뽕나무여, 우리 죽음의 표적을 잊지 말고 기억해다오. 우리 둘이 흘린 피를 열매로 기억해다오.”

말을 마친 티스베는 애인의 가슴을 찔렀던 그 칼로 자기 가슴을 찔렀다.

티스베의 부모는 딸의 소원을 용납했고, 신들도 이를 옳게 여겼다. 두 사람의 유해는 한곳에 묻혔으며, 뽕나무는 오늘날까지도 이 사건을 기념하여 붉다 못해 검붉은 열매를 맺는다.


두 집안 사이에 놓인 높고 두꺼운 벽, 이는 소통의 욕구를 막아온 인간계의 ‘쪼갬의 원리’를 상징한다. 쪼갬으로 ‘우리 집,’ ‘너희 집’이 분명해지고 분별력도 늘어나지만, 그 때문에 벽을 만들어 소통의 흐름을 막는다. 그러나 아무리 두꺼운 벽에도 구멍은 있는 법. 그 구멍을 찾으려는 애절한 몸짓들이 벽을 더듬게 마련이고, 마침내 작은 구멍을 통해 소통의 욕구가 이어질 때 구멍은 더욱 커지고, 마침내는 벽이 지켜온 거대 질서가 무너지기도 한다.

피라모스와 티스베의 사랑은 벽을 넘어서까지 소통하겠다는 인간의 또 다른 강력한 욕구를 상징한다. 벽을 만드는 욕구와 벽을 넘겠다는 욕구는 인간 문명을 창조하고 파괴해온 중요한 두 힘이다. 벽을 만드는 구획의 원리와 벽을 넘으려는 소통의 욕구가 짝을 이루면서 희비극이 교차한다.

한 번 세워진 벽은 세월에 따라 단단해지면서 웬만해서는 무너지지 않는다. 이 벽을 넘어 소통하려는 사람들은 구멍을 찾아 목마른

이야기를 나눈다. 이들의 사랑이 무르익어 유일한 말길인 작은 구멍으로 성이 차지 않을 때, 소통의 욕구는 벽으로 구성된 이 질서의 탈출을 꿈꾼다. 이는 닫힌계에서 열린계로 나아가고자 하는 인간의 뿌리 깊은 충동이다. 그러나 그 충동을 용감히 따른 사람들은 저 황량한 벌판에서 피를 흘리며 죽은 몸을 겹치기 일쑤이다.

# 헤로와 레안드로스

또 다른 구멍이 아시아와 유럽 사이에 놓인 거대한 벽의 한 부분에 뚫렸다. 레안드로스라는 청년은 헬레스폰투스 해협의 아시아 쪽에 살았고, 해협 저편에는 아프로디테 신전의 처녀 여사제인 헤로가 살았다. 레안드로스는 헤로에게 반한 나머지, 매일 밤 이 해협을 헤엄쳐 건너가 사랑하는 처녀를 만나고 새벽에 다시 헤엄쳐 돌아왔다.

폭풍이 불어 바다가 사나워진 어느 날 밤이었다. 레안드로스는 애인을 향해 온 힘을 다해 헤엄쳤으나 사나운 파도가 애인을 향해 내뻗는 팔의 기력을 모두 소진시켰다. 그는 거친 물속에 파묻혔다.

그의 시체가 유럽 쪽 해안으로 밀려왔을 때에야 비로소 헤로는 애인의 죽음을 알았다. 절망을 이기지 못한 헤로는 탑에서 바다로 투신하여 애인의 뒤를 따랐다.

헬레스폰투스 해협은 가장 가까운 곳도 2킬로미터 가까이 되기에 아시아와 유럽을 가르는 바다의 벽이 되기에 충분했다. 그런데 그 넓은 벽 사이에도 소통의 강력한 욕구가 한 줄기 뻗었다. 보름달이 창연히 뜬 날은 애인을 향해 헤엄치는 레안드로스의 즐거운 몸을 띄워준 해협이었건만, 결국 그 본성을 드러내며 애인의 이름을 외치는 아시아 청년을 삼켜버렸다. 그리고는 다시 절망한 유럽 처녀의 몸까지 삼켜버렸다.

이 바다의 거리는 문명의 거대한 장벽이다. 지금으로 치면 알라를 믿는 터키 청년이 그리스 정교의 독실한 처녀를 사랑한 셈이다. 밤에만 만날 수밖에 없는 이루어질 수 없는 사랑이다. 그럼에도 두 사람은 환상적인 열린계를 꿈꿨고, 결국 차가운 바다가 그 용기 있는 꿈을 품어 안았을 뿐이다.

닫힌계에서 소통의 문제는 쪼개어 나뉜 존재들 간에 어떻게 공동체를 이룰 수 있는가 하는 존재론적인 문제다. 사랑도, 정치도, 사업도 각종 장벽을 어떻게 넘어 합의하고 합일할 수 있느냐 하는 소통의 문제다. 소통이 안 되면 사랑이 파탄 나고, 정치가 혼미해지며, 사업이 무너진다. 피라모스와 티스베가 그랬듯이, 레안드로스와 헤로가 그랬듯이…….

통신 기술이 발전하고 사회의 민주화가 진행되면서 사람들은 많은 장벽을 부수어왔다고 생각한다. 그것은 사실이면서 동시에 착각이다. 벽이 무너진 곳 옆에는 새로운 벽들이 솟아오른다. 어떤 경우는 더욱 두껍고 높은 벽들이 뒤이어 생겨난다.

벽을 만드는 것은 인간에 깊이 내재한 어떤 요인에 의한 것이라는 심증이 생긴다. 벽을 만들 수밖에 없는 인간의 천성, 벽이 꾸준히 세워지는 그 이유를 발칸 반도에서 일어난 한 사건이 가르쳐준다.

# 에코와 나르키소스

에코는 숲과 언덕을 좋아하는 아름다운 요정이지만 한 가지 못된 버릇이 있었다. 말이 너무 많아서 늘 생떼거지를 쓰거나, 남들의 말이 끝난 뒤에도 계속해서 지껄인다는 것이었다. 어느 날 헤라 여신이 남편 제우스가 혹 요정들과 시시덕거리고 있지나 않을까 저어하는 마음에서 남편을 찾아다니고 있었다.

그때 헤라를 만난 에코가 여느 때처럼 지껄이다 보니, 다른 요정들이 다 도망치도록 여신을 제 옆에 잡아둔 꼴이 되고 말았다. 이 말 많은 요정의 수다 때문에 요정들이 다 사라진 것을 안 헤라는 화가 나 에코의 혀에 벌을 내렸다. 그 뒤 에코는 남보다 먼저 말할 수 없고 오직 말대답만 할 수 있게 되었다.

어느 날 에코는 산에서 사냥감을 쫓는 잘생긴 청년 나르키소스를 보고 첫눈에 반해 따라갔다. 부드러운 목소리로 먼저 말을 걸어 사랑의 이야기 상대로 삼고 싶었으나 혀에는 그럴 힘이 없었다. 에코는 나르키소스가 먼저 입을 열기를 기다리며 대답까지 준비해두었다.

어느 날 나르키소스는 같이 온 사냥꾼 무리를 놓쳤다. 그가 동료를 부르며 "거기 누구 없나?"라고 소리쳤을 때, 에코는 준비했던 말 대신 "없나?" 소리만이 혀를 통해 나오는 것을 맥없이 허락해야 했

〈에코와 나르키소스〉 니콜라스 푸생, 1630년경

다. 에코가 답답한 마음을 누르며 안타까워할 때, 마침내 나르키소스가 "나와서 합류하자."고 소리쳤다. 에코는 사랑으로 떨리는 가슴을 진정하며 "합류하자."고 외치고는 숨어 있던 곳에서 뛰어나와 나르키소스의 목에 팔을 감으려 했다.

하지만 나르키소스가 기겁하고 물러서는 순간 사랑의 꿈은 깨져버렸다. "손 치워! 너 같은 것이 뭐, '안아주세요?'" 에코는 힘없이 "안아주세요."라고 대답하며 자신을 피해 떠나는 나르키소스를 하릴없이 지켜봐야 했다.

에코는 부끄러워 빨개진 얼굴을 감추느라 숲 속으로 달아나 동굴이나 절벽에만 살았다. 그녀의 몸은 슬픔을 견디지 못해 야위어가다가, 마침내 마지막 살점이 떠나고 뼈는 바위로 화해버렸다. 남은 것은 말대답만 하는 목소리뿐이었다.

나르키소스는 에코뿐 아니라 다른 요정들의 추파도 끝내 모른 척 했다. 그래서 그에게 소박맞은 요정들이 신에게 몰려가 하소연했다. 그들은 나르키소스가 사랑이 무엇인지 알게 하고, 사랑의 보답을 받지 못하는 것이 얼마나 비참한 일인가를 깨닫게 해달라고 기도했다. 복수의 여신 네메시스가 그 기도를 들어주었다.

어느 날 사냥에 지친 나르키소스가 숲 속의 맑은 샘가로 왔다. 그는 수면에 비친 제 모습을 샘 안에 사는 아름다운 요정이라고 생각했다. 그는 넋을 잃고 수면에 비친 이의 빛나는 눈과 아름다운 얼굴의 이모저모를 정신없이 내려다보았다. 샘 속 요정에게 입을 맞추고 끌어안으려 수면에 입술을 대고 팔을 물속에 담갔으나, 요정은 그의 포옹을 피해 달아났다가 잠시 후에 다시 나타나 그의 가슴에 불을 질렀다.

나르키소스는 먹는 것도, 자는 것도 잊고 샘가를 방황하면서 수면에 비친 제 모습만 바라보았다. 그가 수면에 비친 요정에게 애원하고 울부짖으며 "아아!" 하고 탄식할 때, 에코는 여전히 주위를 맴돌면서 "아아!" 하고 대답했다. 나르키소스는 애를 태우다 그 자리에서 죽고 말았다. 그 자리에는 수선화(그리스 이름 '나르키소스')들이 피어올랐다.

에코는 나르키소스를 쫓고, 에코를 거부한 나르키소스는 허상의 샘 요정을 쫓는 사랑의 일방향성, 그리고 거기서 맺힌 한들이 메아리와 수선화로 변해 자연에 배어 들어간 사건이다. 사랑하나 소박맞는 관계가 이어져 사랑 – 불통의 차가운 사슬이 이어진다는 메시지가 메아리를 통해 그리고 수선화를 통해 오늘날까지 전해지고 있다.

사랑하는 사람에게나 일에서 소박맞아본 사람들은 에코에게 자연스런 동정심을 품는다. 가서 안기고 싶고 무한히 소통하고 싶은 대상에게 거절당하는 좌절은 너무도 커서, 마지막 살점이 증발하고 뼈가 바위가 되어도 그 한을 메아리로 남길 정도이다. 그런데 순진한 에코는 일방적으로 당하기만 한 것일까?

헤라의 벌을 받기 전까지 에코는 쌍방적 대화를 모르고 일방적으로 떠드는, 즉 듣는 법을 모르는 존재였다. 헤라의 벌은 일방적으로 떠드는 습벽을 일방적으로 듣고 앵무새처럼 따라 말하는 정반대 습관으로 바꾸었다. 떠드는 일방성이나 듣는 일방성은 서로 상대의 마음에 가 닿을 수 없는 일방적 의사소통이라는 점에서는 동일하다. 상호 소통을 모른다는 점에서 에코는 나르키소스와 크게 다르지 않다.

소란한 말과 따라 하기만 하는 말, 적극적 일방성과 소극적 일방성은 각각 오만한 자아와 열등한 자아에서 비롯된다. 한 쪽은 자아를 과시하려 하고, 다른 한 쪽은 자아를 보호하려 한다. 헤라의 에코 처벌은 자아의 과시욕이 상처를 입고 자기 보호벽을 쌓는 변화를 의미한다.

에코는 부끄러워 빨개진 얼굴을 감추느라 숲 속으로 달아나 동굴이나 절벽에만 숨어 살았다. '부끄러워 빨개진 자아'를 감추려는 것은 상처 받은 자아를 보호하겠다는 소극적 의지다. 나르키소스에게 소박맞아 생긴 상처가 자아의 보호 본능을 작동시키면서 방어막을 설치한 것이다. 우월감에서 열등감으로, 조증에서 울증으로의 변화에 시달리는 사람들 모두의 내면에 에코가 살아 메아리친다.

나르키소스와 에코의 우월 장벽과 열등 장벽은 인간사에서 소통을 막고 벽을 설치하는 근본 요인이다. 상처받기 두려운 사람들은 힘으로 상대를 앵무새로 만들거나 꾀로 상대를 설득하려 한다. 힘에 강제당한 사람들은 모반을 꿈꾸고, 광고나 선전에 넘어간 사람들은 속았다는 배신감에 시달린다. 이는 서로의 가슴에 가 닿는 소통이 아니기에 그 소통 구조가 항상 불안정하다. 투명한 유리벽이 쳐져 있기 때문이다.


나르키소스에게는 소통 장벽이 생기는 좀 더 근본적인 요인이 발견된다. 그가 보여준 행위는 우리가 감추고 싶어하는 사랑에 대한 세 가지 중요한 진실을 까발려준다.

첫째, 남에 대한 사랑도 그 근본 동력은 자기에 대한 애착이라는 진실이다. 나르키소스가 침식을 잊고 주변을 떠나지 못하면서 애태운 연인은 실상 자기 자신이다. 나르키소스주의, 영어로 나르시시즘이라 불리는 자기애가 소통의 장벽을 만드는 근본 원인이다.

자아는 자신을 만족시켜주는 대상에 대해서만 호감을 느끼고, 자신에게 불만족스러운 대상에게는 혐오를 느낀다. 결국 남에 대한 사랑을 통해 궁극적으로 만족시키는 것은 나의 눈이며, 귀며, 촉감이며, 의식이다. 습관으로 뭉쳐진 나의 눈과 촉감과 의식이 만족할 때, 우리는 만족을 주는 그 대상을 '좋아한다', 또는 '사랑한다'고 말한다. 그리고는 그 대상과 자아를 동일시하면서 최고의 만족 목표인 합일을 추구하게 된다.

혐오스런 대상에 대한 소통 장벽도 '내가 좋아하는 것만 좋아하는,' 그리하여 결국 '그것과 동일시된 나를 좋아하는' 짙은 관성 때문에 생긴다. 좋아하여 동일시된 것은 나이고, 혐오하여 차별화된 것은 너·남·너희다. 결국 모든 사랑은 자기 사랑이다. 자기 사랑의 그물에 잡히는 대상과는 열심히 소통하지만, 그 그물 밖의 모든 대상과는 벽을 쌓는다. 심지어 좋아하여 소통하는 대상 안에서도 좋아하는 부분과만 소통하고, 싫어하는 부분과는 거리를 둔다. 사랑과 혐오가 자기 사랑의 잣대에 의해 구분되기 때문에, 소통 장벽이 생기는 것은 피할 수가 없다.

둘째, 자기애는 자만을 달고 다닌다는 진실이다. 나르키소스는 자신을 피하는 샘 안의 요정에게 이렇게 하소연한다.

"아름다운 이여, 어째서 나를 피하는 것이지요? 내 얼굴이 그대를 물러서게 할 만큼 못생긴 것은 아닐 텐데요. 요정이란 요정은 모두 나를 사랑하고, 그대 역시 내게 무관심한 것은 아닌 것 같은데……. 내가 손을 내밀면 그대도 손을 내밀고, 내가 웃으면 그대도 나를 따라 웃지 않았나요?"

모든 요정이 자기를 사랑한다는 사실은 자기 얼굴에 대한 자만을 딱딱하게 굳혀주었다. 이런 오만은 웬만한 요정쯤은 자신의 상대가 되지 못한다는 생각을 낳아 소통의 장벽을 쌓았다. 남과의 소통을 통해 만족하려는 것은 '높은 나' 이기에, 항상적인 장벽이 자기 주변에 쳐진다. 이런 자만은 죽어서도 사라지지 않아, 나르키소스의 망령은 저승을 흐르는 스틱스 강을 건널 때도, 강물에 비치는 제 모습을 보려고 뱃전에서 몸을 구부렸다고 한다.

셋째, 자기애의 궁극적인 대상은 자아 자체가 아닌 자아의 영상이라는 진실이다. 샘에 영상으로 비추어진 요정은 바로 자기 사랑의 대상이 나 자신이 아닌 나의 이미지에 불과하다는 사실을 강력한 은유로 설명한다. 나의 이미지는 키스할 수도, 포옹할 수도 없다. 먹는 것도, 자는 것도 잊은 채 샘가를 왔다 갔다 하며 연모하고 가까이 가고 싶지만, 그 정체를 잡으려 하면 사라진다. 그러나 결코 완전히 사라지는 법은 없고, 잠시 후 다시 나타나 또 애간장을 태운다.

내가 그리는 나의 최선의 이미지, 그리고 그 이미지에 대한 사랑은 이처럼 허깨비를 쫓는 끊임없는 과정이다. 내가 어떤 대상을 사랑하면서 합일하려 하는 것은 결핍감에 시달리는 내가 상대를 통해서 온전한 자아 이미지를 충족시키려는 몸짓이다.

그러나 나도 변하고 상대도 변한다. 행복한 충족감 뒤에는 꼭 실망과 좌절, 그리고 다시 결핍의 심연으로 빠져든다. 그리고는 다시 새로운 대상을 통해 온전한 자아 이미지를 충족시키려 허덕이게 된다. 이것이 아무리 사회적이고 물리적인 소통 장벽을 없애도 새로운 장벽이 불뚝불뚝 일어서는 이유이다. 장벽이 무너지고 소통을 통한 합일의 충족감이 생긴 이후, 나도 상대도 다시 결핍감에 빠져든다. 한 번의 만족은 더 큰 만족을 위한 욕망을 낳고, 욕망은 다시 결핍을 낳기 때문이다. 그리하여 다시 더 높은 자아 이미지를 잡으려 허덕이고, 그 이미지를 충족시킬 수 없는 대상과는 장벽을 쌓게 된다.

사랑이 본래 자기 사랑이고 자아 이미지 사랑이며 자만을 달고 다니기에, 우리가 보통 사랑이라고 부르는 것은 대단한 착각이자 환상이다. 이 착각과 환상 때문에 우리는 도망가는 연인을 허무하게 쫓아다니고, 싫어하는 사람에게서 한없이 도망가는 편벽증의 늪에 빠져 있다. 소통의 장벽은 그런 편벽을 재료로 구축되는 것이다.

피라모스와 티스베, 헤로와 레안드로스의 장벽 탈출의 이야기는 붉은 뽕나무와 깊은 해협이 전해주기에, 용기를 얻은 후대의 추종자들이 벽의 구멍을 넓히면서 장벽들을 무너뜨렸다. 언론의 자유와 통신의 발달은 닫힌 세계를 열린 세계로 바꾸려는 피라모스와 티스베의 열망이 전 지구적으로 퍼져나간 것이다.

그런데 언론 자유 속에 스며든 광고와 정치선전, 이벤트 등은 각종 매체를 타고 사람들의 마음속에 파고들며 혐오하는 것을 사랑하도록, 사랑하는 것을 혐오하도록 부추겨왔다. 이런 것들은 모든 사람의 내면에 잠자고 있는 나르키소스를 일깨운다. 깨어난 나르키소스는 보편적 자비를 자기애로 바꾸고, 자기애에 자만을 덧붙이며, 자아 이미지를 한없이 부풀린다. 그가 우리 마음속에 생생히 깨어났기에, 곳곳에서 새로운 유리 장벽들이 쳐지고 있다.

■ 토마스 벌핀치, 이윤기 옮김, 〈피라모스와 티스베〉, 《그리스와 로마의 신화》, 대원사, 1989.
■ 토마스 벌핀치, 이윤기 옮김, 〈헤로와 레안드로스〉, 《그리스와 로마의 신화》, 대원사, 1989.
■ 토마스 벌핀치, 이윤기 옮김, 〈에코와 나르키소스〉, 《그리스와 로마의 신화》, 대원사, 1989.

# 벽 넘기

벽을 넘는 사람들이 있다.

그들은 벽 때문에 생긴 고통도 함께 넘었다.

그들은 어떻게 벽을 넘었을까?

# 무왕, 자청비, 멜람푸스

세 사람이 벽을 넘었다. 남들은 넘기 힘들어 접근도 안 하는 벽을.

한반도 남서쪽의 백제와 남동쪽의 신라는 기원후부터 수시로 싸워왔고, 지금도 호남과 영남으로 구분되어 감정이 썩 좋지 않다. 두 지역 사이에 있는 소백산맥만큼이나 높은 국경의 벽이 마음을 갈라놓았다. 그런데 이 강고한 벽을 넘는 사건이 발생했다.

7세기 백제의 무왕은 어려서 '마를 파는 아이(서동薯童)'라 불리었다. 그런 평민 아이가 적국 신라의 왕실 깊숙한 곳에서 자란 아리따운 선화공주를 노래로 빼내어 아내로 삼고, 백제의 왕이 되어 양국 왕실 간의 교류를 이루었다. 그는 신분의 벽을 넘으면서 적대하는 두 나라의 국경 장벽을 넘는 소통의 길을 창조했다.

한반도의 자청비는 용모는 아리따운 소녀이되 성품과 행동은 남자 같았다. 그녀는 매력과 지혜, 대담한 용기를 통해 하늘나라의 왕자 문도령을 남편으로 얻었고, 인간계의 한 여자를 아내로 삼기도 했으며, 자신을 좋아하나 투박한 하인 정수남을 죽였다 살리면서 옆에 두었다. 사후에는 문도령과 정수남을 양측에 거느리면서 인간계의 농사를 다스리는 신이 되었다. 그녀는 지상과 천상, 귀족과 노비, 남과 여의 세 벽을 뛰어넘고 통합하는 지평을 창조했으며, 그

과정에서 두 남자를 거느린 신으로 승화하였다.

　발칸 반도의 멜람푸스는 새나 동물의 언어를 알아듣는 능력이 있었다. 동물들이 전해주는 미래 정보로 예언력을 갖춘 그는 인간계와 동물계 사이에 놓인 차원의 장벽까지 뛰어넘었다.

　이 사람들은 대단한 창조력으로 장벽을 뛰어넘는 새로운 소통 지평을 만들어냈다. 도대체 어떻게 했기에 그 어려운 장벽들을 넘고 허물어 소통하고 합의할 수 있었을까? 그 해답을 찾기 위해 로마에서 벌어진 사건으로 들어가 보자.

〈양과 함께 있는 소년〉 카라바조, 1602~1603년

# 베르툼누스와 포모나

옛날 로마에는 과일의 요정, 특별히 사과의 요정인 포모나가 살았다. 과수원을 사랑하고 과일나무를 손질하는 데는 포모나를 따를 자가 없었다. 포모나는 인접한 숲이나 강에 대한 관심은 거의 없고, 오직 사과가 열리는 과수원과 그 나무만 사랑할 뿐이다. 그러다 보니 아프로디테의 사업, 즉 연애에는 무관심할 뿐 아니라 오히려 남자들이 침입할까 봐 늘 과수원 입구에 자물쇠를 채워두기까지 했다.

그러나 포모나의 인기는 꽤 높았다. 들의 신, 숲의 신, 산림과 농사의 신은 물론 그 왕초라고 할 자연의 신 판까지도 그녀에게 집적거렸다. 하지만 포모나의 자물쇠는 더욱 굳게 잠길 뿐이었다. 그 중에서도 포모나를 가장 사랑한 이는 계절의 신인 베르툼누스였다. 변신술에 능한 베르툼누스가 농부로, 목동으로, 갓 제대한 군인으로, 낚시꾼으로 둔갑하여 포모나에게 접근했으나, 할 수 있는 일은 먼발치에서 그 아리따운 자태를 쳐다보는 게 고작이었다.

어느 날 작심을 한 베르툼누스는 포모나가 경계심을 가지지 않을 흰 머리의 노파로 둔갑하여 지팡이를 든 채 포모나 앞에 나타났다. 과연 굳게 잠겨 있던 자물쇠가 열리고 과수원 안까지 들어갈 수 있었다.

경계의 첫 자물쇠를 연 베르툼누스 노파는 예의 그 현란한 언변을 늘어놓았다. 각종 과일나무를 칭송하는 데서 시작하여, 저 포도 덩굴이 아가씨에게 주는 교훈은 누군가와 짝을 맺어야 한다는 것, 주변의 모든 남신이 아가씨를 차지하려고 머리를 싸매고 설치고 있다는 것, 그리고 본론으로 들어가, 이 노파가 추천한다면 베르툼누스가 가장 좋은 짝이라는 것, 그 이유는 베르툼누스가 여자라면 족족 반해버리는 바람둥이가 아니라 아가씨만 사랑하고, 게다가 잘생기고 둔갑술도 탁월하고, 무엇보다 취미가 아가씨와 똑같아 과수원 일을 즐긴다는 것 등등 현란한 언변으로 포모나의 마음을 달구어놓은 후, 너무 매정하게 남자들을 물리치면 무정한 이를 미워하는 아프로디테의 노여움을 살 것이라는 경고까지 곁들였다.

베르툼누스 노파는 그 경고가 현실적 근거가 있다는 점을 증명하기 위해, 자신을 사랑하는 남자를 박정하게 물리친 여자의 불행한 이야기를 늘어놓았다. 반응 없는 사랑에 좌절하여 남자가 자살하고, 그 시체를 처녀가 보는 순간 처녀의 몸이 그 마음처럼 단단하게 굳어 돌이 되었고, 그 석상이 어느 아프로디테 신전 앞에 남아 있어 박정한 여자들에게 경고를 울리고 있다는 것이었다. 그러니 "부디 남을 업신여기거나 주저하는 마음을 버리고 사랑하는 사람의 말에 귀를 기울이시오."라는 결정적인 멘트를 날린 후, 베르툼누스는 노파의 변장을 풀고 본모습인 헌헌장부로 포모나 앞에 우뚝 섰다.

포모나가 보기에 그의 모습은 구름을 젖히고 나온 빛나는 태양을 방불케 했다. 그의 말재주와 빼어난 용모에 그동안 얼음처럼 단단했던 거절이나 저항의 마음은 이미 물처럼 녹아버렸다. 그래서 요정 포모나와 계절의 신 베르툼누스는 사랑의 온기를 나누어 가졌다.

포모나는 빨간 자태를 반짝이며 모든 사람과 원숭이들의 입을 유혹하는 사과였다. 그러나 이 사과는 자신의 달콤함과 맑게 빨간 빛깔이 다 자기가 열심히 몸을 가꾼 때문이라고 믿는 도도한 품격의 나무였다. 들과 숲과 바람이 이 사과를 흠모하여 다가와 어루만지려 해도 사과나무는 '홍' 하며 콧방귀를 뀔 뿐이었다.

베르툼누스는 천변만화하는 계절의 기운으로, 봄이면 온기로, 여름이면 열기와 습기로, 가을이면 정돈된 기운으로, 겨울이면 휴식과 미래를 위한 꿈의 기운으로 변화하면서 모든 생명을 어루만졌다. 계절의 사과 사랑은 특별하여 사과나무가 지구상에 생겨난 이래 아주 오랜 세월을 특별히 어루만져주었다. 도도한 사과가 마음의 문을 자물쇠로 채우고 있어도 여러 기운으로 변화하면서 어루만짐을 멈추지 않았다.

차가운 세력이 세상을 지배한 혼란기가 지나고, 다시 계절이 포근한 기운을 품어내던 어느 날 사과는 깨달았다. 자신의 맛이 달콤하고 그 해맑은 빨간 빛이 아름다운 것은 자기가 스스로를 열심히 가꾸어서가 아니라 계절이 쉼 없이 어루만져준 덕분이라고. 그런 깨달음의 순간 자아의 빗장이 풀리며 사과는 계절의 품에 자신을 스르르 맡겨버렸다.

사과뿐 아니라 모든 식물과 동물이, 그리고 인간이 계절의 어루만짐 속에서 생명을 아름답게 키워왔다. 계절의 생명체 사랑이 거의 조건 없는 것이기에, 그 무한한 사랑의 자원을 알아주는 생명체는 별로 없었다. 그사이에 생명체들은 자아를 키웠고, 계절의 사랑을 무시했다. 자아 주변에 울타리를 세웠으며, 문에는 자물쇠까지

단단히 채웠다.

　사랑에 감응하지 못하는 자아는 스스로 둘러친 울타리 때문에 돌이 된다. 다행히 포모나는 해맑은 생명의 기운을 계속해서 키워내려면 소통 장벽의 원인인 자아의 울타리를 스스로 허물어야 한다는 것을 알게 된다. 그리고 보답이 없어도 한없는 사랑으로 우리를 키워온 모든 것에 감사하며 몸을 맡긴다.


　소통의 벽을 넘고 허물었던 영웅들, 무왕이나 자청비나 멜람푸스에게도 포모나에게 일어났던 일이 똑같이 일어났다.

　평민 신분으로 적국의 공주를 아내로 얻고, 왕이 되어서도 적국 왕실과 화평할 수 있었던 백제의 무왕은 '재주와 도량이 헤아릴 수 없을 정도'였다고 한다. 그의 어머니가 연못가에 살 때 연못 속의 용과 관계하여 태어났으므로, 아버지 용의 재주를 받고 신물과 합일한 어머니의 도량을 물려받은 때문이다. 그는 용도 아니고 인간도 아니었으니, 자아를 둘러친 좁은 정체성의 울타리가 견고하지 않았다. 태어날 때부터 인간계를 상대적으로 보는 눈이 있었으므로, 신분의 벽과 적대국 사이의 장벽을 넘는 길이 훤히 보였던 것이다.

　자청비는 남자로 태어날 운명이었으나 부모의 실수로 여자의 몸을 받았다. 남자의 마음과 여자의 몸이 결합하자, 오로지 남자, 오로지 여자의 성 장벽을 넘어 양성을 통합하는 지평이 커졌다. 이후 지상과 천상에서의 시련을 마친 후 큰 포용력으로 천상과 지상의 남자 하나씩을 좌우에 거느리고 인간 생존의 핵심사인 농사를 주관하게 되었다. 하늘과 땅의 조화를 이루어야 농사가 가능하기에, 하늘 남자와 땅의 남자 모두와 관계를 맺으며 농사를 풍요롭게 했다. 그럴 수 있었던 것은 남자와 여자로 울타리를 친 성의 벽, 지상과 천상의 차원 벽, 주인과 하인의 신분 벽을 허물었기 때문이다.

멜람푸스가 동물의 언어를 듣고 예언력까지 갖추게 된 것은 한없는 동정심 때문이다. 집 앞 참나무에 살던 어미 뱀을 하인들이 잡아 죽이자, 멜람푸스는 징그러운 뱀의 새끼들을 가엾이 여겨 정성스레 길러주었다. 어느 날 그가 참나무 아래서 잠자는 동안 뱀들이 혀로 그의 귀를 핥았고, 그 후부터 땅 위 모든 생명체의 언어를 알아들을 수 있게 되었다. 징그러운 동물도 가엾게 여기고 어미처럼 돌보는 자비심은 경계를 넘고 차원을 넘어 소통하는 능력을 낳았다.

벽에 의해 쪼개지고 분할된 것, 갈등하는 것들이 소통하고 합일하려면 무왕처럼 장벽을 상대적으로 보는 지혜, 자청비처럼 좁은 정체성을 넘는 시선과 포용력, 멜람푸스처럼 다르고 혐오스러운 것에 대한 자비심 등이 필요하다. 그 핵심은 포모나처럼 자아의 벽을 내리고 자연과 하늘에 자신을 맡기는 데 있다. 그런 사람들만이 남을 강제하지도 않고, 강제된 상황 때문에 보호 장벽을 쌓아 숨지도 않으며, 비현실적인 합일의 환상으로 도망가지도 않으면서 진정한 소통의 장, 그에 따른 화합의 지평을 창조해낼 수 있다.


■ 일연, 김원중 옮김, 〈무왕〉, 《삼국유사》, 을유문화사, 2002.
■ 신동흔, 〈자청비와 사랑의 소용돌이〉, 《살아있는 우리신화》, 한겨레신문사, 2004.
■ 토마스 벌핀치, 이윤기 옮김, 〈멜람푸스〉, 《그리스와 로마의 신화》, 대원사, 1989.
■ 토마스 벌핀치, 이윤기 옮김, 〈베르툼누스와 포모나〉, 《그리스와 로마의 신화》, 대원사, 1989.

# 안벽

누구나 바라는 벽 넘기는 대부분이 실패한다.

그들이 실패하는 궁극적인 요인은 바깥에 보이는 벽 외에

또 다른 벽이 있다는 사실을 모르기 때문이다.

바깥벽을 넘는 데 영웅적이었던 사람들이 걸려 넘어진 안벽을

조사해볼 필요가 있다.

# 케팔로스

발칸 반도의 케팔로스는 사냥을 좋아하는 사내다운 미남이었다. 새로 결혼한 프로크리스와 신혼의 단꿈을 꾸면서도 새벽처럼 집을 나와 산과 들을 헤맸는데, 누구를 데리고 다니지도, 누구의 도움도 받지 않을 정도로 자연에 흠뻑 젖는 것을 좋아했다.

새벽의 여신 에오스는 지상에 얼굴을 내밀 때마다 눈에 띄는 이 청년을 자주 보다가 그만 사랑에 빠지고 말았다. 마침내 이 사내를 납치해놓고는 유혹하였다.

그러나 케팔로스는 아내 프로크리스와 깨가 쏟아지는 중. 더욱이 아내는 사냥의 여신 아르테미스에게 받은 창을 자신에게 선물한 귀중한 여자였다. 이 창은 과녁에서 절대 벗어나지 않는, 사냥꾼에게는 둘도 없는 보물이었다. 케팔로스는 아내를 배신할 수 없어 에오스의 구애를 거절했다. 화가 난 여신은 "네 여편네 치마폭에서 실컷 놀아라."고 비웃으며, "그러나 네 여편네에게 돌아간 것을 후회하리라."고 저주했다.

돌아온 케팔로스는 다시 아내와 자연의 품에 안겼다. 그는 사냥하다가 해가 중천에 떠오르면 시원한 개울가 나무 그늘에서 옷을 전부 벗어버리고 풀 위에 누웠다. 행복감에 겨우면 이렇게 혼자 말하곤 했다.

"오라, 감미로운 아우라(미풍)여. 와서 뜨거운 내 가슴을 식혀다오."

어느 날 그 옆을 지나가던 사람이 미풍에 속삭이는 케팔로스의 목소리를 듣고 어떤 여자에게 속삭이는 것으로 착각하여 그의 아내에게 고자질했다. 가뜩이나 에오스의 납치 사건 이후 그런 일이 또 일어날까 걱정하던 아내였다. 놀란 프로크리스는 '내 귀로 확인하

〈케팔로스와 프로크리스〉
프라고나르, 1755년

기 전까지는 믿을 수 없다.'며 고자질한 자가 가르쳐준 곳으로 가서
몸을 숨겼다.

과연 남편이 나타나 옷을 훌훌 벗고는 풀 위에 누워 말했다.

"오라, 감미로운 미풍이여. 그대는 알리라. 내가 얼마나 그대를
사랑하는지. 내가 숲을 좋아하는 것, 홀로 즐겨 이 숲을 헤매는 것
은 다 그대가 있음이니라."

이때 케팔로스는 덤불 속에서 뭔가 흐느끼는 소리를 들었다. 들짐 승이라 생각한 케팔로스는 소리 나는 쪽을 향해 창을 던졌다. 바로 아내가 선물한 '과녁을 빗나가지 않는 창'이었다. 다가가 보니 사랑 하는 아내가 피를 흘리며 사위어가는 힘을 두 손에 모으고, 자기가 남편에게 선사한 창을 뽑으려 하고 있었다. 프로크리스는 "저 얄미 운 아우라와는 혼인하지 마세요." 하며 남편의 품에서 죽어갔다.

인간 여자도, 심지어 여신도 케팔로스를 배타적으로 가지려 했다. 그러나 홀로 들판을 헤매며 알몸으로 미풍의 감촉을 느끼려는 남자 는 누구의 소유 대상이 될 수 없었다. 이런 인간을 가지려는 욕구가 세면 셀수록, 운명은 가지려는 자에게 역풍을 불어댄다. 자기가 준 사랑의 창이 바로 자기 가슴을 찌르게 되는 것이다. 가질 수 없는 것 을 움켜쥐려는 욕망, 인간도 신도 억누를 수 없는 그 욕망이 대상을 향해 손을 뻗어 움켜쥐려 할 때, 대상은 손을 빠져나가 버린다.

얽매이지 않으려는 자연적 천성을 가진 남자 케팔로스. 새벽부터 들판과 숲을 홀로 돌아다녀야 하고, 대낮이면 잔잔한 바람에 알몸 을 맡기며 자연과의 합체를 원하는 남자. 이런 남자는 소유의 문명 이 가두는 벽들을 넘을 가능성이 있는 것처럼 보인다.

이런 성품을 지닌 다른 사람들은 구체적으로 벽을 넘으려 시도했 다. 과연 이런 천성으로 벽을 넘을 수 있을까?

# 아도니스, 스미르나

역시 들판을 헤매는 사냥꾼 아도니스. 이 청년을 끔찍이 사랑한 것은 아프로디테 여신이었다. 일설에 따르면 아들 에로스와 놀다가 실수로 아들의 화살에 가슴이 찔렸는데 그 상처가 아물기 전에 아도니스 청년을 보아서 결국 사랑에 빠졌다고 한다. 이로부터 아프로디테는 늘 아도니스 뒤만 따라다녔다. 자신의 아름다움을 가꾸는 데 대부분의 시간을 보내던 여신이 들판을 쏘다니는 아도니스를 쫓느라 사냥의 여신 아르테미스 같은 차림을 하고는 숲을 헤매고 산을 넘으면서 시간을 보내게 된 것이다.

아프로디테는 산토끼나 사슴 같은 연약한 짐승만 쫓아다녔고, 곰이나 이리 같은 사나운 짐승들 주변에는 얼씬도 하지 않았다. 그리고는 애인이 다칠까 두려워 맹수는 잡지 말고 토끼 같은 안전한 동물만 잡으라고 당부하면서 이렇게 덧붙이곤 하였다.

"그대 몸이라고 해서 위험 앞에서 아끼지 않으면 안 돼. 그래서 내 행복을 위태롭게 하면 못써. 나 아프로디테를 매혹시킨 그대의 아름다움이 사자나 털을 세운 멧돼지에게 도대체 무슨 의미가 있으랴. 저 무서운 발톱과 엄청난 힘을 항상 유념해야 해."

어느 날 아프로디테는 똑같은 당부를 하고는 백조가 끄는 이륜차를 타고 잠시 키프로스에 다녀오겠다며 떠났다. 아도니스는 여신에

게 경고의 말을 들었다고 해서 몸을 사리기에는 '너무도
자연적인' 사람이었다. 여신이 없는 때에 맞춰 멧돼지가
나타났다. 그가 던진 창은 멧돼지의 옆구리를 꿰뚫었으나,
제 입으로 창을 뽑아낸 사나운 멧돼지가 창을 던진 자를
향해 돌진하였다. 결국 멧돼지는 아도니스의 옆구리에 엄
니를 꽂았다.

하늘을 날아가던 아프로디테는 대기가 전해주는 애인의
신음 소리를 들었다. 황급히 돌아온 그녀는 피투성이가 된
애인의 사체를 부둥켜안고 제 머리카락을 쥐어뜯었다. 그
녀는 운명의 여신들을 비난하면서 자신의 슬픔을 영원히
지워지지 않게 하겠노라 맹세했다. 그리고는 아도니스의
피 위에 신주를 뿌렸다. 거기서 핏빛 꽃이 피어났는데, 이
것이 아네모네, 곧 '바람꽃' 이다.

아프로디테의 아도니스 사랑은 문명의 자연 사랑이다.
문명은 자신의 방식으로 자연을 가공하고 그렇게 가공할
수 있는 자연만 사랑한다. 그러나 자연이 문명의 손아귀에
고분고분 따를 때만이 그 사랑은 유지될 수 있다. 그런데
자연은 그 본성상 문명의 손아귀를 벗어나 있다. 문명의 안
전지대를 훨씬 벗어난 지점에 자연의 소용돌이가 맴돈다.

아도니스는 안전한 문명권에 순응할 줄도 아는 사람이
지만, 본심은 자연의 소용돌이에 휘말려들고 싶어했다. 언
제고 때만 오면 그 소용돌이를 향해 달렸다. 문명의 안전

〈아프로디테와 아도니스〉 페테르 파울 루벤스, 1635년

한 경계를 넘어서까지. 죽음은 그의 천성이 불러온 것이다. 죽은 이후에도 그 혼은 바람 따라 피고 바람 따라 지는 바람꽃이 되었다. 아도니스가 이런 천성을 갖게 된 것은 그 태생에 연유한다.

아도니스는 나무가 쪼개지면서 그 안에서 태어난 남자이다. 인간 남자가 나무의 아들로 태어나게 된 배경은 그 어머니로 거슬러 올라간다.

그의 어머니 스미르나는 아버지를 열렬히 사랑했다. 그것도 이성으로서. 스미르나는 유모와 공모하여 아버지가 잠든 침대 속으로 들어가 동침했다. 아버지는 아침이 되어서야 자기 딸과 근친상간을 했다는 사실을 알게 되었다. 화가 머리끝까지 치민 아버지는 칼을 들고서 도망가는 딸년을 쫓았다. 잡히면 목이 떨어지는 건 분명한 일. 스미르나는 숨을 헐떡이며 신들께 안 보이게 해달라고 기도했다. 동정심에 찬 신들은 그녀가 잡히기 직전 무화과나무로 바꾸어 주었다. 그 나무의 이름이 스미르나이다.

스미르나는 로마 시인 오비디우스의 입을 통해 이렇게 말한다.

"인간 문명은 짓궂은 법들을 만들어냈고, 이 질투 많은 법들은 자연이 허용하는 것을 불허한다."

아버지를 사랑하여 알몸을 합하고 싶은 스미르나의 열정은 신들도 동정하였을 정도로 '자연스럽다.' 문명의 질서에 저항하면서까지 자연적 욕망을 따른 스미르나는 그 천성에 맞게 나무가 되어버렸고, 아버지와의 사이에서 밴 아들은 여자의 몸이 아닌 나무의 몸을 가르며 태어났다.

그 어머니에 그 아들이라고. 아도니스의 '자연스러움'은 미의 여신 아프로디테도 매일 뒤를 쫓으며 사랑할 정도로 아름다웠다. 여신은 이 청년의 아름다움을 안전한 곳에 붙들어 매어놓으려 했다. 아도니스도 여신의 사랑과 가호에 행복했겠지만, 한편으로는 갑갑했을 것이다. 그래서 여신의 고삐가 풀린 틈을 타고 잠자던 그의 천성이 솟구쳤다. 타고난 성향은 그의 몸을 소유와 구속의 문명에서 소멸시키고 바람꽃으로 환생할 정도로 자연스러웠다. 아도니스는 어머니를 따라 햇볕과 비와 바람에 온몸을 내맡긴 존재가 되었고, 이로써 그의 아름다움에 넋을 잃은 여신을 위로할 수 있었다.

문명의 벽을 뚫고 분출하는 스미르나의 자연적 성향은 아버지도 다스리지 못한 채 그 파괴적 소용돌이 속으로 빨려들고, 그녀에 못지않은 아들의 자연적 천성은 여신도 소유하지 못한 채 바람꽃으로 흔들린다. 이들의 자연적 성향은 문명의 쪼갬과 가둠의 장벽들을 만나도 폭류처럼 흐른다.

이들 속에는 벽을 넘어설 잠재력이 있는 듯이 보이나, 마지막까지 성공하지는 못한다. 왜 그럴까? 그 이유는 이들과 같은 천성을 타고난 음악가 오르페우스에게서 발견된다.

# 오르페우스

신화, 전사를 만들다

오르페우스의 음악은 지상과 천상, 지하의 모든 존재와 무기물에게까지 통했다. 그가 수금을 타면 짐승까지도 그 거친 성질을 눅이고 다가와 귀를 기울였고, 나무는 그가 있는 쪽으로 가지를 휘었으며, 바위는 그 단단한 성질을 잠시 누그러뜨리고 부드러운 상태가 되었다. 그의 무관심에 화가 난 여자들이 그를 죽이려고 던진 창과 돌도 음악 소리에 기가 꺾여 그의 발치에서 떨어질 정도였다.

그의 아내 에우리디케가 결혼식 직후 기구한 운명에 이끌려 독사에 물려 죽자, 오르페우스는 아내 잃은 슬픔을 인간과 신, 그리고 지상에서 숨 쉬는 모든 것에게 호소했다. 그러나 아무 보람이 없었다. 결국 오르페우스는 혈혈단신으로 저승으로 내려가 아내를 찾기로 마음먹었다.

명계로 내려가는 도중에 아내를 잃은 슬픔과 돌려달라는 애원을 음악으로 연주하자 모든 혼령과 신이 넋을 잃었다. 복수의 여신들이 눈물을 흘린 것도 이때가 처음이었다고 한다. 하계의 여왕 페르세포네도 감동하여 그의 청을 들어주기로 하였다. 에우리디케는 갓 저승에 붙잡혀온 망령들 사이에서 불려 나왔다. 독사에 물린 상처 때문에 다리를 절뚝거리면서. 그런데 오르페우스가 아내를 데리고 돌아서려는 순간, 교활한 명계의 왕 하데스가 한 가지 조건을 제시했다.

'두 사람이 지상에 도달할 때까지 오르페우스가 고개를 돌려 아내를 보면 안 된다.'는 것. 물론 오르페우스는 이 조건을 수락했다.

남편이 앞서고 아내가 뒤따르며 지상으로 나오는 출구에 거의 다 다랐을 때다. 오르페우스는 그만 하데스가 내건 조건을 잊고 아내가 잘 따라오는지 확인하려고 뒤를 돌아보았다. 바로 그 순간 에우리디케는 다시 하계로 끌려 들어갔다. 두 사람은 서로의 손을 더듬었으나 손끝에 닿는 것은 싸늘한 바람뿐이었다.

이후 오르페우스는 여자를 거들떠보지도 않고 슬픈 음악을 연주하며 살았다. 그에게 구애하다 거절당한 처녀들이 디오니소스제에서 흥분하여 그에게 창과 돌을 던졌다. 그의 음악에 기가 꺾인 창과 돌이 오르페우스 발치에 다 떨어지자, 처녀들은 소리를 지르며 그의 수금 소리가 들리지 않게 한 뒤 창을 던졌다. 발광한 처녀들은 창에 맞아 피로 물든 오르페우스의 몸을 갈가리 찢고, 머리와 수금을 강에 처넣었다.

오르페우스는 망령이 되어 명계로 내려가 꿈에 그리던 아내를 껴안았다. 둘은 엘리시온, 즉 행복의 들에서 앞서거니 뒤서거니 하면서 걷고 있는데, 오르페우스는 앞서가면서 더러 뒤를 돌아보기도 한다.


오르페우스의 음악은 강력한 소통과 감화의 힘이다. 인간은 물론이고 짐승, 식물, 바위, 천상과 지상의 신 모두의 마음속에 그 음악 파장이 스며들며 애초의 성질을 부드럽게 바꾼다. 그의 아버지가 음악의 신 아폴론이고, 어머니가 음악의 여신들 무사이(영어로는

오르페우스가 감미로운 음악으로 짐승들을 달래고 있다.
이 신화적 인물은 음악가일 뿐만 아니라 철학자로 여겨지기도 했다.

'뮤즈') 가운데 하나인 칼리오페이니, 피 속에 천상의 음악이 배어 있었다. 게다가 아버지에게서 수금 한 대와 연주 기술을 전수받았으니, 음악으로 문명의 장벽들을 넘는 것은 아주 자연스러운 일이었다.

그러나 그는 문명의 쪼개는 힘이 얼마나 강한지에 대해서는 무심했다. '뒤돌아보면 안 된다.'는 말도 안 되는 규칙들이 문명의 질서를 형성하는 데 얼마나 강고한 힘을 발휘하는지를 이해하지 못했다. 그런 점에서 그는 순진한 영혼이었다. 게다가 아내와 함께 달콤하게 사는 몽상에만 사로잡혀 있었으니 그런 조건이 생각날 리도 없었다. 결국 말도 안 되는 약속을 무심코 어긴 대가로 비운의 삶을 마감해야 했다.

오르페우스는 아내를 잃고는 못 사는 남자이다. 과거를 잊고 다른 여자를 찾기보다는 죽음의 세계까지 찾아가야 할 정도로 꿈에 붙들려 있는 남자이다. 하계에 내려가 '아내를 돌려주지 않으면 나도 돌아가지 않겠다.'고 떼를 쓸 정도로 죽음에도 신경을 쓰지 않는다. 에우리디케를 구출하려던 계획이 실패하고서도 끊임없이 아내 생각만 하며 슬픈 음악을 연주한다. 처녀들의 질투와 분노가 그의 생명을 위협해도 신경 쓰지 않는다. 아내와 음악에만 신경 쓰는 남자. 인간계는 그 무심함을 죽음으로 파괴하지 않고는 자기 질서를 유지할 수가 없다. 꿈에만 사로잡혀 있는 남자는 인간 현실에 대한 무심함의 죗값을 치른다.

스미르나는 인간 문명의 법칙에 저항했고, 그 아들 아도니스는 문명 세계의 안전 규칙을 벗어났으며, 오르페우스는 문명의 약속 체계에 무심했다. 이들은 벽을 넘은 저 세계, 자연과 이상에 대한 회귀 열망은 강렬하나 장벽으로 짜인 이 현실의 규칙과 화해하지 못하는 성품들이었다.

세상에는 피라모스와 티스베처럼, 스미르나–아도니스 모자처럼, 오르페우스처럼 벽으로 막힌 불통의 세계로부터 탈출을 꿈꾸는 과격한, 또는 순진한 사람들이 꾸준히 있어왔다. 그러나 인간계의 질서는 그 힘이 막강하여 이상주의자들의 탈출 기도를 번번이 차단하고 죽음으로 밀어 넣었다. 이들의 과격하면서도 순진한 이상주의는 닫힌계의 질서를 무시하고 환상의 열린계를 지향하기에, 문명의 법칙은 엄격한 잣대로 이들을 다루었다.

인간 문명을 지키는 벽을 넘어 자연과 이상을 직접 만나겠다는 욕망은 죽음을 향한 욕구와 통한다. 자기를 파괴하려는 욕망, 그 욕망이 자연과 이상을 향한 몸짓의 배후에 숨어 있다. 악타이온의 사건은 이 점을 분명히 밝힌다.

# 악타이온

카드모스 왕의 아들 악타이온은 사냥을 나왔다가 피곤하여 쉬려고 했다. 그가 잠시의 안식을 위해 찾아간 곳은 사냥의 여신이자 들과 숲의 여신이며 처녀와 순결의 여신인 아르테미스의 계곡이었다. 여신도 사냥에 지칠 때면 곧잘 이곳으로 와 맑은 물로 처녀의 몸을 씻곤 하였다. 그날도 아르테미스는 요정들을 데리고 이곳으로 와서 알몸을 씻고 있었다.

악타이온이 멋모르고 그곳으로 다가가자, 뜻밖에 나타난 남자에 놀란 요정들이 비명을 질렀다. 그들은 여신에게 달려가 자기들의 몸으로 여신의 벗은 몸을 가렸다. 그러나 여신은 요정들보다 키가 훨씬 컸기 때문에 머리가 드러나고 말았다.

아르테미스는 놀란 나머지 몸을 돌려 엉겁결에 화살을 더듬었다. 그러나 화살이 얼른 닿지 않자, 다급한 여신은 알몸을 드러내고 침입자의 얼굴에 물을 끼얹으며 외쳤다.

"그래, 네가 아르테미스의 알몸을 보았다고 사람들에게 말할 수 있겠느냐?"

그 순간 악타이온은 뿔 달린 사슴이 되어버렸다. 사슴 악타이온이 무서워 도망가자, 이번에는 자기 사냥개들과 동료들이 쫓아왔다. 그는 다급해서 사냥개들에게 "나야, 이놈들아. 네 놈들의 주인이란 말이다."라고 소리쳤지만, 들릴 리 없었다. 한 마리가 등에 올라탔나 싶더니, 다른 개들이 다리를, 어깨를, 마침내 목을 물었다. 몸이 찢기고 또 찢기어 그의 숨이 끊어질 때까지, 아르테미스의 분노는 가라앉지 않았다.

아르테미스는 인간의 발길이 닿지 않는 처녀림처럼 순결한 자연이다. 문명이 건드리지 않은 자연은 순결한 처녀의 몸과 같다. 게다가 아르테미스가 알몸으로 목욕하는 계곡은 순결한 자연 중에서도 가장 순결한 음부이다. 문명인이 그곳에 다가가 가장 순결한 자연의 음부를 쳐다보았으니, 자연의 비밀을 본 것이나 다름없다. 자연의 비밀을 쳐다보는 일은 치명적이다. 그래서 셸리는 그의 시를 통해 이렇게 한탄한다.

어쩌다 '자연'의 알몸을 훔쳐보았음인가……
그래서 이렇게 길을 잃고 이 거친 세상을 허둥대고 있을 테지.

아르테미스는 인간이 숲에서 벗어나 손으로 땅과 들을 가공하면서부터 생겨났다. 인간이 숲과 짐승들에서 자신을 구분하고 쪼개내어 문명을 건설하면서, 인간의 손길이 닿지 않는 '저편에' 생겨난 것이 순수 자연이다. 인간과 자연 사이에 벽이 쌓이면서 자연은 동경과 두려움의 대상으로서 생겨난 것이다.

두 세계가 확실히 나뉘자 자연을 그 자체로 경험하는 일은 불가능해졌다. 문명의 손길로 가공되고 안전한 자연만이 인간에게 보였을 뿐이다. 그런데 문명 세계에 염증을 느끼고 벽을 넘어 자연 깊은 곳으로 들어가려는 일부 모험적 이상주의자들이 생겨났다. 그들은 벽을 넘어 순수 자연의 알몸을 보면 문명이 왜곡해온 진실이 드러나리라 생각했다.

마침내 악타이온이 벽을 넘어가 자연 처녀의 음부라 할 아르테미스 계곡에 손발을 댔다. 그러자 자연 처녀는 애무의 황홀경에 빠지기는커녕 분노로 그의 온몸을 찢어버렸다. 악타이온은 순수 자연의 진실을 보고 만진 것일까? 그의 목소리가 사슴 소리로 바뀌었기에 그 대답을 들을 수는 없다. 그러나 우리의 추정은 '아니다.' 이다.

한국을 벗어나 아메리칸 드림을 따르면 지겨운 한국 땅의 괴로움이 멈출 것이라는 영광의 탈출 욕구, 싫증난 부부 사이의 벽을 넘어 '진정한 사랑'을 찾는다며 애인을 찾는 열정, 갑자기 쏟아진 로또의 돈으로 행복의 동산을 살 수 있으리라는 꿈……. 그것보다는 고상하게, 저급한 물질을 넘어 예술로 들어가면 순수 아름다움의 세계로 가리라는 희망, 자본주의를 완전히 넘어서 갈등 없는 사회를 만들겠다는 이상, 모든 제도와 규범을 부수면 원시 공동체가 재건되리라는 히피의 꿈……. 이런 몸짓들에는 피라모스와 티스베의 벽 탈출에서 시작되어 악타이온의 비극에까지 이르는 순수 자연을 향한 이상이 스미어 있다.

그들의 동경과 이상은 아름답다. 부녀 사이의 벽을 넘어서려 한 스미르나는 히피들의 어머니다. '자연이 허락하는 것을 문명의 법이 시기하여 금지시킨다.'는 그녀의 도발적 선언은 기계 문명의 벽을 넘는 꿈을 꾸는 모든 사람의 심금을 울린다.

그러나 그들은 비운을 불러올 씨앗을 마음속에 갖고 있다. 악타이온은 왕궁에 사는 왕자로 문명권의 중심에 있고, 아르테미스의 계곡도 우연히 쉬러 찾아간 것이다. 사냥에 지쳐 쉬러간 곳은 마치 대도시의 일에 지쳐 찾아간 휴양림 같은 곳이다. 그는 문명인의 마음속에 깊이 박힌 '문명 대 자연'의 양분법을 넘지 못한 채 '자연'이라 구분된 이상적 샹그릴라를 찾아갔을 뿐이다.

자연은 보복하지 않았다. 애당초 문명인이 그린 이상적 자연은 없었다. 순수 자연의 음부에 닿아도 진실은 그 안에 없었다는 허무가 바닥도 없는 심연으로 존재를 추락시킨 것이다.


재앙은 마음속에 있는 벽, '문명 대 자연'의 양분법이 불러온 것이다. 근친상간을 자행한 딸에 대한 스미르나 아버지의 분노도, 애인에게 닥칠 위험을 피하게 하려는 아프로디테의 염려도, 약속을 어긴 오르페우스에 대한 하데스의 처벌도, 피라모스와 티스베를 나눈 벽도 사실은 '자연'의 일부이다. 자연은 문명과는 질적으로 다르다는 스미르나 후예들의 가정은 착각에 기초한 것이다.

인간 사회의 규범과 법도 개미나 사자 사회에서 나타나는 규범과 크게 다르지 않으며, 식물의 삶에도 각종 정보 처리와 판단, 결단 등 인간과 똑같은 정신적 과정이 진행되고 있다. 인간과 자연을 나눌 근본적인 벽은 없다.

'문명의 법'과 '자연의 진실'을 나눈 것은 가상의 벽이다. 스미르나가 적대시한 문명의 법도, 그녀가 추구한 자연도 사실은 가상의 벽이 만들어낸 환각이다. 스미르나의 후예들이 벽을 넘다가 쓰러진 이유는 애초에 벽이 없었기 때문이다. 그들은 벽이 있는 줄 알고 몸을 던졌다가 허공에서 헛다리 짚어 나락으로 떨어진 것이다.

이 가상의 벽은 인간 문명이 세운 정신적인 벽이므로 본질적으로 인위적이다. 결혼 제도의 벽을 넘겠다는 사람들 중에는 다른 남녀와도 성관계를 허용하는 '개방 결혼'도 있고, 스와핑을 하는 경우도 있으며, 몰래 연애를 하며 바람을 피우는 경우도 있다. 그들은 결혼 제도가 자연스런 성적 욕구를 제한한다고 생각한다. 그러나 히피들의 실험 결과 한 쌍의 남녀가 오래 붙어 있으려는 것도 자연스런 욕구라는 게 드러났다. 일부 히피 공동체는 결혼이라는 문명 제도의 장벽을 극복하기 위해 한 남녀만 붙어서 사는 것을 금지했다. 결과는 실패였다. 한 남녀가 오래 붙어 있으려는 경향도 '자연'의 일부였으며, 이를 막기 위해서는 그들 스스로도 '금기의 제도'를 강제하지 않을 수 없었다.

그들이 자연적 욕구라고 한 것은 결국 관습화되고 지겨워진 것과는 '다른' 목소리와 감촉에 대한 욕망이다. 욕망은 '다른 것'을 향할 뿐인데, 거기에다 '진실한 것', '자연적인 것'이라는 신기루로 포장할 뿐이다. 이런 포장 자체가 자연스럽지 못하다. 그들이 생각하는 벽이 인위적일 뿐 아니라 저편의 이상을 꾸며내어 추구한 욕망조차 인위적이다.

문명의 법이 금하는 남녀와 몸을 섞고 싶은 것도, 한 남녀와만 사랑을 나누고 싶은 것도 욕망의 양태로 보면 다 자연스럽다. 하지만 그런 욕망을 이상화하기 위해 '문명 대 자연'의 틀을 세우고, 한 편

을 저열한 것으로, 다른 한 편을 고매한 진실로 꾸미는 행위는 대단
히 작위적이다. 그 때문에 '탈출'을 감행할 용기가 생겼을 수는 있
으나, 그들이 적대시한 문명이 보복을 가하는 것도 지극히 자연스
럽다. 작용과 반작용의 자연법칙이 그들을 나락으로 떨어뜨린 것은
그들의 인위적 행동보다 훨씬 자연스럽다.

스미르나, 아도니스, 오르페우스, 악타이온 등은 문명의 벽을 넘
어 자연으로 가려다 쓰러졌다. 자연이 문명 '저편에' 있다는 착각이
그들의 고매한 시도를 실패의 나락으로 끌어내린 것이다. 여기 자
연을 전혀 다른 방식으로 생각하고 인간계와 자연계를 왔다 갔다
한 다른 유형의 인물이 있다.

# 수로

신라 8세기 초 순정공이 해변 길을 따라 강릉 태수로 부임하는 길이었다. 점심을 먹으려고 쉬고 있는 바닷가에는 높은 바위 절벽이 병풍처럼 둘러쳐 있고 철쭉이 활짝 피어 있었다. 순정공의 아내인 수로부인이 수행원들에게 말했다.

"누가 내게 저 꽃을 꺾어 바치겠소?"

그들은 '아무도 오를 수 없는 곳'이라며 난처해했다.

그때 암소를 끌고 지나던 노인이 그 말을 듣고 암벽에 올라 꽃을 꺾어 와서는 〈꽃을 바치는 노래(獻花歌)〉와 함께 바쳤다.

자줏빛 바위가에
암소 잡은 손 놓게 하시고,
나를 아니 부끄러워하시면
꽃을 꺾어 바치겠나이다.

이 노인이 누구인지는 아무도 몰랐다.

다시 이틀째 길을 가다가 바닷가 정자에서 점심을 먹는 중이었다. 갑자기 바다에서 용이 솟아나와 부인을 낚아채서 바다 속으로 들어가 버렸다. 남편이 넘어지며 발을 굴렀으나 어쩔 도리가 없었다.

또다시 한 노인이 나타나 말했다.

"옛말에 '여러 사람의 말은 무쇠도 녹인다.' 하니, 바다 속 짐승인들 어찌 사람들의 입을 두려워하지 않겠습니까. 경내 백성들을 모아 노래를 부르면서 지팡이로 언덕을 두드리면 부인을 다시 볼 수 있을 것입니다."

순정공이 그 말을 따라 사람들을 모으고, 지팡이로 언덕을 두드리며 노인이 지은 〈바다 노래(海歌)〉를 부르도록 했다.


거북아, 거북아! 수로부인을 내놓아라.

남의 아내를 약탈해간 죄 얼마나 큰가.

네 만약 거역하고 내다 바치지 않으면

그물을 쳐 잡아서 구워 먹으리.


그러자 용이 부인을 모시고 나와 순정공에게 바쳤다.

공이 바다 속 일을 물으니 수로부인이 대답하였다.

"일곱 가지 보물로 꾸민 궁정에, 음식들은 맛이 달고 매끄러우며 향기롭고 깨끗하여 인간 세상의 음식이 아니었습니다."

부인의 옷에도 색다른 향기가 스미어 있었는데, 이 세상에서는 맡아볼 수 없는 향이었다.

수로부인은 절세미인이어서 깊은 산이나 큰 못가를 지날 때마다 신령한 존재들이 빼앗았고, 그때마다 여러 사람들이 위 노래를 불러 되찾았다고 한다.

수로부인은 바람기 많은 절세미인이다. 부인의 끼는 성적 욕망의 냄새를 농후하게 풍기면서도 인간 남자를 지향하지는 않고, 절벽 높은 곳에 달린 아름다운 꽃과 신령한 세계, 그리고 신령한 존재들을 향한다. 그 마음은 봄바람에 너울너울 춤을 추며 벌판을 온몸으로 느끼려는 나비와 같다. 그런 나비 같은 마음과 자태가 깊은 산이나 큰 못가에 이르면 그곳에 사는 신령한 존재들의 애간장을 태운다. 신물들의 성적 욕망을 자극한다는 점에서 수로부인은 분명 바람기 많은 여자이다.

수로부인의 태도를 보면 이를 알 수 있다. 그녀는 피랍 사건 이후에도 저 세계에 대한 경험을 황홀한 추억으로 되씹을 뿐 아니라, 깊은 산이나 못가에 가기를 두려워하지도 않는다. 그녀는 신령한 세계와 소통하고 있으며 그 세계를 갈망한다. 그런 점에서는 미풍을 알몸으로 사랑하는 케팔로스와 유사하고, 문명 저편의 자연을 갈구한 스미르나 - 아도니스 모자의 성정과도 닮았다.

차이점은 신물들이 부인을 납치하여 융숭한 대접을 하면서 그 마음을 얻으려 할 때마다, 지상에서 뭇사람들이 지팡이로 땅을 쿵쿵 두드리며 '남의 아내를 약탈한 죄 얼마나 크냐.' 며 각성을 촉구하면서, '잡아서 구워먹으리!' 하는 경고가 천둥처럼 울린다는 것이다. 이 여인은 어떤 큰 힘을 가진 존재가 보호하고 있음에 틀림없다. 제 발로 모시고 나와 돌려주지 않을 수가 없다.

그녀가 스미르나나 아도니스와는 달리 저 세계에 대한 갈망의 늪에 빠져 삶의 비극을 맛보지 않은 것은 그녀를 지켜준 외적인 힘이 있었기 때문이다. 그 힘은 암소를 끌고 가던 노인으로, '바다 노래'

를 부르도록 한 노인으로 나타난다. 두 노인은 한 신령한 존재의 다른 모습일 것이다.

이 노인은 아무도 엄두를 못 낸 절벽을 올라 꽃을 꺾어와 노래와 함께 바칠 정도로 수로부인을 사랑한다. 그러나 이 노인이 다른 신령한 존재들과 다른 점은, 그녀가 저 세계로 납치될 때마다 다시 이 세계로 구출해내 남편에게 돌려보낸다는 것이다. 그런 점에서 노인으로 나타난 존재는 수로부인을 소유하려는 의지가 전혀 없다. 마치 수호천사처럼 보호하되 소유하지는 않는다.


그러면 수로부인은 철없는 소녀이고, 노인이 없었다면 저 황홀하되 위험한 세계에 대한 욕망을 소진하다 끝났을까? 암소를 끈 노인이 나타나 노래와 꽃을 바쳤을 때, 아무도 그가 누구인지 몰랐다. 그러나 수로부인은 그가 누구인지를 알아보았고, 웃으며 '당신을 아니 부끄러워하겠다.'는 뜻을 밝혔다.

그것은 자연과 저 세계를 향한 자신의 갈망이 모험적이라는 사실을 인정하면서, 그런 갈망을 지닌 자신이 암소이고, 그 암소를 이끌어줄 노인의 가호를 받아들인다는 뜻이다. 당신이 도우면 저 세계에 대한 호기심과 끌림 속에서도 이 세계를 살아야 할 과제를 완수하리라는 믿음의 표현이다. 수로부인은 자신의 약점을 알고 있었고 그 약점을 덮어줄 수호천사를 불러냈다. '누가 꽃을 꺾어 바치겠는가?'라는 신호에 따라 암소를 끈 노인이 나타났고, 그녀가 벽을 넘다가 나락으로 떨어지지 않도록 지켜주었다.

비록 스스로 해낼 힘은 없지만, 자신을 보호해줄 영적 존재를 삶의 파트너로 적극적으로 받아들였다는 점에서 수로부인의 여성적 자연스러움이 있다. 비록 수동적이지만 보호자와 조력자를 인정하고 받아들이는 힘, 관계 파도를 타면서 삶을 기획하는 힘, 그 힘 때문에 수로부인은 바다 속이나 숲 속에서 횡사하지 않고, 저 세계를 그리면서도 이 세계의 삶을 살아낼 수 있었다.

수로부인은 절벽 위 꽃을 꺾기 위해, 또는 저 세상 신물과 만나기 위해 '필요한 파트너십'을 요청하고 그 관계에 의지한다는 점에서 자연스럽다. 나의 이상이 요구하는 것과 '상황이 필요로 하는 것'을 조화시킨다는 점에서 수로는 자연 대 문명의 벽을 넘는 자연스런 소통의 가능성을 보여준다.


인위적인 강제와 욕구를 버리고 자연스러워야 한다고 강조한 중국의 노자는 "최고의 선은 물과 같다."고 했다. 수로(水路)부인은 그런 점에서 물길 부인이다. 벽을 만나도 물처럼 스며들고 기다렸다가 벽을 넘는 물은 자연스러움의 모델이다. 수로는 '물이 흐르는 길'이라는 이름에서 자신의 천성을 드러낸다. 그 천성은 절벽을 만나도 꽃을 꺾어다줄 사람을 기다리고, 수호천사를 옆에 두고서 신령스런 세계에 대한 호기심을 채운다.

노자가 말하는 '자연'의 반대말은 '문명'이 아니라 '인위'와 '작위'다. 자연(自然)은 '스스로 그러함'이다. 자연은 문명과 대립된 특정 영역이 아니라, 자연과 문명을 쪼개는 행위까지 포함한 모든 인위와 작위를 놓아버리는 삶의 원리다. 풀이 자라고 씨앗이 땅속에서 동면하는 것도 '스스로 그러하며,' 인간들이 규칙을 세워 문명을 구축해가는 것도 '스스로 그러하다.' 스스로 넘나듦은 귀족 부인으로서 인위적인 규범의 탈을 벗으면서도, 저 초월 세계에 대한 작위적 환상에 빠져들지도 않는다.

현실과 꿈, 문명과 자연을 쪼개고, 한편을 극단적으로 이상시하는 것은 참으로 부자연스럽다. 문명 대 자연이라는 관념적인 철옹성을 쌓은 것이 스미르나－아도니스 모자의 비극을 불러온 근본 이유라면, 수로부인은 저 세계에 대한 갈망과 이 세계에서의 과제를 대립시키지 않고 두 세계 모두를 받아들인다는 점에서 '자연'의 새로운 지평을 제시한다. 귀족 관료의 부인이면서도 봄 들판을 춤추는 나비 같은 성향을 유지한 것은 양자를 가르는 벽이 그녀를 틀 짓지 않았기 때문이다.


그러나 수로부인의 자연스러움은 벽을 넘나드는 '방식'에서만 드러난다. 벽을 넘을 때 저편에 집착하여 무리하지 않고 필요한 도움을 입는 자연스러움 때문에 저 세계를 들락거려도 안전하다. 그러나 내면에서 솟는 저 세상을 향한 욕망은 그녀를 끊임없이 아슬아슬한 줄타기로 내몬다.

바다 용에게 잡혀갔다 나온 이후 '이 세상에서는 맡아볼 수 없는 향기'가 부인의 몸에 퍼진 것으로 보아, 수로부인은 바다 용과의 교접에 응한 것으로 보인다. 다시 인간계의 질서로 돌아와 사는 데 큰 문제가 없을 정도로 바깥벽은 낮으나, '저 세계'의 신선한 감촉을 느끼려는 갈망은 지속된다. 그 갈망은 이 세계와 저 세계를 나누고, 저 세계를 그리는 마음속의 안벽이 만들어내는 것이다.

이 부자연스러운 갈망은 그녀의 가슴을 충동질하여 숲과 못을 다시 찾아 나서도록 이끈다. 안벽이 만드는 갈망이 멈추지 않는 한 절세미모에 대한 신령한 존재들의 칭송과 그 세계의 향긋함을 쫓아다니다가, 언젠가는 수호천사가 다시 불러내지 못할 곳까지 빠져들어 갈 수밖에 없다.

그녀가 불안한 것은 두 가지 안벽이 있기 때문이다. 하나는 외부의 힘에 기대는 데서 나타나는 의존성이다. 어떤 외부 대상에라도 의존하면 '스스로 넘나드는' 자연스러움이 아니다. 아무리 선의를 가진 존재라도, 그에 대한 의존은 진정한 자유에서 '스스로 흐르는' 가능성을 가로막기 때문이다.

좀 더 근본적인 안벽은 '저 세계'에 대한 탐닉을 만들어내는 '이 세계 대 저 세계'의 대립이다. 이것과 저것을 구분하고, 저것을 갈망하도록 이끄는 무지가 진정한 벽이다. 모든 장애로부터 스스로 자유로우려면 저 세계에 대한 갈망이 사라질 정도로 안벽이 허물어져야 한다.


스미르나에서 수로부인에 이르는 용감한 사람들은 이 세계의 벽들을 넘겠다는 아름다운 이상을 가졌다. 그러나 그들의 눈은 밝지 못했다. 밝지 못한 눈이 가상의 벽을 내면에 쌓고, 내면의 벽이 그들의 밝지 못한 눈을 통해 바깥벽을 쌓았다. 바깥벽을 넘는 치열함은 있으되 벽을 넘으려다 나락으로 떨어지는 것도 불가피하다. 모든 벽을 넘어 소통하는 자유를 얻으려면 안벽, 즉 무지의 벽까지 넘어야 한다. 그래서 《우파니샤드》가 충고한다.

"우리 안에 있는 것은 또한 우리 바깥에도 있나니. 바깥에 있는 것은 또한 안에도 있도다. 안에 있는 것과 밖에 있는 것 사이에 다른 점이 있다고 보는 자는 영원히 죽음에서 죽음으로 이르는 길을 걸으리라."


■ Procris 2 / Carlos Parada. Greek Mythology Link. www.maicar.com/GML
■ 토마스 벌핀치, 이윤기 옮김, 〈케팔로스와 프로크리스〉, 《그리스와 로마의 신화》, 대원사, 1989.
■ Adonis / Carlos Parada. Greek Mythology Link. www.maicar.com/GML
■ 토마스 벌핀치, 이윤기 옮김, 〈아프로디테와 아도니스〉, 《그리스와 로마의 신화》, 대원사, 1989.
■ 토마스 벌핀치, 이윤기 옮김, 〈오르페우스와 에우리디케〉, 《그리스와 로마의 신화》, 대원사, 1989.
■ 토마스 벌핀치, 이윤기 옮김, 〈아르테미스와 악타이온〉, 《그리스와 로마의 신화》, 대원사, 1989.
■ 일연, 김원중 옮김, 〈수로부인〉, 《삼국유사》, 을유문화사, 2002.

# 스스로 있음

그 모든 벽을 다 넘는 사람이 있다.

그는 신과 인간을 포함한 모든 존재들보다 위대하다.

그런 사람이 있기에

인간 세계의 가장 높은 이상이 빛난다.

# 원효

원효의 삶을 한마디로 말하면 '벽을 만날 때마다 벽을 만들어내는 삶을 떠난다.'는 것이다. 그리하여 어떤 장애도 없는 지경, 그것이 원효가 찾아 나선 삶이다. 그 삶을 인도한 선생은 석가모니다.

신라 7세기부터 지금까지 한반도 사람들에게 그 이름처럼 '으뜸 새벽'으로 존경 받는 원효(元曉)는 그 출생부터가 석가와 흡사했다. 만삭이 된 어머니가 해산을 위해 친정으로 가던 중 나무 아래서 남편 옷으로 장막을 두르고 아이를 낳은 것도 비슷하고, 출산 후 오색 구름이 땅을 덮는 등 천지가 감응한 것도 비슷하며, 출산 후 며칠이 지나 어머니가 돌아가신 것도 같다. 다만 석가보다 불운이 더하여, 세 살이 되기 전 아버지까지 돌아가셔서 할아버지 밑에서 자라야 했다.

할아버지가 '너의 출생이 부처님과 똑같다.'며 출가를 권한 후, 화랑으로서 세속의 출세 길을 걷던 원효는 부처님의 길을 걷기 시작한다. 어려서부터 두드러졌던 지적 능력은 출가 후에도 발휘되어, 사미 시절에 이미 상당한 불교 경전을 섭렵했다.

지적 능력과는 다른 통찰력, 즉 지혜가 원효 안에서 빛을 발하기 시작한 것은 중국 당나라로 유학을 떠나는 길에서였다. 중국의 현장이 인도에서 경전을 들여와 불교의 붐을 일으킬 때, 이를 배우고

원효와 그가 쓰고 다니던 삿갓

자 동문인 의상과 함께 떠나는 길이었다.

배를 타기 위해 경기도 화성의 바닷가 근처에 다다른 어느 저녁, 그들은 집을 얻지 못하고 한데서 자야 했다. 그런데 자는 도중 목이 말랐던 원효는 주변을 손으로 더듬었다. 마침 바가지가 손에 잡혔고, 그 안에 물이 있어 달게 마시고 다시 잠이 들었다. 아침에 일어나 머리맡을 본 원효는 소스라치게 놀랐다. 머리맡에 놓여 있는 것은 바가지가 아니라 해골이었던 것이다. 구역질이 솟구쳤다. 이때 원효의 통찰력이 새벽처럼 밝아졌다.

"바가지라 생각했을 때는 물맛이 꿀맛이었는데, 해골이라 생각하니 구역질이라. 이것이 바로 마음의 장난이 아니고 무엇이겠는가?"

꿀맛 나는 이상과 구역질 나는 현실을 구분한 것이 바로 마음의 장난이었다는 점을 투명하게 깨닫는 순간이었다. 새 경전들이 잔뜩 들어온 꿈의 나라 당과 뻔한 경전만 있는 현실의 나라 신라를 구분한 것도 마음의 장난이었다. 이상과 현실 사이의 바깥 장벽이 무너지는 순간이고, 그 벽을 만들어낸 안의 원인, 즉 마음의 장난이 뚜렷이 보이는 순간이었다.

원효가 의상에게 말했다.

"마음 밖에 따로 법이 없거늘, 어찌 그 법을 밖에서 구할 것인가? 법이 바로 내 안에 있다는 것을 알았으니 구태여 멀리 당나라까지 갈 필요는 없어졌네."

의상은 황당했다. 그들이 당나라에 유학가려는 시도는 이번이 두 번째였다. 한 번은 북쪽 육로로 가다가 고구려 군에게 붙잡혀 도망 나왔고, 이번에는 서해안 길이 열려 꿈에 그리던 당나라로 가는 길이었다. 그런데 해골 물이었다는 사소한 사실로 원효의 태도는 완전히 달라졌고 확고했다. 그는 아쉬워하는 의상을 보내고, 혼자서 신라로 돌아왔다.


새벽처럼 빛나는 통찰로 마음의 벽을 훤히 들여다본 원효는 그 벽을 깨기 위한 움막 수행과 경전의 주석서 저술에 전념했다. 많은 사부 대중에게 《금강삼매경》을 강의한 후 원효의 명성은 매우 높아졌다. 그 자리에는 왕의 누이로 과부가 된 요석 공주가 있었다. 그녀는 원효의 명쾌한 설법을 듣고는 그만 사랑에 빠져버렸다. 수시로 절에 드나들며 원효와 가깝게 지내길 바란 공주는 원효의 차가운 응대에 병이 들어 누워버렸다.

이때 원효가 사형(師兄)처럼 모시던 대안이 원효에게 어떤 그림을 내놓았다. 쓰러진 대나무가 그려진 그림이었다. 대안은 당시 제도화된 귀족 불교를 비판하던 승려로, 그 행동이 제도 불교의 틀에 얽매이지 않았다. 원효는 그림 속의 쓰러진 대나무가 바로 자기 자신임을 깨닫고, '공주를 받아들이라.' 는 대안의 충고를 받아들였다. 이후 원효는 거리에 나가 노래를 불러댔다.

누가 내게 자루 없는 도끼를 주려는가?
내가 하늘을 떠받칠 기둥을 찍어보련다.

아무도 그 뜻을 몰랐으나 태종 무열왕이 그 뜻을 알았다. 왕은 '대사가 귀한 부인을 얻어 어진 아들을 낳고 싶어한다.' 며 자신의 누이 요석에게 원효를 안내하도록 궁리에게 지시했다. 원효는 궁리를 만나자 일부러 물속에 빠졌다. 궁리는 황급히 원효를 요석궁으로 인도하여 옷을 말리고 그곳에 머무르도록 하였다. 요석공주와 함께 지낸 원효는 공주의 만류를 뿌리치고 사흘 만에 나왔다고 하는데, 그 후 공주는 태기가 있어 신라의 유명한 학자 설총을 낳게 된다.

   신화, 전사를 만들다

요석궁을 나온 원효는 스스로 계율을 어겼음을 인정하며 속인의 옷으로 갈아입고, 소성거사(小姓居士)라 자칭하며 기이한 행동을 시작했다. 광대들이 굴리는 큰 박을 얻어 '장애 없음(無碍)'이라 이름 짓고 이 박에 줄을 꿰어 몸에 걸었다. 손으로는 박을 두들겨 장단을 맞추면서 스스로 지은 〈장애 없음의 노래(無碍歌)〉를 부르며 시정을 돌아다녔다. 이 노래는 "모든 것에 장애가 없는 사람은 한 길로 생사를 벗어난다."는 《화엄경》의 구절을 대중화한 가사였다.

이렇게 노래하고 춤추며 수많은 부락을 돌아다니는 원효의 뒤에 많은 사람들이 따르며 같이 노래하고 춤을 추었다. 이로 인해 뽕 농사짓는 늙은이나 옹기장이나 무지몽매한 무리도 모두 붓다의 이름을 알고 '나무아미타불'을 부르게 되었다.

이런 방식의 대중 교화를 하는 한편, 원효는 전국 곳곳을 다니며 제도화된 귀족 불교에서 독립하여 홀로 수행에 전념하였다. 북쪽으로는 의정부의 소요산으로부터 남쪽으로는 여수 바닷가 절벽에 이르기까지 곳곳에서 그가 수행하던 터는 절로 바뀌어 오늘날까지 그의 수행 정신을 잇고 있다. 그는 신분을 숨기며 다녔는데, 신분이 드러날 때마다 요석공주가 아들 설총을 데리고 와 먼 곳에서 바라보며 수행을 도왔다고 한다.

말년에는 절의 공양주 노릇을 하며 책을 지었는데, 무식한 공양주가 원효 책을 갖고 있는 것을 의심한 주지의 추궁으로 다시 신분이 발각되었다. 그리하여 다시 찾아온 요석공주의 간호를 받으며 70세에 경주 근처에서 생을 마감하게 된다.

# 안벽 깨기

원효는 크게 세 번의 기회를 통해 내면의 벽을 부순다. 그때마다 곁길로 샐 가능성을 차단하면서 부처의 바른 길로 들어선다. 이는 안벽을 깨는 과정이다.

첫 번째는 해골 물을 마시고 새벽처럼 밝은 통찰이 온 마음에 퍼졌을 때다. 꿀맛 나는 물과 역겨운 물을 구분하는 것, 꿈의 당나라와 현실의 신라를 구분하는 것 모두가 마음의 장애가 만들어내는 장난이라는 것이 훤히 드러났다. 부처님이 말씀하신 그 뜻을 지식이 아닌 통찰로 알았는데, 마음 장난의 산물인 '꿈의 당나라'에 갈 이유는 사라진 것이다.

이로써 지식인 원효는 통찰인, 지혜인으로서의 길을 걷기 시작한다. 새벽처럼 빛난 통찰은 마음이 만들어내는 벽을 부수면서, 두 번이나 시도한 유학의 길을 과감히 포기한다. 그리고는 벽을 만들어내는 진정한 원인인 마음을 공부하는 길로 접어든다.

마음의 두 번째 벽은 요석공주와의 인연으로 깨져 나간다. 공주가 상사병으로 드러누웠을 무렵 대안이 쓰러진 대나무 그림을 보여주었을 때, 원효는 스스로가 쓰러진 대나무에 불과하다는 것을 섬광처럼 통찰한다. 귀족 자제로 태어나 화랑도를 거쳤고, 젊은 사미 시절부터 불경에 대한 총명한 이해와 탁월한 주석 능력을 보였으며, 이제는 불법의 명강사로 이름이 한참 올라가는 자신이 그림 속의 쓰러진 대나무와 똑같다고 깨달은 것이다. 계율과 설법으로 깨끗이 무장되어 있되 잘나가는 현실에 안주하는 나. 그 나를 분명히 본 것이다. 나는 계율과 경전 주석으로 마음의 철옹성을 쌓고, 그 안에서 자만에 찬 에고를 한껏 부풀리는 장난을 하고 있었다. 으뜸 새벽은 특유의 과감한 결단으로 예정된 행로를 다시 박차고 나온다. 출세와 안주로 향한 길을 두 번째로 벗어나는 순간이다.

원효가 요석공주에게 자원하여 간 것, 그러고 나서 이상한 짓으로 대중 교화에 나선 것이 민중 불교주의자가 되어서 그런 것은 아니다. 그는 계를 버리지 않았고, 제도 불교에 저항하지도 않았으며, 경전 주석을 소홀히 하지도 않았고, 홀로 산천을 다니는 두타 수행을 중단하지도 않았다. 요석공주와 딱 사흘을 같이한 후, '왕의 부마가 되어 같이 살자.' 는 공주의 청을 과감히 뿌리친 데서 그의 뜻이 다른 곳에 있음을 알 수 있다.

그가 공주와 동침한 후, 승복을 벗고 속인처럼 차려입은 데서도 계율에 대한 그의 믿음이 얼마나 분명한지 알 수 있다. 파계의 대가를 평생 지고 살겠다는 의지다. 노래하고 춤추며 대중 교화에 나선 것도 귀족 불교에 대립하는 민중 불교를 세우겠다는 뜻이 아니라, 제도 불교에서 잘나가는 데 안주한 에고의 철옹성을 허무는 철저한 수행을 하겠다는 데 그 근본 뜻이 있다.


원효가 첫 번째로 부순 벽은 꿀맛과 역겨운 맛을 가르고, 신라의 저급 현실과 당의 고급 이상을 가르는 마음의 장난이다. 두 번째로 직면한 벽은 좀 더 깊은 곳에 있고 더 근본적이다. 그것은 ‘안주하려는 자아’가 둘러친 벽으로, 생명을 잃고 쓰러진 대나무처럼 만드는 근본적인 장애다.

두 번째 통찰이 일어난 순간, 요석공주를 내치며 자신을 보호하려 붙든 계율과 경전도 ‘안주하려는 자아’가 둘러친 벽이라는 점이 뚜렷해졌다. 생명이 없는 것들을 붙들고 안주하려는 자아와 그 자아를 위협하며 다가온 여인이 겹쳐진다. 그 순간 전에는 승려의 길을 방해할 여인으로 보인 사람이, 자아의 벽을 깨기 위해 다가온 적극적 계기로 보인다.

그리하여 원효는 자신과 이 여인 사이에서 태어날 ‘하늘 떠받칠 기둥’이 자기 운명의 일부라는 것을 적극 받아들인다. 그러나 파계의 결과로 환속하고 왕의 부마가 된다면 그것은 안주하려는 자아의 장벽을 더욱 두텁게 하는 길이다. 그가 파계 이후에 취한 행로는 일반적 예상과는 전혀 다른 방향이다.

요석공주에게 접근하면서부터 그가 취한 행로는 마치 새로운 좌표를 잡은 배처럼 거침없고 과감하다. ‘걸림 없음’, 또는 ‘장애 없음’이라는 이름의 박으로 장단을 치면서 부르는 〈장애 없음의 노래〉는 그가 나아갈 새 좌표의 목적지를 지칭한다. 제도 불교의 울타리 안에서 안주한 자아를 깨기 위해 그는 시정과 부락을 돌아다니며 불교 제도 안에서 세운 에고를 바닥으로 낮추는 새 지평을 여는 한편, 무식하고 가난한 사람들이 부처님의 가르침에 접할 문을 활짝 여는 커다란 공덕 수행을 쌓는다.

그러면서 번듯한 절도 없는 산천과 바닷가를 돌며 홀로 은거하면서 수행에 집중한다. 특히 산과 숲에서 기거하면서 빌어먹고 명상하다가 다시 다른 곳으로 옮겨 다니는 두타행은 부처님 시절의 승가가 일반적으로 취한 수행 방법이기에, 소성거사로 이름을 바꾼 원효는 오히려 진정한 으뜸 새벽의 길로 나아가기 시작했다고 하겠다.

모든 장애를 만들어내는 자아와 정면으로 대결한 원효의 수행은 요석공주의 사랑을 받아들인 이후 본격화된 것이다. 그는 운명적으로 다가온 여인을 피하느라 계율로 마음속 장벽을 두텁게 쌓지 않았고, 동시에 파계 이후 세속적 자아를 세우는 일도 단호히 거부했다. 원효는 중도로 나아갔다. 그는 매우 현명하게도 여자를 받아들이는 결단을 통해 좀 더 급진적인 수행의 길로 나아간 것이다. 운명적으로 다가온 파계를 바른 수행의 길로 돌아서는 위대한 전환점으로 삼은 것이다.


요석공주는 기회만 있으면 원효에게 가까이 가고 싶어했다. 허름한 거지 차림으로 경주를 돌아다닐 때도 아들의 이름을 지어달라고 찾아갔고, 어디서 수행한다는 소문을 들으면 멀리 소요산까지 찾아가 먼발치에서 수행을 도왔다. 이때 원효의 태도는 더 이상 접근을 허용하지 않을 정도로 단호했지만, 동시에 아들 이름도 지어주고, 그들이 주변에서 자신을 경배하며 돌보는 일을 암묵 중에 허용할 정도로 감싸안기도 했다. 단호한 거부와 자애로운 포용으로 인해, 요석공주와 설총은 남편이자 아버지를 멀리서나마 지극한 존경으로 경배하며 공덕을 쌓을 수 있었다.

그가 입적하자 아들 설총이 유해를 잘게 부수어 얼굴상을 빚어

분황사에 모시고서는 공경하고 사모하며 슬픔의 뜻을 표하였다. 그 때 설총이 예를 올리자, 그 얼굴상이 갑자기 설총을 향해 돌아보았는데, 그 후로도 계속 돌아본 채로 있었다고 한다. 아버지와 아들은 그때 처음 마주 보았을지도 모른다.

요석공주와의 인연으로 시작된 대전환을 통해 원효는 온갖 장애와 걸림을 만들어내는 내면의 벽들을 허무는 길을 허허롭게 걸어나갔다. 승려의 신분이냐 아니냐도, 누구의 남편이자 아버지라는 관계도, 절이 있느냐 없느냐도 그의 자유로운 행로를 막지는 못했다. 세 번째 벽이 허물어지는 것은 그 자연스러운 결과라고 할 수 있다.

소요산에서 수행할 때, 내면의 큰 벽이 허물어지는 사건이 벌어졌다. 비 내리는 밤 어여쁜 아녀자가 비에 젖어 옷이 달라붙은 육감적인 몸매로 찾아와 하룻밤만 묵도록 해달라고 애원했다. 우선 초막에 들게 했더니 여인은 곧 원효를 유혹하였다. 이때 여인에게 행한 원효의 설법이 전해지고 있다.

마음이 일어나니 갖가지 형상들이 생겨나고
마음이 없어지니 갖가지 형상들이 사라지네.
나는 스스로 있고 장애가 없도다.

이 법문을 들은 여인은 미소를 지으며 사라졌다. 이 여인은 육욕의 장벽을 허물도록 돕기 위해 나타난 관세음보살의 현신이라 할 수 있다. 이로써 원효는 '스스로 있되 장애가 없는' 경지에 마침내 도달하게 되었다.

그때는 요석 공주가 아들과 함께 찾아와 떨어진 곳에 머물면서 아침저녁으로 원효가 수도하는 곳을 향해 절을 올리던 무렵이었다. 그들을 기념하기 위해 오늘날 소요산에는 공주봉도 있고 자재암도 있어, 내면의 장애를 부숴 '스스로 있는' 자유의 경지에 도달한 위대한 인물과 그를 사모하면서 자유의 길을 걷도록 도운 여인을 기린다.

모든 벽은 마음의 장난에서 생겨난다. 소통 장벽을 만드는 근본 요인은 마음의 장애다. 불행과 갈등을 인간사의 필수 요소로 만드는 것도 안벽들이다. 그 벽을 허물 때 비로소 '장애 없이 스스로 있는' 소통의 경지가 가능해진다. 원효는 세 번의 위대한 결단을 통해 내면의 벽을 허물고 스스로 자유로운 지경으로 나아갔다. 당나라와 신라의 벽, 비구와 속인의 벽, 제도 종교와 일상생활의 벽, 남자와 여자의 장벽을 하나하나 넘으며, 저 '구애 받지 않고 스스로 있는' 자유의 경지에 도달한 것이다. 이리하여 으뜸 새벽은 모든 벽을 넘어 자유롭겠다고 작정한 사람들이 도달해야 할 마지막 경지와 거기에 이르는 길을 밝혀주었다.


■ 일연, 김원중 옮김, 〈원효는 얽매이지 않는다〉, 《삼국유사》, 을유문화사, 2002.
■ 윤청광, 《원효대사 : 걸림 없이 살게나, 물처럼 바람처럼》, 우리출판사, 2002.

# 투과 공명

벽은 본래 실재하는 것이 아니다.
따라서 벽을 '넘을 수는' 없다.
벽은 투과해야 할 것이다.
투과하면 벽을 통해 나뉜 존재들과
공명이 일어난다.

# 영재



바깥벽을 만드는 안벽을 허물면 어떤 일이 발생할까?


   한 늙은 중이 깊은 산 고개를 넘고 있었다. 8세기 후반 신라의 승려 영재(永才)였다. 그는 천성이 익살스럽고 재물에 얽매이지 않았으며, 당시 노래인 향가를 잘 지었다. 늘그막에 세속을 완전히 버리고 산에 숨어 살려고 가는 길이었다. 고개에 이르자 갑자기 도적 60여 명이 나타났다.

   도적들이 영재를 해치려 하였으나, 칼이 몸에 닿아도 두려워하는 기색 없이 태연하였다. 도적들이 괴이하게 여겨 그의 이름을 물었다. 평소 향가를 잘 짓는 중으로 알려져 있으므로, 도적들은 영재에게 노래를 짓도록 시켰다. 〈도적을 만난 노래(遇賊歌)〉로 알려진 이 향가는 아래와 같다.


형언할 수 없는 부끄러움에

태양이 서산에 숨고 새가 깃 속으로 제 모습 감추듯

멀리 ▢▢ 지나치고 이제 숨어서 가고 있네.

오직 그릇된 파계승이여!

두려워할 모습으로 다시 돌아가니

스스로를 낮추어 '숨어서 가는 파계승'이라 부르면서, 칼에 쓰러져 마음의 티끌을 털어내는 선한 공덕을 지을 수는 있으나 그 정도로는 '새 집'을 지을 수 없다는 구도자의 지고한 자세에 도적들은 감동했다. 그들은 죽이려던 사람에게 오히려 비단 두 필을 주었다. 영재가 웃으며 말하길, "재물은 지옥의 근본임을 알고 깊은 산으로 피하려는데 어찌 받겠소?" 하며 비단을 즉시 땅에 던져버렸다.

도적들은 재차 감동하였다. 이에 칼과 창을 버리고 머리를 깎고는 승려가 되어 영재를 따랐다. 영재의 무리는 지리산으로 숨어들어 가 다시는 세상에 나오지 않았다.


한 쪽은 숫자도 60배이고 칼로 무장한 상태이며, 다른 한 쪽은 바랑만 메고 있는 까까머리 늙은이로, 힘은 비교가 되지 않았다. 게다가 그들의 칼이 늙은이의 몸에 닿아 생명을 위협하는 상황이었다. 이들의 지시에 따라 죽을 목숨이 노래를 하나 지어 부르자, 형국은 돌변하여 도적들이 비단으로 아부하는 상황으로 바뀌었다.

다시 늙은 중이 '재물은 지옥의 근본'이라며 던져버리자, 도적들은 칼과 창을 버리고 머리를 조아리는 상황으로 완전히 역전되었다. 도적이나 죽음을 피하는 게 아니고 재물 지옥을 피해 깊은 산으로 숨겠다는 말에 도적들은 "우리도 지옥 피할 길을 찾게 해주십시오." 하며 간구했다. 우르르 머리 깎고 깊은 지리산으로 들어가는 무리를 맨 앞에 선 한 노인의 청명하고 밝은 기운이 감싸고 있었다.

애초의 상황은 대화의 벽이 있는 정도가 아니라 엄청난 돌벽이 영재를 압사시킬 태세로 덮쳐오는 형국이었다. 이 상황에서 영재의 표현은 단 세 가지. 노래, 비단 버리는 행동, 그에 따른 말이었다. 하지만 이 세 가지 표현은 마치 주문과 같은 효력을 발휘했다. 덮쳐오던 돌벽이 일순 사라졌고, 상대편은 영재의 기운에 완전히 동화되었다. 그들은 삶 자체를 영재에게 바쳤다.

우리 주변에도 눈물 나게 감동스런 노래도 있고, 가슴 저리는 행동도 있으며, 몸이 전율할 만할 말도 있다. 그러나 보통은 그 감동을 안고 다시 벽이 쳐진 세계로 돌아가 숨는다. 반면 영재의 노래와 행동, 말은 레이저 광선처럼 벽을 통과해 상대의 가슴 깊은 곳을 공명시킨다. 그러자 공명한 가슴들이 블랙홀과 같은 자력에 빨려 들어간다.


의사소통과 대화의 목적은 합의라고 한다. 즉 '뜻을 합하는 것' 이 목적이다. 이를 위해 우리는 뜻을 전달하는 매체를 사용한다. 언어·노래·몸짓 등은 모두 뜻을 전달하는 기호들이다. 이런 매체를 통해서 소통하다 보면 벽 양편에서 오해하던 대목들을 조정하여 '뜻을 합하는 데' 까지 이를 수 있다. 그러나 뜻을 합하는 것이 에고의 벽을 투과해서 가슴에 공명을 일으키는 정도는 아니다. 합의는 벽을 사이에 두고 악수를 하는 정도이다.

언어나 기호를 사용하는 우리의 의사소통은 대부분 벽을 투과해 공명을 일으키지 못한다. 반면 영재의 세 가지 표현은 투과 공명을 일으킨다. 이들은 뜻을 합할 뿐 아니라 삶까지 합한다. 언어의 의미 이외에 무엇인가 강력한 힘이 주문처럼 벽을 투과한다고 보아야 한다. 그것이 무엇일까? 그 답을 추적하기 위해 그림에 얽힌 다른 사건을 살펴보자.

# 중생사 관음화상

신라 중생사에 있는 관음보살 그림은 영험한 기운이 있어, 그 앞에서 기도하여 받은 복이 헤아릴 수 없을 정도였다. 10세기 최은함은 나이가 많아도 자식이 없자 중생사 관음상 앞에서 기도한 후 아들을 낳았다. 석 달이 채 못 되어 후백제의 견훤이 침범해 성안이 어지러워지자, 최은함은 아들을 안고 보살상 앞에 와서 간절히 기원했다.

"정말로 보살께서 점지하신 아이라면, 큰 자비의 힘으로 길러주시어 우리 부자가 다시 만날 수 있게 해주십시오."

그는 비통한 마음으로 세 번 울면서 세 번 절하고, 아이를 포대기에 싸서 관음상 아래 숨기고는 몇 번이나 뒤돌아보며 떠났다. 보름이 지나 적이 물러간 후 찾아와 보니, 아이의 피부는 갓 목욕시킨 것과 같았고, 얼굴도 더 좋아 보였으며, 입에는 아직도 젖 냄새가 남아 있었다. 이 아이가 나중에 큰 벼슬에 오른 최승로이다. 그림 속의 관음보살이 인간계로 나와 인간 아이에게 젖을 주며 키워준 것이다.

한번은 절에 불이 나서 마을 사람들이 달려와 불을 껐는데, 사람들이 법당에 올라가서 관음상이 없어진 것을 알고 놀랐다. 주변을 살펴보니 관음상은 뜰 한가운데 나와 서 있었다. 또 한번은 절의 주지 성태(性泰)가 관음상 앞에서 비통하게 아뢰었다.

"절 살림이 어려워 향 올리는 게 힘들어졌으므로 다른 곳으로 옮기겠습니다."

그러자 성태의 꿈속에 관음상이 나타나 '떠나지 말라.'고 하였다. 그 뜻을 따라 굶으며 버티는데, 13일이 지난 후 두 사람이 말과 소에 쌀과 소금을 싣고 왔다. 놀란 주지가 사연을 묻자 그들이 대답하였다.

이들은 먼 곳 김해에 사는데, 한 스님이 나타나 "나는 경주에 있는 중생사에 머문 지 오래되었는데, 절 살림이 곤란해 시주 받으러 왔다." 하여, 이웃 마을까지 가서 시주를 거둬 오는 길이라고 했다. 주지 성태가 다시 놀라며 "시주 받으러 나간 사람이 없으니 당신들이 잘못 온 듯하다."고 하자, 이들은 그 스님이 자신들을 직접 데리고 왔고, 이곳 가까이에 오자 "절이 멀지 않으니 먼저 가서 기다리겠다." 하여 뒤따라온 것이라고 해명했다. 그들이 법당에 들어가서는 관음상을 보고 우러러 절하며 말하였다.

"이 부처님이 시주를 구하러 왔던 그 스님 모습입니다."

그림 속의 관음보살이 그림 밖으로 나와 아이를 젖먹이기도 하고, 어려운 절 살림을 돕고자 직접 시주를 구해오기도 하며, 불을 피해 그림 채로 법당을 나오기도 했다는 것이다. 인간과 비생명체인 그림 사이에 놓인 엄청난 벽이 투과되었을 뿐 아니라, 이 그림을 매개로 인간과 보살 사이의 차원 벽도 투과되었다. 다른 그림은 그렇지 않은데 무슨 이유일까?

중생사의 보살화상은 중국의 한 화공이 한반도까지 건너와 그린 것이다. 이 화공이 중국에 있을 때, 중국 황제에게는 총애하는 애인이 있었다. 황제는 "어떤 그림도 이 사람보다 아름답지는 못했다."며 그림 잘 그리는 사람을 시켜 그녀의 모습을 그리게 하였다. 그가 명을 받들어 그림을 완성했는데, 실수로 붓을 떨어뜨려 배꼽 밑을 붉게 더럽혔으나 고치려 해도 고쳐지지 않았다. 그림을 본 황제는 "배꼽 밑의 점은 속에 감추어진 비밀이거늘 어찌 알고 그것을 그렸느냐?"고 화를 내며 그를 감옥에 가두고 형벌을 주려 하였다.

신하들이 '그는 마음이 곧은 사람'이라며 방면을 요청하자 왕이 말했다.

"그가 어질고 곧다면 내가 어제 밤 꿈속에서 본 형상을 그려 바치게 하라. 그림이 꿈의 형상과 같다면 용서하겠다."

화공이 11면 관음상을 그려 올리자 황제는 놀라며 마음이 풀려 그를 용서하였다.

화공은 사면되고 나서 '불법을 존중하는 신라에 가서 불사를 이루어 동방을 널리 이롭게 하겠다.'는 원을 품고 한반도 동남쪽으로 건너왔다. 중생사의 보살화상은 그의 이런 원이 담겨 있는 그림이었다.


영재스님이 노래로 표현했다면, 화공은 그림으로 표현했다. 그런데 그 노래와 그림에는 뜻 이상의 힘과 기운을 담고 있었다. 노래나 그림의 뜻은 기호의 문화적 약속에 의해 발생한다. 그러나 힘과 기운은 그 창작자의 공력에서 나온다.

경주 동천동 굴불사지 십일면관음보살입상. 통일신라시대

그림 속에 배어드는 힘과 기운은 창작자의 공력이 응집된 것이다. 창작자의 공력이 진실을 있는 그대로 볼 수준에 이르면 붓은 그의 공력을 따라 스스로 움직이기도 한다. 화공은 황제 애인의 두꺼운 옷을 투과하고, 왕의 꿈 세계를 투과해 진실을 드러낼 정도의 공력을 가진 사람이다.

벽을 투과해서 진실을 보는 그의 능력은 '불법이 존중되는 나라에 가서 불사를 이루며 공덕을 쌓겠다.'는 원을 세우자 더욱 강력해졌다. 그가 관음보살상을 그릴 때 그의 마음은 실제 관음보살과 통해버렸다. 그의 손을 따라 움직이는 붓끝에 관음보살의 기운이 진하게 농축되어 그림으로 스며들었다. 결국 그림에는 창작자의 마음을 통해 스며든 보살의 자비가 정신물리적 기운으로 가득 찬 것이다.

누군가 심신 깊은 사람이 그 보살상을 간절히 쳐다보며 기원할 때, 그의 마음에서 방사된 믿음과 기원의 에너지는 그림 속의 보살이 담뿍 품고 있는 자비의 에너지를 화폭에서 불러내 현실화시킨다. 이것이 화공의 보살상과 영재의 노래가 기호의 뜻 전달을 넘어 그것을 보고 듣는 사람들의 마음 벽까지 투과하여 가슴 깊은 곳에 공명하게 된 이유이다.

화상과 영재는 불법으로 '새 집을 짓겠다.'는 원을 강하게 세웠다는 점에서 같고, 부처의 기운을 그림과 노래 속에 불러낼 정도로 마음 밭을 일구었다는 점에서도 같다. 그 마음 밭의 높은 공력이 언어와 기호의 뜻을 넘어 부처의 정신물리적 기운을 전달한 매체다. 그들에게 언어나 기호는 부처의 기운을 담는 그릇일 뿐이다.

　노래와 그림에 창작자의 공력이 실리면서, 그 공력 수준에 적합한 우주적 힘이 현실로 발현된다. 바로 그 힘이 벽을 투과하여 공명을 일으킬 때 도적들이 머리를 깎고 산에 들어가며, 버려진 젖먹이 아이가 보름 동안 생생하게 살아 있는 것이다. 이런 현상은 불교와는 전혀 관계 없는 곳에서도 똑같은 방식으로 일어난다.

# 피그말리온

키프로스 섬의 조각가 피그말리온은 여자에게는 결점이 너무 많다는 것을 일찍 간파하고 평생 독신으로 살 것을 결심했다. 대신 상아로 여자의 입상을 조각했는데, 살아 있는 어떤 여자도 가까이 다가와 견주어보지 못할 정도로 아름다웠다. 그는 자기 작품을 매일 감상하다가 그만 제 손으로 만든 이 여성상을 사랑하게 되었다.

귀고리와 진주 목걸이를 걸어주고, 아름다운 옷도 입혀주고, 처녀가 좋아할 색색의 꽃이나 예쁜 조개껍데기 같은 것을 선물로 주기도 했다. 심지어 입상을 침대에 눕히고 아내라고 부르면서 부드러운 깃털 베개를 받쳐주기까지 했다.

사랑의 여신 아프로디테의 축제날이 다가오자, 그는 신전의 제단 앞에 나아가 머뭇거리며 빌었다.

"바라건대 제 아내를 주소서. 저 상아 처녀 같은 여성을!"

감히 '저 상아 처녀를 주소서.'라고 할 수가 없어 '같은'을 붙였을 뿐이다. 아프로디테는 그의 마음을 읽었다.

집으로 돌아온 피그말리온은 늘 하듯이 처녀상으로 다가가 입술에 입을 맞추었다. 그런데 입술에 온기가 있는 것 같았다. 이상하게 느낀 그는 손으로 목과 몸을 쓰다듬었더니 밀랍처럼 말랑말랑했다. 착각이 아닌가 의심하여 다시 쓰다듬고 눌러보았으나, 처녀는 분명

살아 있었다!

그제야 소원이 이루어진 것을 안 피그말리온은 아프로디테 여신께 감사드렸다. 그리고는 다시 처녀에게 입을 맞추자, 처녀는 얼굴을 붉히며 두 눈을 뜨고서 애인을 빤히 바라보았다. 여신의 축복 속에 둘 사이에는 아들 파보스가 태어났고, 그 이름을 딴 도시 파보스는 아프로디테에게 봉헌되었다.


피그말리온의 출발점은 '여자에게는 결점이 너무 많다.'는 것이다. 그런 엄청난 진리를 욕정이 넘치는 총각 때 일찍이 알았다는 것은, 정욕의 커튼을 벗길 만큼의 투명한 시선이 그에게 있었다는 점을 암시한다. 물론 '남자에게는 결점이 너무 많다.'는 엄청난 진리를 깨닫고 처녀 신 아르테미스에게 일생을 바친 여자들도 마찬가지지만.

그가 '여성에게는 결점이 너무 많다.'는 사실을 알 수 있었던 것은 '완벽한 여성'에 대한 그의 이상이 매우 뚜렷하고 집요했기 때문이다. 그는 결점이라고는 찾아볼 수 없는 '완전한 여성상'을 마음속에 투명하게 그리고, 그것을 상아에 완벽하게 구현해냈다. 그의 신기에 가까운 솜씨는 자신이 구현한 여성상을, 그것도 상아로 만들어진 차가운 조각품을 끌어안고 입 맞추고 같이 잘 정도였다.

그는 자신의 피조물을 '여자처럼' 대한 것이 아니라 '완벽한 여성'으로 대했다. 단순한 정성을 넘어 굳은 믿음이 차가운 상아에 스며들었다. 그의 헌신적 믿음에 아프로디테 여신이 응답했다. 피그말리온은 결점으로 뒤덮인 이 세상에서 '결점 없는 완전한 여성'을 얻은 것이다. 피그말리온은 '완전한 여성'을 창조한 후 이 완전성과 결합하였다.

발칸 반도의 철학 신화 작가 플라톤도 '이 세상은 결점투성이'라고 생각했다. 물질과 육체로 구성된 이 세상은 쉬 늙어버리고 변덕스럽게 돌변하기에 믿고 기댈 만하지 않았다. 이런 세상에서 피그말리온이 완전한 여상상을 그렸듯이, 플라톤도 완전하고 변치 않는 형상의 세계, 즉 이데아 세계를 그렸다.

보통 사람은 육체를 입고 태어나면서 이데아 세계를 망각한다. 하지만 인생의 과제는 이 불완전하고 변화하기 일쑤이고 신기루 같은 거짓 세계에서 눈을 돌려 영원하고 완전한 형상의 세계를 기억해내는 것이다. 플라톤과 교류라도 한 듯, 피그말리온은 결점투성이인 이 세상 여자들이 순간순간 보이는 신기루에 속지 않고, 태어나기 전에 알았던 완벽한 여성의 이데아를 또렷이 회상해냈다. 나아가 그는 기억한 완벽상을 상아라는 물질로 구현해내기까지 했다. 신기에 가까운 조각술이 있었기 때문이다. 그러나 기술만으로는 모양만 완전할 뿐 생명을 갖지 못한다. 뭔가가 더 필요하다.

플라톤은 잊었던 이데아를 동경하는 마음을 에로스적 사랑이라고 불렀다. 피그말리온은 상아 여인, 즉 자신이 회상한 이데아의 구현체를 에로스적 사랑으로 대했다. 그는 이 세상을 외면하고 추상적인 완벽상에 몰두할 정도로 이데아를 사랑했고, 그것이 진리라 믿었다. 플라톤이 이데아를 아는 것을 진리라 생각했듯이.

이데아에 대한 그의 사랑과 믿음이 너무 커 바로 그 이데아 세계

에 사는 아프로디테 신이 감동한다. 기술로 구현된 상아 조각상에 부족한 것, 즉 생명력이 질료에 스며든다. 이 세계의 거친 벽을 투과하여 이데아를 그토록 사랑해 주니, 그 응답이 있는 것은 당연하다. 마침내 기술에 사랑과 믿음이 결합하면서 완벽상은 생명으로 살아나 안긴다.

위대한 창조는 이 세계와 마음의 거친 벽을 투과하여 이데아 세계를 그리고, 그를 동경하는 데서부터 시작한다. 영재가 부처님의 길을 찾아 나서며 '새 집 짓기'를 동경하듯이, 중국 화상이 불법에 따른 공덕을 원으로 세워 신라로 들어오듯이, 피그말리온도 이 세상의 결점을 매력이라 착각하지 않고 완벽상을 뚜렷한 자기 이상으로 설정한다.

다음 순서는 그 이상에 정성을 바치고 그 실현을 위한 공력을 쌓는 일이다. 플라톤이 말한 '이데아에 대한 에로스적 사랑'은 이상에 대한 믿음과 그 실현을 위한 공력 키우기로 실천된다. 영재와 화상은 새 집 짓기와 불공덕 쌓기의 이상을 향해 자신의 마음 밭을 넓게 갈고, 피그말리온도 질료로 구현된 완벽상에 온 에너지를 쏟는 정성을 기울인다. 그들의 삶은 현실에 가까이 다가온 이데아를 중심으로 재편된다.

그들의 마음 밭이 일정 수준 이상으로 넓어지자, 이

〈피그말리온과 갈라테아〉 장 레옹 제롬, 1890년

데아와 보살의 세계에서 온 '완전성의 기운'이 그 마음 밭에 단비로 쏟아진다. 마음에 쏟아져 내린 저 세계의 기운은 손끝과 입 끝으로 흘러넘쳐 노래와 그림과 조각상에 생명의 기운을 쏟아 넣는다. 그 힘은 인간과 인간 사이, 인간과 우주 사이의 벽을 무시로 투과한다. 이제는 소통이 더 이상 문제가 아니다. 벽 자체가 소멸되면서 우주적 공명만이 황홀한 파장으로 출렁거린다.


■ 일연, 김원중 옮김, 〈영재가 도적을 만나다〉, 《삼국유사》, 을유문화사, 2002.
■ 일연, 김원중 옮김, 〈삼소관음과 중생사〉, 《삼국유사》, 을유문화사, 2002.
■ 토마스 벌핀치, 이윤기 옮김, 〈피그말리온〉, 《그리스와 로마의 신화》, 대원사, 1989.

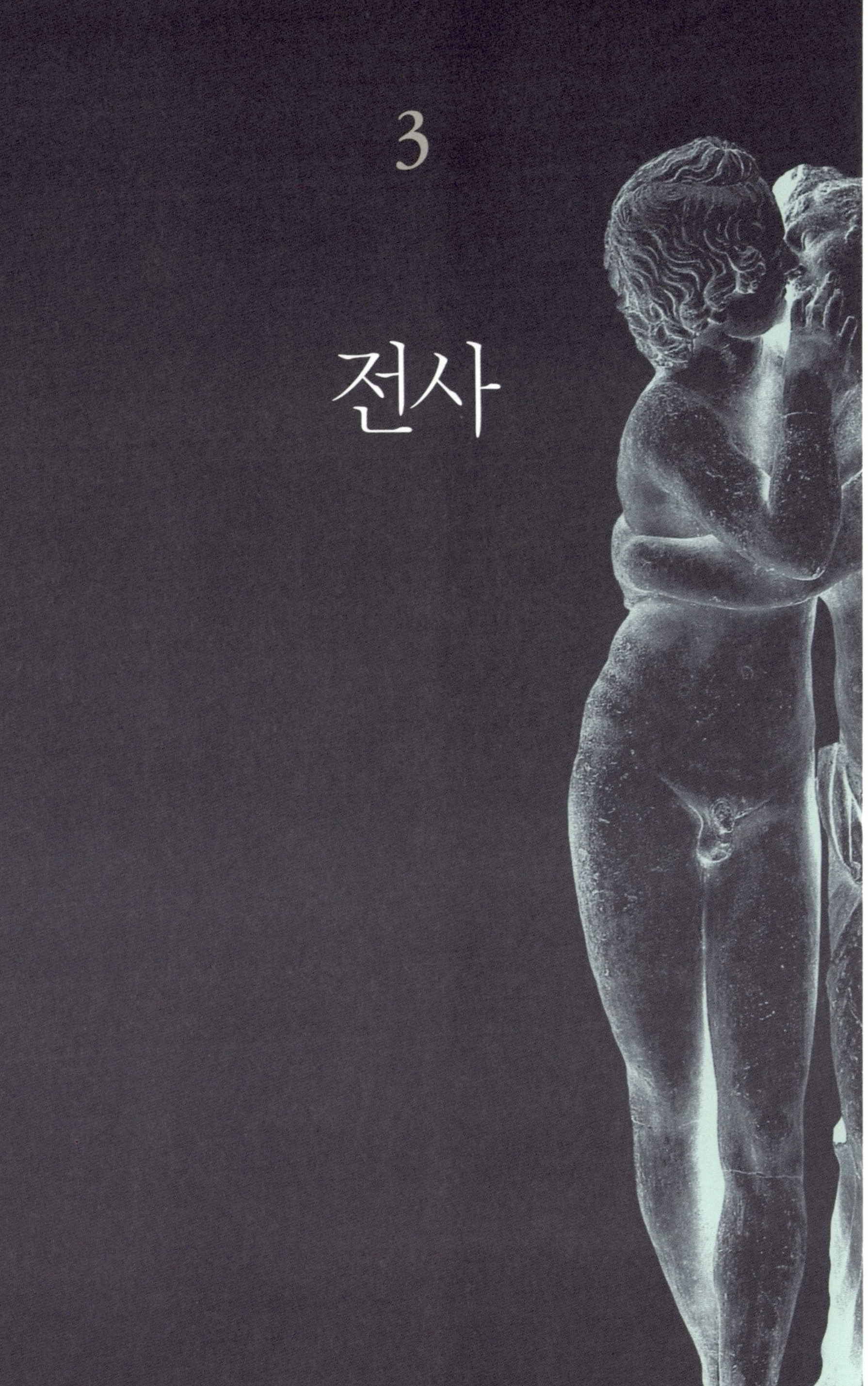

3

# 전사

# 사랑의 전사

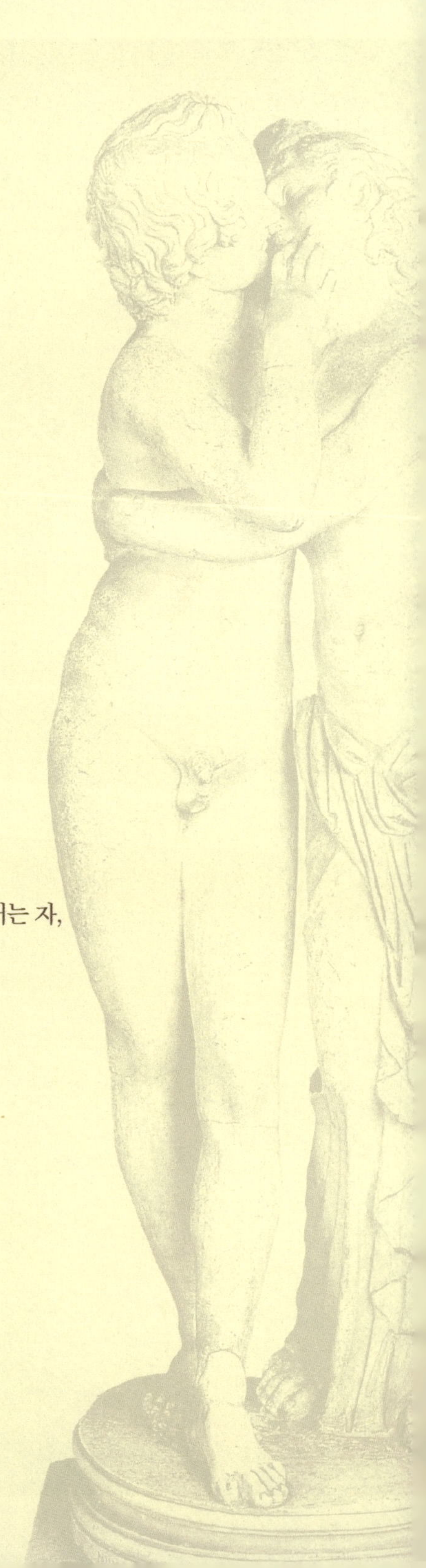

닥쳐오는 삶의 모든 기쁨과 슬픔, 좌절을

자기 향상의 계기로 삼는 힘을 가진 자,

그들이 전사들이다.

삶이라는 전장에서의 최종적 승리,

즉 자기의 궁극적 향상을 위해 모든 것을 거는 자,

그들이 전사들이다.

# 프시케

프시케는 정말 잘났다. 왕의 세 딸 중 막내로 태어났고, 미모로 따지면 '이 세상의 가난한 언어로는 도무지 그 아름다움을 다 그려낼 수 없을 만큼' 빼어나게 아름다웠다. 그 미모에 대한 소문이 퍼지자 이웃 나라 사람들이 모여들었고, 막내 공주를 한 번 본 사람들은 그때까지 아름다움의 여신 아프로디테에게나 바치던 찬사와 경의를 프시케에게 바쳤다. 순례 행렬을 프시케에게 빼앗긴 아프로디테 제단에는 먼지와 거미줄만 쌓여갔다.

아프로디테는 정말 화가 났다. 불멸의 신에게나 바쳐야 할 경배가 '죽을 수밖에 없는' 한 계집애에게 돌아가다니! 여신들의 아름다움 콘테스트에서도 대상을 받은 내가 저 미천한 인간 계집보다 못하단 말인가? 저 향기로운 머리 올이 곤두설 만큼 골이 난 아프로디테는 "내 기어이 저 계집의 분수에 넘치는 아름다움을 후회하도록 해주리라."고 결심했다.

아프로디테는 곧 아들 에로스를 불러 부탁했다.

"저 괘씸한 계집애가 인간 종자 중 최고 말종과 사랑하게 해다오. 그리하여 저 계집이 누리고 있는 기쁨과 승리감에 걸맞은 굴욕을 안겨주도록 하여라."

에로스는 신이 났다. 매일 밤 이 집 저 집을 날아다니며 사랑의 화살을 아무에게나 날려 숱한 가슴을 태우게 하고, 가정을 파괴하고, 신의 제왕 제우스까지도 마누라 헤라에게 무릎을 꿇고 빌게 만들며 즐거워했던 그가 아닌가. 에로스는 곧장 프시케가 자는 방으로 날아갔다. 그는 작업을 시작하기 위해 프시케의 옆구리에 화살촉을 댔다가 잠시 눈을 뜬 프시케의 아름다운 자태를 보고는 너무 놀랐다. 엉겁결에 화살을 치운다는 것이 그만 제 몸에 상처를 입히고 말았다. 그러나 가지고 간 쓴 물을 입술에 떨어뜨리고, 단물을 머리카락에 뿌리는 일만큼은 마치고 나왔다.

그 후 프시케에게는 큰 변화가 찾아왔다. 누구나 그녀를 칭송했지만, 누구도 그녀에게 빠져들지는 않았다. 그녀는 한갓 아름다운 동상처럼 되어버렸다. 고만고만한 정도로 예뻤던 두 언니는 이미 다른 왕가에 시집가서 왕비들이 되었다. 프시케는 자기 아름다움에 신물이 났고, 부모는 걱정이 늘어만 갔다. 양친이 아폴론 신전에 가서 물어보니 놀라운 신탁이 나왔다.

"이 처녀는 인간의 각시가 될 팔자가 아니다. 미래의 신랑은 날개 돋친 무서운 뱀으로 바위산 꼭대기에서 이 처녀를 기다리고 있다."

날개 달린 무서운 뱀신랑이 산 위에서 기다린다는 소리에 부모는 놀라움과 시름에 빠졌다. 그러나 프시케는 대단히 차분했다.

"모두가 입을 모아 저를 '새 아프로디테'라고 했을 때 이미 한탄했어야 합니다. 이제 저는 알았습니다. 저는 그 칭송 때문에 희생되는 것입니다. 더 이상 제 팔자를 시비하지 않으렵니다. 제 팔자에 점지된 바위산으로 저를 데려다주소서."

초상 같은 혼례 행렬이 바위산 꼭대기까지 올라가 프시케만 남겨놓고 물러갔다. 혼자 선 프시케가 공포로 눈물을 흘리고 있을 때 서풍 제피로스가 그녀를 들어올려 꽃이 흐드러지게 피어 있는 골짜기로 옮겨주었다. 그곳에서는 인간이 쌓았으리라고는 상상할 수 없는 황홀한 궁전이 그녀를 맞이했다. 그 안에 들어간 프시케는 보이지 않는 시종의 목소리로 제공되는 훌륭한 음악과 음식, 그리고 목욕으로 몸을 녹였다.

이윽고 밤이 되자 남편이 찾아왔다. 어둠 속에서 다가온 남편은 부드러운 목소리와 애무로 그녀의 마음을 녹였다. '날개 돋친 뱀'과는 전혀 다른 남편의 사랑에 프시케는 시름을 놓고 행복감에 빠져들었다.

그러나 남편은 항상 어둠 속에서만 존재했다. 동이 트기 전에 황급히 떠나버렸기 때문이다. 프시케는 한 번만이라도 모습을 보여달라고 부탁했으나, 남편의 대답은 단호했다.

"그대가 내 모습을 본다면 나를 두려워하거나 존경할 것이오. 내가 바라는 것은 당신의 사랑뿐이오. 나는 섬김을 받기보다 사랑 받기를 바라오."

# 에로스

바위산 꼭대기에서 두려움에 떨던 프시케는 황홀한 궁전에서 신비로운 남편의 품에 안겼고, 뱃속에 자라는 아이의 모습을 그리며 달콤한 꿈에 빠졌다. 프시케는 어둠 속의 남편을 '내 영혼의 영혼'이라 불렀다.

그러나 모든 것이 혼자인 삶이 지속되자 아름다운 궁전도 점차 화려한 감옥으로 느껴졌다. 밖에서 자신을 걱정할 부모와 언니들이 그리워 눈물을 흘리는 날도 늘어갔다. 프시케가 여러 번 눈물을 흘리며 언니들이 보고 싶다고 떼쓰자, 어둠 속의 남편은 언니들을 초청해도 좋다고 허락했다. 다만 언니들의 사악함을 경계하며, '그들의 말을 듣고 내가 어떻게 생겼는지 알려고 하면 당신의 행복은 끝날 것'이라는 경고를 덧붙였다. 프시케는 동의해준 데 감사하면서, 언니들의 말을 듣지 않겠다고 약속했다.

프시케의 부탁을 받은 서풍은 마침 그녀를 찾아 나선 언니들을 궁전까지 데려다주었다. 언니들은 무서운 뱀의 아내가 되어 비참하게 살리라 예상했던 동생이 휘황찬란한 궁에서 자신들을 맞이하는 모습을 보고 놀랐다. 이 궁전에 비하면 자신들이 사는 궁은 초라한 움막에 불과했다. 여신처럼 사는 프시케를 보자 그동안 잊고 있었던 시샘과 질투가 불처럼 살아 올랐다.

언니들이 남편에 대해서 물으면 프시케는 얼버무리며 모순적인 얘기만 늘어놓았다. 언니들은 프시케에게 아폴론의 신탁을 상기시키며 말했다. '네 남편은 무서운 구렁이로 얼마 후에는 해악한 짓을 할지 모른다. 밤에 등불과 칼을 준비했다가 남편의 모습을 보고서 칼로 목을 찔러 잘라라.' 언니들의 말은 모습을 보여주지 않는 남편에 대한 프시케의 의구심을 한껏 부추겼다.

언니들이 돌아가고 나서도 의구심과 호기심은 점점 커져 도저히 참을 수 없는 지경에 이르렀다. 결국 프시케는 결심을 하고 등불과 칼을 준비했다. 남편이 깊이 잠들었을 때 몰래 일어나 등불을 켰다. 남편을 쳐다보는 순간 숨이 막힐 정도였다. 거기에는 눈처럼 흰 날개를 접고 누워 있는 눈부시게 아름다운 신이 잠자고 있었다. 칼은 필요도 없었다.

떨리는 손으로 침대 옆에 있는 화살촉을 만지다 그만 살이 뚫렸다. 순간 모든 것을 잊고, 오로지 남편에 대한 사랑으로 온몸이 불타올랐다. 남편의 얼굴을 더 자세히 보려고 등잔을 가까이 가져간 순간, 사랑의 떨림 때문에 뜨거운 기름 한 방울이 남편의 어깨에 떨어졌다.

에로스는 눈을 뜨고 프시케를 노려보았다. 그리고는 한 마디 말도 없이 날개를 펴고 창문을 통해 날아올랐다. 프시케는 정신없이 따라가려다 그만 창에서 떨어지고 말았다. 순간 날아가던 에로스는 다시 땅으로 내려와 쓰러져 있는 프시케에게 말했다. 자신은 사랑의 신 에로스이고, 자신이 프시케를 얼마나 사랑했으며, 그 때문에 어머니 아프로디테에게 얼마나 불충을 저질렀는지, 그리고 왜 떠날 수밖에 없는지…….

"어리석구나, 프시케어. 어머니 명령을 어기면서까지 그대를 아내로 맞았더니, 내 사랑에 대한 보답이 이것이더냐? 내 충고는 가벼이 여기고 제 언니들의 권고는 중히 여겼으니, 언니들에게 돌아가라. 그대에게 따로 벌을 내리지는 않을 것인즉, 오직 영원히 헤어질 따름이다."

그는 뒤돌아 날아올랐다. 유명한 마지막 말을 던지면서.

"믿음이 없는 자리에 에로스는 머물 수 없어!"

내 신랑이 사랑의 신 에로스였다니! 신랑의 얼굴을 처음 보았고, 처음으로 깊은 사랑에 빠졌는데 영영 떠나버리다니! 한참을 울던 프시케는 마음을 진정하고 결심했다.

"어쨌든 나는 평생 그이를 찾겠어. 그이가 나를 사랑하지 않더라도, 내가 그를 사랑한다는 것을 알려주고야 말 테야."

이미 궁전은 사라진 뒤여서 돌아갈 곳도 없었다.

프시케는 아이를 밴 몸으로 침식을 잊은 채 밤낮을 가리지 않고 방방곡곡을 다니며 신랑의 행방을 수소문했다. 믿음이 깊은 프시케는 곳곳의 신전에 찾아 들어가 기도와 봉사로 정성을 다했다. 그러나 아프로디테의 원한을 살까 두려운 신들은 그녀를 도와주지 않았다. 다만 가엾게 여긴 데메테르 여신이 프시케에게 충고했다.

"직접 아프로디테 여신을 찾아가 네 한 몸을 바쳐 오직 겸손과 순종으로 용서를 비는 수밖에 없다."

이제 남은 곳은 단 한 곳, 호랑이 굴뿐이었다.

프시케가 남편을 찾아 세
상을 방랑할 무렵 에로스는
사랑의 병을 앓으며 몸져누
웠다. 그의 환희와 은총과 재
치가 지상에서 사라지자 세
상은 추해지고 활력을 잃었
다. 아무도 자기 친구나 연인
을 돌보지 않았고, 심지어
자식들까지 팽개쳤다. 사
람들은 어떤 종류의 애정
을 보이는 것조차 역겨
워했다.

　이런 사태가 되고서야
아프로디테는 아들이 자
기를 배반하고 프시케와 사
랑에 빠졌다는 사실을 알았
다. 아프로디테는 그들 모자
가 세상에서 벌인 사업이 모
두 망가져버린 것이 저 못난 아
들 놈 때문이라며, 상사병에 몸
져누운 아들에게 온갖 욕을 퍼부
어댔다.

　바로 그 무렵 모든 사단

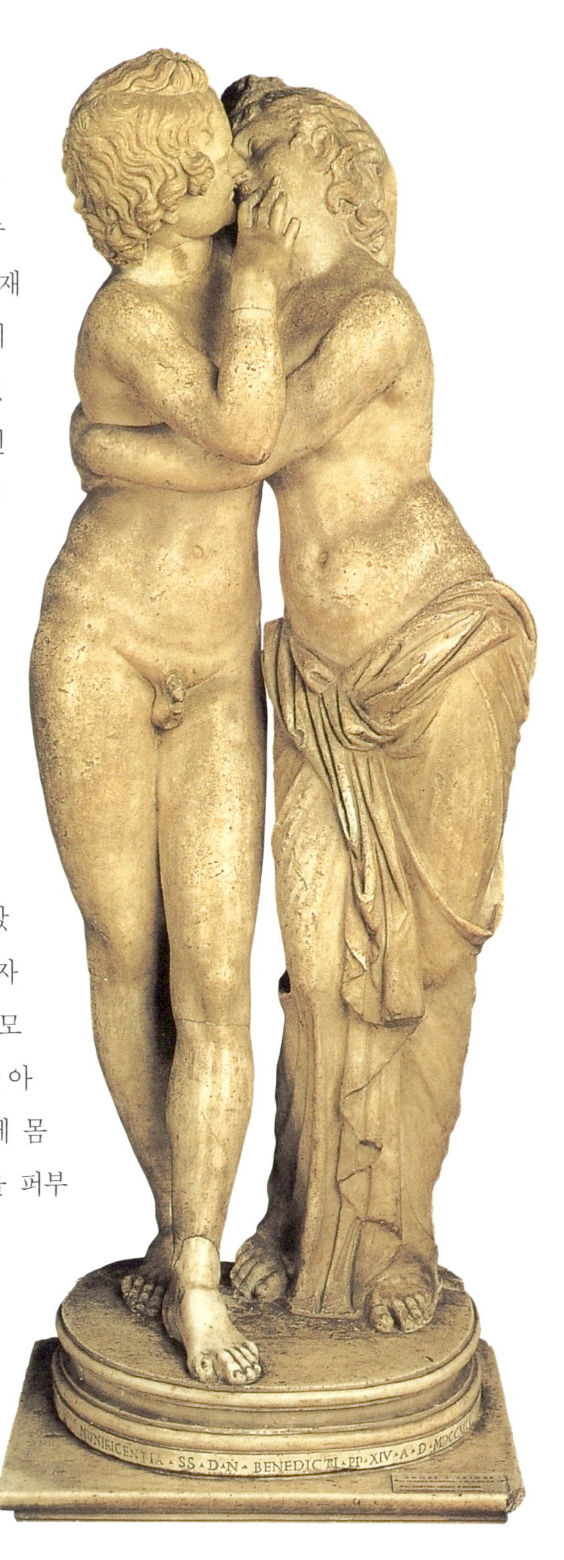

〈에로스와 프시케〉, 기원전 150년경

의 원인인 프시케가 두려워 머뭇거리는 모습으로 나타났다. 한때 여신의 신전을 황폐화시킨 주범으로, 이제는 아들을 배신한 며느리로서 시어머니 앞에 섰다.

"참으로 밉살스럽고 비위가 틀리는 것아!"

고함으로 시작된 아프로디테의 분노는 폭포수처럼 터져 나와 멈출 줄을 몰랐다. 그러나 그들 모자가 함께 이룬 사업이 다 망가지고, 아들자식이 사랑에 몸져누워 있는데 무작정 욕만 해댈 수는 없었다.

"이제 네가 한갓 주인을 섬기는 몸에 지나지 않는다는 것을 알았느냐? 내 이제, 네가 살림하는 계집으로서 자격이 있는지를 시험해 보리라."

아프로디테는 한편으로는 이 미운 계집을 폐인으로 만들어야 시원하겠다는 생각에, 다른 한편으로는 누더기가 되어 제 발로 찾아온 며느리를 보자 분노가 조금 누그러져 '통과하면 받아들일 것 같은' 시험 문제들을 내걸었다.

첫째 과제는 신전의 곡물 창고에 뒤섞여 있는 밀·보리·기장·콩·살갈퀴 등을 한 알도 남김없이 골라 따로 모아놓되, 저녁이 되기 전까지 끝마쳐야 한다는 것. 프시케는 신전을 다니며 성실히 봉사는 했으나, 막상 쌓인 곡물을 보고는 망연자실 주저앉지 않을 수 없었다. 대책 없이 넋을 놓고 있을 때 갑자기 개미 대군이 나타났다. 개미들은 "이 가엾은 처녀를 거들어주자."며 낱알을 고르고 가르기 시작하더니 마침내 다 분류하고 정돈해놓았다. 아프로디테가 밤에 돌아와 보고는 화가 치밀어 방으로 휙 들어가 버렸다.

다음 날 아프로디테는 프시케를 불러 두 번째 과제를 주었다. 저 앞 강가에 늘어선 숲에 가서 금으로 된 양털 견본을 가져오라는 것. 하지만 사나운 양 떼가 이 금 양털을 지키고 있어 누구도 접근하기 어렵다는 장애가 있었다. 프시케는 어찌 되었든 해내야 한다는 마음으로 강가로 나가 강을 건너려 하였다. 그때 강의 신이 갈대들을 시켜 말해왔다.

"모진 시험에 걸린 아가씨. 저 양 떼들은 태양의 기운을 받고, 날카로운 뿔과 사나운 이빨로 기어이 인간을 박멸하겠다고 설치니 절대 그 안으로 들어가지 마세요."

프시케는 갈대들의 충고에 따라, 한낮이 되어 태양이 양 떼를 그늘로 보내고, 강의 요정이 양 떼를 쉬게 할 때 강을 건넜다. 그리고 덤불과 둥치에 걸린 황금빛 양털을 한아름 안고 아프로디테에게 돌아왔다.

하지만 아프로디테 입에서 나오는 것은 여전히 칭찬 대신 꾸지람이었다. "누가 도와준 게 분명하다."고 핀잔을 준 뒤, "네가 정말 그렇게 담이 크고 똑똑한 년인지 알아보자."며 세 번째 과제를 주었다. 저기 산에서 떨어지는 폭포수 물을 떠오라는 것. 이 폭포수는 신들이 맹세할 때 떠오는 황천의 스틱스 강의 원류로, 지하로 바로 떨어지므로 인간의 힘으로는 도저히 접근할 수 없었다. 한숨을 쉬고 있는 프시케 머리 위로 독수리가 나타났다. 이 독수리는 프시케가 가져간 병을 주둥이로 빼앗아 물고는 시커먼 폭포수를 가득 길러다주었다.

그 험한 일을 해냈음에도 아프로디테는 "네가 아직 어느 귀퉁이든 쓸모 있는 계집으로 보이는 게 내 맘에 안 든다."며 꾸지람을 쏟아냈다. 곧이어 네 번째 과제가 떨어졌다. 상자 하나를 건네면서 명계로 내려가 페르세포네 왕비에게 화장품을 받아오라는 것. 그동안 아들 간호하느라 수척해진 아프로디테는, "오늘 밤 신들의 연회에 가기 전까지 아름다움을 회복해야겠다."며 서둘러 다녀오도록 했다.

프시케는 깊은 한숨을 내쉬었다. 이런 비참한 삶을 언제까지 지속해야 할지, 차라리 이 고통스런 삶을 끝내고 싶다는 생각이 들었다. 그에 맞추기나 하듯 명계에 다녀오라는, 즉 죽으라는 과제가 떨어진 것이다. 피할 수 없는 일이라면 지체하는 것이 서두르는 것만 못하다고 여긴 프시케는 천 길 낭떠러지 위에 있는 탑으로 올랐다. 거기서 뛰어내려 명계로 가는 지름길을 택하려고 한 것이다.

그런데 막 뛰어내리려는 찰라 탑이 말을 걸었다.

"그렇게 무서운 방법으로 목숨을 끊으려 하다니……. 여러 번 신들의 가호를 받은 그대가 마지막 시련에는 힘없이 무너지는 걸 보니 필시 겁을 먹은 모양이구나."

탑은 명계로 가는 방법, 페르세포네 앞에서 취해야 할 행동 등을 설명하고는 상자 뚜껑을 절대로 열어서는 안 된다는 경고도 덧붙였다.

힘을 얻은 프시케는 무사히 황천에 가서, 탑이 시킨 대로 페르세포네가 권한 편안한 의자와 맛있는 음식을 거절하는 치밀함을 보였다. 그 의자에 앉으면 전생을 깡그리 잊게 되고, 그 음식을 먹으면 영원히 황천에 머물러야 했던 것. 마침내 귀한 화장품이 담긴 상자를 얻은 프시케는 다시 태양 아래 서게 된 데 대해 신들께 감사드렸다.

그렇게 위험한 일을 막상 끝내고 보니 상자 안에 든 여신들의 화장품이 어떤 것인지 궁금해 견딜 수가 없었다. 하도 고생을 한지라 얼굴이 예전만 못해진 것은 이미 분명했고, 이 꼴로 갑자기 에로스를 만나면 어떻게 하나 걱정하던 터였다. '신들의 화장품을 조금 발라 남편에게 잘 보이지 못할 것은 또 무엇인가?' 조심스레 상자 뚜껑을 여니 화장품은 없고 '스틱스의 잠'이 쏟아져 나와 그녀를 덮쳤다. 프시케는 느끼지도 움직이지도 못하는, 시체 같은 저 명부의 잠에 빠져버렸다.


더 이상 지켜볼 수 없었던 에로스가 마침내 침대를 박차고 프시케에게 달려왔다. 퍼져 있는 스틱스의 잠을 모아 상자에 다시 담고는 프시케를 깨웠다.

"호기심 때문에 또 한 번 신세를 망칠 뻔하였다. 일어나 어머니 분부를 마저 하여라."

이왕 나선 김에 에로스는 더 이상 사랑하는 여자의 처참한 고통을 지켜볼 수 없었다. 그는 이 일을 해결해줄 유일한 존재, 제우스에게 달려가 '불쌍한 프시케를 어여삐 여겨달라.'고 주청했다. 에로스의 장난에 숱하게 골탕 먹었던 제우스는 에로스를 장가보내면 편안해지리라 생각했다. 그리하여 열심히 아프로디테를 설득했고, 마침내 아프로디테도 박해의 손길을 거두었다.

제우스는 프시케를 불러 신의 음식을 직접 떠먹이며 선언했다.

"프시케여, 이것을 마시고 불사를 얻으라. 그러면 에로스도 이 인
연을 끊지 못하리니, 이 혼인이 영원하리라."

이리하여 많은 고통을 겪은 에로스와 프시케는 정식 부부로 맺어
졌다. 둘 사이에는 딸이 태어났으니, 그 이름은 '환희'였다.

# 내 영혼의 영혼

한반도에서는 '뱀신랑' 설화로 보고되는 이 사건은 발칸 반도에서 좀 더 풍성하게 전해져, 세계 여러 곳에서 사랑의 전사 프시케를 널리 기리게 하고 있다.

프시케가 사랑의 전사로 칭송 받는 이유는 표면적인 사건에 있지 않다. 표면만 보면 프시케는 귀가 얇아 다가온 사랑도 놓치고, 시어머니가 준 시련도 에로스나 주변 존재들의 도움으로 해낼 정도로 피동적인 여자이다. 그러나 그런 나약한 여자가 '아름다운 얼굴'만 가지고 우연적인 행운에 붙어 불사의 몸이 되어 신의 반열에 올랐다고 볼 수는 없다. 신은 아무나 공짜로 되는 게 아니다.

프시케는 사랑을 모르는 순진한 처녀였다. 그녀가 가진 것이 있다면 불행을 몰고 올 정도의 빼어난 아름다움과 그 이름에서 드러난 순수한 영혼(프시케는 그리스어로 '영혼' 또는 '나비'를 뜻한다)뿐이었다. 숱한 인간들이 경배할 정도의 아름다움도 실은 영혼의 순수성을 뜻한다. 바로 그 영혼의 순수성이 사랑을 배워가면서 마침내 천상의 사랑을 얻는 멀고 험한 여정을 이끌어간다.

날개 돋친 무서운 뱀이 미래의 신랑으로 점지되었다는 신탁을 듣고 양친이 땅 꺼지는 절망에 한탄할 때, 프시케는 추락하는 운명을 담대하게 받아들이는 용기를 보였다. 뱀신랑이 온몸을 휘감고 독침으로 물지도 모르는 팔자를 시비하지 않겠다고 말하고서는, "제 팔자에 점지된 바위산으로 데려다주소서." 했다. 그 담대한 카리스마에 부모도 수락하지 않을 수 없었다.

처녀의 아름다움과 카리스마에 끌려 천상의 사랑이 남편으로 내려왔다. 천상의 사랑은 순수한 영혼이 발산하는 아름다움의 자력에 끌려 '죽을 운명인' 인간과 결합하였다. 그러나 그녀는 아직 사랑이 무엇인지, 어떻게 해야 사랑을 지킬 수 있는지를 몰랐다. 그 때문에 천상의 사랑은 밤에만 머물렀다. 그 사랑은 아침이면 떠나가는 반쪽짜리였다.

그러나 에로스의 행동은 프시케에게 사랑의 진수를 알려주려는 목적으로 일관되고 있다. 그는 언니들이 올 것이고, 프시케가 그들의 꾐에 넘어가 의심의 포로가 되리라는 것도 알았다. 그럼에도 불구하고 미리 자신의 정체를 밝히지도 않고, 단지 경고만 했을 따름이다. 모습을 보여달라는 프시케에게 에로스가 한 말에서도 그의 뜻이 분명히 드러난다.

"그대가 내 모습을 본다면 나를 두려워하거나 존경할 것이오. 내가 바라는 것은 당신의 사랑뿐이오. 나는 섬김을 받기보다 사랑 받기를 바라오."

일방적인 섬김은 두려움에서 나온다. 그러나 사랑은 자발성에서 나온다. 천상의 사랑은 지상의 순수한 영혼이 온전히 자신의 뜻과 힘으로 사랑하기를 바란 것이다.

에로스는 프시케가 자신의 뜻과 힘으로 사랑을 배우지 않는 한, 천상의 사랑과 영원히 합칠 수는 없다는 것을 알았다. 그가 프시케를 사랑한 정도는 '지상의 영혼이 천상의 사랑과 하나 되길 바라는' 만큼이었다.

진실이 등불 아래 환해졌을 때, 사랑에 무지했던 프시케는 깨닫는다. 언니들이 내 순진한 의심을 이용했다는 것을. 그토록 황홀한 남편이 찾아와 사랑해주었음에도, 밑도 끝도 없는 외로움을 탈피하려는 욕심이 의심을 일으켰다는 것을. 그리고 진실이 드러난 이 순간 남편은 단순히 신비스런 존재가 아니라 내가 온몸을 떨며 사랑하는 대상이라는 것을. 그리고 나는 천상의 사랑을 모든 것을 걸고 사랑할 수밖에 없다는 것을.

미천한 인간을 사랑해주었음에도 프시케가 배신한 데 대해 에로스는 어떤 처벌 대신, 가슴에 두고두고 못이 박힐 한 마디를 남긴 채 떠났다.

"믿음이 없는 자리에 사랑(에로스)은 머물 수 없어!"

그 한 마디에 순수한 영혼의 눈은 훤히 밝아졌다. 사랑이 어떤 것인지, 어떻게 하면 사랑을 지켜낼 수 있는지. 그리고는 알았다. 남편은 진정으로 '내 영혼의 영혼'이라는 것을. 자신의 영혼은 천상의 사랑과 하나가 되어야 완성될 수 있다는 것을. 그리고 그 사랑을 찾기 위해서라면 평생을 바쳐도 좋다는 것을. 이때부터 프시케는 사랑의 전사로 변신해간다.


그 후 전사는 임신한 몸으로 침식을 잊고 밤낮으로 사랑을 찾아 방방곡곡을 뒤졌다. 그러나 이 전사도 시어머니에 대한 두려움은 극복하지 못했다. 더구나 이 모든 불행이 자신의 미모로 미래의 시어머니를 도발한 때문 아닌가. 그녀는 아프로디테 신전만 빼고 다른 모든 신에게 도움을 청했으나, 아프로디테의 성질을 아는 신들이 고개를 내젓는 것은 당연지사였다.

순수한 영혼은 다시 깨닫는다. 물건을 잃었으면 바로 잃은 그 자리에 가서 찾아야 한다는 것을. '새 아프로디테'라는 불손한 호칭이 붙은 미천한 인간에게 엄청나게 화가 나 있을 여신이자, 아들도 분부를 거역하여 더 화가 나 있을 호랑이 시어머니를 향해가는 발걸음은, 뱀 괴물에게 가겠다고 나설 때보다 몇 배 더한 용기를 필요로 한다. 결국 전사는 호랑이 굴로 찾아 들어간다.

아프로디테가 내린 시험은 견디기 힘든 것이었다. 시험 자체가 보통 인간으로서는 도저히 해낼 수 없는 것들이었다. 그 일을 해내는 과정 자체가 힘겹고, 더욱이 시어머니 입에서 쏟아지는 경멸과 증오가 견디기 힘들어 죽고 싶은 욕구가 온몸에 가득 찰 정도였다. 그러나 뜻하지 않게 프시케는 그 과정에서 천상의 사랑을 되찾기 위한 능력을 훈련해간다.

첫 번째 곡물 고르기 과제를 통해 순수한 영혼은 분별력을 키워간다. 이것저것 혼탁하게 섞여 있는 마음속에서 옳은 것과 그른 것, 더 중요한 것과 덜 중요한 것, 받아들일 사람과 내쳐야 할 사람을 구분해내는 시선을 키운 것이다. 바로 그 분별력이 없어서 내쳐야 할 언니들을 받아들였고, 받아들여야 할 남편을 내친 것 아닌가.

두 번째 과제, 황금빛 양털을 가져오는 일에서는 성관계에서의 절제와 유연성을 배운다. 모든 남자는 날카로운 뿔과 사나운 이빨로 씩씩거리는 양 떼들이다. 곧 수컷들은 뿔 같은 성기와 치명적인 폭력성을 갖고 있다. 욕망에 이끌려, 또는 성의 자유를 내세우며 이 수컷들 속으로 마구 들어가면 그 뿔에 찔리고, 이빨에 덥석 물리게 되어 있다. 그들이 쉴 때를 기다려 유연하고 잽싸게 건너가 양털의 아름다운 감촉을 들고 나와야 한다. 절제와 유연성은 육체적인 성교에서뿐 아니라 이성 관계 전반에 걸치는 원리로, 위험을 내포한 이성 간의 감정적이고 육체적인 관계에서 사랑을 지켜내기 위해 숙달해야 할 지혜다.

세 번째 과제, 시커먼 스틱스 강물을 떠오는 일에서 순수한 영혼은 신성한 맹세를 배운다. 신들은 이 명계의 강물을 떠다놓고 맹세를 하는데, 1년 동안은 먹지도 숨 쉬지도 않고 누워 있고, 9년 동안은 신들의 연회에도 나가지 않을 정도로 엄숙한 계율을 지킨다. 그런 엄중한 맹세는 단단한 믿음을 지켜내기 위한 것이다. 프시케는 스틱스 강물을 떠옴으로써 사랑의 맹세를 신성하게 지킬 믿음의 힘을 갖게 된다. 바로 그 힘이 없어서 남편을 의심했고, 그 때문에 천상의 사랑을 잃게 된 것 아닌가.

세 번째 과제까지 완수하는 것을 보면서 아프로디테는 은근히 놀라는 기색을 감추지 못한다. 누군가, 혹시 눈먼 아들자식이 어머니 몰래 도와줬을 수도 있다는 의심은 놓지 않으면서도, 황금빛 양털을 한아름 들고 왔을 때는 '담 크고 똑똑한 년'이라는, 스틱스 강물을 떠왔을 때는 '어느 귀퉁이든 쓸모 있는 계집'이라는 욕 섞인 찬사가 튀어나온다.

동정심을 품은 개미 떼와 강의 신, 독수리가 돕긴 했으나, 이런 존재들의 도움을 꾸준히 받을 수 있었던 것은 프시케 자신에게 그

요인이 있다. 비록 힘들어 한숨은 쉬지만, 순수한 영혼은 맑게 그리고 진지하게 과제를 대한다. 그리고 맑고 진지한 소망을 주변에 방사한다. 소망하는 바가 투명하고 농도 짙게 전달되면 주변의 감응이 없을 수 없다. 영혼의 순수성은 그만큼 강력한 힘을 갖는다. 자신이 바라는 바를 도와줄 조력자를 끌어들이는 힘. 에로스도 바로 그 힘 때문에 프시케에게 끌려온 것 아닌가.

마지막 과제, 즉 명계의 여왕에게서 화장품을 얻어오는 과제를 통해서는 죽음에 대한 두려움을 극복하면서, 무엇이 진정한 아름다움이며 어떻게 해야 그 아름다움을 유지할 수 있는지를 배운다.

죽음에 대한 두려움은 사랑을 위태롭게 만드는 무의식의 뿌리다. 그 때문에 젊어지려고 난리를 치고, 현재의 관계에 불안해하며, 믿음을 상실하게 된다. 그러나 순수한 영혼은 명계로 가는 직선 코스를 택할 정도로 단순하고 과감했다. 하지만 죽지 않고 저 세상으로 가려면 매우 지혜로워야 한다. 프시케는 탑에게 죽지 않고 죽는 법을 배워 불사의 경지에 이미 접근해갔다. 나중에 제우스가 신의 음식을 준 것은 불사의 능력에 대한 추인식과 같은 것이었다.

비록 호기심 때문에 '스틱스의 잠'에 빠져 길 한복판에서 시체처럼 쓰러지긴 했으나, 그 과정을 통해 순수한 영혼은 마지막 메시지를 배운다. 진정으로 아름다우려면 시체처럼 하던 일을 멈추고 쉬어야 한다는 것. 일상의 번잡한 잡념에서 벗어난 절대 평정의 능력이 있어야 진정으로 아름답다는 것. 마음의 평정이 진정한 아름다움을 꾸미는 화장품이라는 것.

그에 비하면 과거 프시케의 아름다움은 빛 좋은 개살구 수준이었다. 죽을 운명의 인간에게는 개살구의 빛이 바래지 않을 수가 없다. 오래 간직할 아름다움은 잡념으로부터 자유로운 '죽음 같은' 평온 속에서만 빛을 낼 수 있다. 바로 그 힘을 얻은 것이니, 이제 순수한 영혼의 아름다움은 영원히, 훨씬 더 찬란하게 빛날 수 있었다.

이렇게 사랑을 지켜낼 힘을 갖추고 진정한 아름다움의 비결을 터득한 영혼을 두고 어찌 천상의 사랑이 더 기다리고 있겠는가. 천상의 제왕이 어찌 흔쾌히 신의 음식을 먹이며 축하하지 않을 수 있겠는가. 아름다움에 관해서라면 최고수인 미의 여신이 어찌 이 아름다운 영혼을 받아들이지 않겠는가. 신들의 아름다움을 배운 영혼이 천상의 사랑과 결합하는 것이 어찌 자연스럽지 아니한가. 그 결합의 결과로 '환희'가 탄생하고, 즐거운 웃음으로 온 우주를 깔깔거리는 게 어찌 지당하지 아니한가.


순수한 영혼이 사랑의 전사가 되어 천상의 사랑을 쟁취한 사건은 이렇게 종결된다. 천상의 사랑은 순수한 영혼을 사랑한다. 그런 사랑을 받으려면 육체와 결합한 영혼이 순수해야 한다.

그러나 순수한 영혼만으로는 너무 맑고 담백하여 복잡한 세상을 감싸안을 수 없다. 프시케의 아름다움에 대해 사람들이 멀리서 칭송만 할 뿐 다가와 끌어안으려 하지 않았던 것도 순수한 영혼의 결핍을 시사한다. 순수한 영혼이, 그 뚜렷한 가능성에도 불구하고, 온기로 세상을 감싸는 사랑과 결합해야 할 이유가 여기에 있다. 프시케가 지상의 사랑을 알고 이를 천상의 사랑으로까지 승화시킨 것은 자기 자신, 즉 영혼의 완성을 위한 과정이었다.

반면 사랑은 순수한 영혼과 결합하지 않으면 혼탁해질 가능성이 농후하다. 비록 천상의 존재이지만 에로스가 지상의 한 영혼을 사랑하여 상사병까지 걸리게 된 이유가 바로 여기에 있다. 사랑만으로는 부족한 맑음을 채우기 위해, 순수한 영혼과 영원히 결합하려고 한 것이다.


사랑도 모르는 프시케가 이렇게 아름답고 강한 영혼으로 변모하여 천상의 사랑을 완성한 것은 아프로디테에로스 모자가 합작해서 그녀를 훈련시켰기 때문이다. 아프로디테는 프시케의 미모에서 천상의 아름다움으로 클 싹을 보았고, 에로스는 프시케의 순수한 영혼에서 천상의 사랑과 결합할 가능성을 보았다. 그 후 모자는 한편으로는 온기로 감싸고, 다른 한편으로는 차가운 시련으로 단련시킬 정도로 그녀를 같이 사랑했다.

이들이 벌인 사업 중에서 프시케를 사랑하고 단련시킨 일만큼 보람 있고 큰 성과를 낸 사업은 없을 것이다. 한 영혼이 천상의 혼격으로 향상한 것은, 수많은 혼탁한 혼들이 사랑을 욕정으로 뒤바꿔 잠시 불타다 꺼진 것에 비해 형언할 수 없을 정도로 큰 빛을 세상에 비춘 것이다. 천상의 새 식구가 된 순수 영혼이 사랑의 전사가 되려는 지상의 모든 영혼에게 힘을 불어넣는 사업을 시작했기 때문이다.

프시케에게는 시어머니인 아름다움도 있고, 남편인 사랑도 있으며, 딸 환희도 있어 필요할 때는 가족 전체가 합작으로 도울 것이

다. 진정한 사랑을 배우려는 영혼들이 용기를 잃지 않도록. 그리고
혼의 담백함을 잃지 않도록.

■ Psyche / Carlos Parada. Greek Mythology Link. www.maicar.com/GML
■ 토마스 벌핀치, 이윤기 옮김, 〈에로스와 프시케〉, 《그리스와 로마의 신화》, 대원사, 1989.
■ 강봉식 편역, 〈에로스와 프시케 이야기〉, 《그리샤 · 로오마 신화》, 을유문화사, 1961.

# 비전의 전사

비전의 전사는 '성공한 사람'과 비슷해 보인다.

그러나 다른 점은 이들이 창조자라는 것이다.

그들은 종당에 자기 삶을 창조한다.

# 문희

문희(文姬)가 왕비가 된 것은 언니의 꿈을 샀기 때문이다. 본래 신분상 문희는 왕비가 될 만하지 않았다. 그 남편 춘추공도 왕이 될 계급은 아니었다. 그러나 춘추공은 김유신 등의 강력한 천거로 차상급 계급 진골에서 왕이 된 최초의 인물이 되었고, 문희는 그 왕비인 문명(文明)황후가 되었다. 그의 남편은 삼국으로 분열되어 있던 한반도를 통합한 태종 무열왕이니, 그런 위대한 왕의 왕비가 된 것이 한갓 꿈을 산 데서 비롯된 데는 뭔가 이유가 있을 것이다.

문희는, 춘추공(태종 무열왕의 이름)과 막역한 친구면서 함께 한반도 통일의 초석을 쌓은 김유신 장군의 막내 누이였다. 때는 7세기 신라의 수도 경주. 문희의 언니 보희가 희한한 꿈을 꾸고선 동생 보희에게 얘기했다. 꿈에 서쪽 산에 올라가 오줌을 누었더니 경주에 가득 차더라는 것이었다.

그 얘기를 듣는 순간 동생 문희가 당장 '그 꿈을 사겠다.' 고 나섰다. 대가가 무엇이냐고 보희가 묻자, 문희는 자신이 아끼는 비단 치마를 제시했다. 거래가 성사되자 동생은 꿈을 받으려고 치마폭을 벌렸다. 언니는 "어젯밤 꿈은 네게 준다!"라고 선언하며 두 팔로 던지는 시늉을 하였다.

한편 오빠 유신은 여동생들의 짝으로 신실한 친구인 춘추공이 좋

태종 무열왕의 능

겠다고 생각했다. 그는 자기 집 앞에서 춘추공과 함께 축구를 하다
가 일부러 그의 옷을 밟아 찢어놓았다. 그리고선 '집에 가서 꿰매
자.'고 권유하여 춘추공을 집으로 데리고 왔다. 유신이 보희에게 옷
을 꿰매달라고 하자, 보희는 '사소한 일로 남자를 가까이 할 수 없
다.'며 한사코 사양했다. 결국 옷을 꿰매주는 일은 동생 문희에게
넘어갔다. 꿈을 산 지 열흘 뒤의 일이었다.

  춘추공은 친구의 뜻을 알아차리고 문희와 가까이 지내며 자주 왕

　신화, 전사를 만들다

래하였다. 둘은 사랑에 빠져들었고, 문희는 아이를 배게 되었다. 김유신은 누이가 임신한 것을 알고 크게 꾸짖으며, '부모에게 알리지도 않고 임신했으니 불태워 죽일 것'이라며 온 나라에 소문을 퍼뜨렸다.

유신은 선덕여왕이 남산으로 행차하기를 기다렸다가 뜰에 장작을 쌓아놓고 불을 붙였다. 연기는 하늘 높이 올라갔다. 남산에 오른 여왕이 연기를 보고는 사연을 물었다. 신하들이 대답하기를, "김유신이 누이동생을 불태워 죽이려는 것입니다." 하였다.

여왕이 처녀가 임신한 사연을 듣고선 "누구 소행이냐?"고 묻자, 옆에서 모시던 춘추공의 안색이 흙빛으로 변했다. 왕이 알아차리고 춘추공을 보며, '빨리 가서 구하라.'고 지시했다. 공은 달려가 임금의 명을 전하며 화형을 중단시켰다. 얼마 후 둘은 혼례를 치렀고, 춘추공이 왕이 되면서 문희가 언니에게 산 꿈도 실현되었다.


문희가 자신의 몸과 마음에서 나오는 기운으로 경주 전체를 가득 차게 만드는 인물이 된 것은 언니의 꿈을 자기 것으로 만들었기 때문이다. 꿈을 꾼 것도 언니이고, 꿈의 주인공도 언니인데, 아무리 귀해도 비단 치마 한 벌로 운명을 바꿀 수 있을까? 여기서 꿈과 비전의 차이가 분명해진다.

꿈은 소망일 수도 있고, 미래 예측일 수도 있다. 그러나 꿈만으로는 그것을 현실 속에 창조해내는 힘이 없다. 꿈이 이루어지려면 의지와 실력이 결합해야 한다. 강력한 의지는 실력과 필요한 자원도 불러들이는 힘이 있으니, 꿈을 실현해내는 힘은 의지라 하겠다. 꿈에 의지가 달라붙을 때 그것을 비전이라 한다.

언니의 꿈 얘기를 듣는 순간 문희의 가슴속에는 '바로 이거야!' 하는 진동이 울렸다. 높은 곳에 올라 자신의 몸에서 나오는 기운이 경주 시내를 덮어버리는 것. 자기 내면 깊은 곳에서 꿈틀거렸던 소망이 그 꿈 이야기와 결합하면서 불꽃이 튀었다. 꿈에서 그 주인공이 언니냐 아니냐는 중요하지 않았다. 이미 자신이 바로 그 주인공이라고 확신했으므로.

반면 언니는 자기 꿈에 대해 열의도 없었고, 심정적인 관여도 별로 없었다. 이때 동생 문희는 자신이 가장 소중히 여기던 비단 치마를 걸었다. 언니 보희로서는 좋은 비단 치마를 얻는 것이 꿈을 파는 것보다 훨씬 가치 있는 일이었다.

소중히 여기는 것을 건다는 것. 그것이 돈이든 치마든, 애지중지하던 것을 내놓는 것은 얻으려고 하는 것이 지금까지 아끼던 것보다 더 가치 있다는 평가가 결합되어 있다. 나아가 소중한 것을 거는 행위는 얻으려고 하는 것에 대한 강력한 의지를 표명하는 의식이다. 꿈에다 소중한 것을 거는 의식을 치러야 하늘은 그 꿈을 실현하겠다는 의지를 믿는다. 말로만 꿈이 있다고 하면 그의 의지는 하늘에 접수되지 않는다.


소망이 강하면 꿈의 영상은 더욱 또렷해진다. 그 선명한 이미지는 의지라는 전파를 타고 우주에 방송된다. '나는 이것을 소망하고, 이것을 얻을 만한 힘이 있다.'는 메시지는 다른 사람에게도 전달되고, 동식물에도 전달되며, 신들에게도 전달된다. 그들이 이 메시지를 수신하고 응답해올 때, 오빠가 '최고의 신랑감'을 물어오는 일이 발생한다. 게다가 오빠는 사고를 쳐 애까지 밴 상황을 절묘하게 전환시키는 묘수도 생각해내면서 나를 구원해주기까지 한다.

문희는 꿈을 사면서 왕비가, 그것도 태종 무열왕의 왕비가 되리라고는 생각지 못했다. 다만 자신의 기운으로 신라의 수도를 덮을 어떤 일이 발생하리라 믿었을 따름이다. 어떤 사람이 어떻게 다가와 나를 그 위치까지 올려줄지는 하늘이 그 사람의 인연에 맞추어 꾸며내는 일이다. 문희가 가진 꿈과 믿음이 충분히 높아, 미래 삼국통일의 주역인 귀공자가 옷을 꿰매러 왔고, 우선순위인 언니까지 지나쳐 자신에게로 다가왔다.

비전의 전사는 외형상 큰일을 해낸다는 점에서는 '성공한 사람'과 비슷하다. 그러나 비전의 전사가 일반적으로 성공한 사람들과 다른 점은 이들이 창조자라는 점이다. 그들은 남들이 생각하지 못하는 꿈을 꾼다. 그 꿈은 새로운 것이기에 믿기가 힘들다. 그러나 전사들은 새로운 꿈에 강력한 의지를 결합시키는 모험을 한다. 새로운 꿈에 의지가 결합하여 형성되는 비전이 이들을 전사로 만드는 것이다.

# 자장

자장(慈藏)은 보통 사람들이라면 생각지도 못할 높은 탑을 신라의 수도 경주에 세울 꿈을 중국에서 꾸었다. 그것도 젊은 때가 아니었다. 그가 중국에 유학 간 것이 45세 때고, 돌아온 것이 53세이니, 그 사이 이국땅에서 조국 신라를 생각하며 세운 늙은이의 꿈이었다. 그러나 그 꿈은 웬만한 젊은이가 쫓아가지 못할 의지력으로 공고해지면서, 왕을 설득해내고 숱한 사람이 동원되는 3년의 대역사를 이끌어갈 비전으로 무르익었다.

7세기 신라의 자장법사는 중국에서 태화지라는 연못을 지나고 있었다. 그런데 그때 갑자기 앞에 '신령한 사람'이 나타났다. 그가 "너희 나라에는 어떤 어려움이 있는가?" 하고 묻자 자장이 대답하였다.

"우리나라는 북쪽으로는 말갈, 남쪽으로는 왜와 이어져 있으며, 고구려와 백제 두 나라가 번갈아 국경을 침범하는 등 침략이 잦으니 이것이 백성들의 고통입니다."

이 말을 들은 신령한 이는 "빨리 본국으로 돌아가라."고 말했다. 자장은 불법을 밝히 알기 위해 늦은 나이에도 멀리 유학을 온 몸이므로 귀국하라는 이유를 물었다. 신령한 이는 엉뚱하게도 '경주의 황룡사에 9층탑을 세우라.'고 지시했다. '그리하면 이웃 나라들이

황룡사 9층 목탑이 서 있던 자리. 볼록 나와 있는 부분이 심초석이다.

항복하고 왕 없이도 태평할 것'이라고 설명했다. 덧붙여 황룡사에서 '법을 보호하는 용'이 자신의 큰 아들이며, 브라마(梵王)의 명령으로 절을 보호하고 있다고 전하면서 사라졌다.

지금으로 치면 30층 건물 높이의 80미터가 되는 9층 목탑은 신라에서는 상상해본 적도 없고, 그런 공사를 진행할 기술자도 없었다. 그럼에도 귀국한 자장의 비전을 들은 선덕여왕은 자장법사의 관할 하에 목탑 건축을 명하였다. 기술자 200명에 잡부 2천 명이 동원된 이 대공사는 3년 만에 끝났다. 마침내 황룡사의 장엄한 9층탑에 나라의 부강과 평안의 기원을 높이 세워 올린 것이다.

탑이 완공된 후 14년에 신라는 백제를 합병하고(660년), 22년에는 고구려가 멸망하여(668년) 그 남쪽 땅이 신라에 편입되었다. 일연은 《삼국유사》에서 그 효과를 이렇게 기술했다.

"탑을 세운 이후 천지가 태평하고 삼한이 통일되었으니, 어찌 탑의 영험이 아니겠는가."

이 대단한 일의 시초는 낯선 중국 땅에서 높은 이상을 구해 수도하던 초로의 승려 자장의 마음속에서 싹텄다. 그의 비전이 스스로 세운 것이냐, 외부로부터 계시를 받아 형성된 것이냐는 중요하지 않다. 창조를 위한 단초인 상상력은 스스로 발동하기도 하고, 외부의 자극이나 권유에 의해 생기기도 한다. 문제는 그 상상과 꿈을 자신의 비전으로 수립하느냐 아니냐이다.

신령한 이로 나타난 아버지 용의 권유는 빛의 씨앗이 되어 자장의 마음 밭에 뿌리를 굳게 내렸다. 그리고 자장이 중국 오대산에서 문수보살을 친견하고 얻은 부처님의 진신사리를 9층탑을 비롯한 신라 곳곳에 모시는 비전도 그 뿌리에서 자라났다. 9층탑과 그 안의 진신사리, 그리고 오늘날 5대 적멸보궁에 모신 진신사리에서 나온 부처님의 기운이 신라는 물론 이웃 나라까지 뒤덮는 영상이 마음속에 환해졌다.

비전이 뚜렷해지고 그 의지가 흔들릴 수 없이 확고해지자, 선덕여왕과 신하들도 국운 융성에 대한 자신들의 소망을 그의 비전 위에 얹었다. 숱한 사람들이 공사에 참여하고, 점점 높아져가는 탑을 쳐다보면서 백성들의 소망과 기원도 탑에 얹혀졌다. 마침내 웅장한 탑이 모습을 드러내자, 신라인들은 마음속에 자라난 소망이 확신으로 변했다. 높이 선 황룡사의 탑과 그 안의 진신사리로부터 자장과 왕, 신하들과 백성들의 비전이 사방팔방으로 퍼져 나가기 시작했다. 이 공동 비전의 파장은 신라인들의 자긍심을 높여주고 백성들을 단결시키면서, 이웃 나라들을 합병하는 힘으로 넘쳐흘렀다.

그 시초의 자력은 자장의 마음속 진동으로만 있었다. 그 초기 진동이 왕과 전 신라인들의 마음을 공명시켜 한반도를 통일하는 힘으로 커진 것이다. 비전의 전사들이 발휘하는 창조의 힘은 카오스 이론이 말하는 '우연의 자기 조직화' 방식을 따른다. 초기의 우연한 진동이 강력하고 꾸준하면 주변의 공명으로 점차 퍼져 나가면서, 새로운 질서가 그 우연에서 조직되어간다.

비전의 힘이 크면 반대자나 적까지도 그 장 속에 끌어당긴다. 9층탑 공사의 현장 감독인 아비지가 바로 그 힘의 장에 끌려 들어온 적국 백제 사람이다.

# 아비지

당시 신라에는 그런 건축물을 지을 만한 기술자가 없어, '손재주가 제일인 백제 사람들' 중에서 가장 탁월하다고 알려진 아비지를 초청하게 되었다. 아비지는 절을 짓는 일에서 뛰어난 재간을 가진 사람이었다. 적국에 잠입하여 몰래 초청할 수밖에 없었으므로, 그가 올지 안 올지도 모르며 기다리는 시간이 꽤 흘렀다. 많은 사람들의 의구심에도 불구하고 자장은 아비지가 오리라 믿었고, 마침내 그가 나타났다.

아비지는 또 다른 비전의 전사이다. 아비지는 자장법사가 제시한 비전에 강한 자력을 느꼈다. 그가 오랜 심사숙고 끝에 혈혈단신으로 적국에 온 이유는 '진신사리를 모시는 위대한 탑을 세워 부처님의 가르침을 세상에 널리 전하자.'는 자장의 비전에 가슴이 크게 진동했기 때문이다. 아비지는 자장이 제시한 포상에 끌린 것도 아니고, 단순히 자장의 비전에 공감했기 때문만도 아니다. 그는 자장의 비전을 전해 듣고 가슴에서 울리는 진동으로 자신의 비전을 세웠다. 기술자인 자신도 인생에서 가장 보람된 일에 참여하여 큰 공덕을 세우면서 위대한 작품을 만들겠다는 비전이었다.

'많은 보물을 상으로 내리겠다.'는 자장법사의 제시에 아비지가 대답한 말에 비전의 전사로서의 자세가 분명히 드러난다.

"많은 보물을 상으로 내리시겠다는 약조는 믿지도 않거니와 바라지도 않습니다. 제대로 짓지 못하면 목이 달아날 것이요, 또 제대로 지었다 해도 많은 보물을 주기 싫으면 죽일 수도 있는 일……."

적국에서 일하는 데 따르는 목숨의 위험을 감수하고 왔다는 매우 서늘한 태도였다. 그런 위험을 감수할 만한 가치는 무엇일까? 그는 다음과 같이 요청했다.

"다만 세 가지 약속을 부탁드릴 뿐입니다. 첫째, 탑을 설계하고 세워 올리는 일에 누구도 간섭하는 일이 없어야 합니다. 둘째, 제가 부릴 200명의 장인과 2천 명의 잡역부를 대령시켜주십시오. 셋째, 이 탑을 조성하는 동안 이 나라에서 굶어 죽는 백성이 단 한 사람도 없어야 합니다. 스님께서 이 세 가지를 약조하시면 소인은 죽기를 각오하고 반드시 9층탑을 세워 올릴 것입니다."


첫째, 누구도 간섭하지 말 것, 둘째, 필요한 인력 자원을 댈 것, 이 두 조건에서 아비지는 9층탑에 대한 최상의 밑그림을 이미 세워 놓았으며, 정치적인 논리로 타협하지 않겠다는 예술가로서의 자세를 분명히 보여준다. 그가 그려온 9층탑의 이상은 기술적이고 예술적이며 동시에 종교적인 것이었다. 종교예술가로서 목숨을 걸 정도의 작품 비전을 세웠기에, 관료나 다른 기술자들이 이래라저래라 간섭하는 것을 허용할 뜻은 전혀 없었다. 그는 일생일대의 비전을 이루기 위해 온 것이지, '좋은 게 좋다.'는 식으로 타협하며 그저 그런 작품을 만들려고 온 것이 아니었다.

세 번째 조건은 불공덕을 쌓겠다는 지고지순의 정성을 드러낸다.

관료들이 백성들을 강제로 노역에 동원할 때 그 원성과 피폐 때문에 탑에 모여야 할 맑고 순일한 기운이 혼탁해지리라는 우려이다. 실제로 공사 중에 정부 관료가 일꾼들에게 줄 양식을 빼돌리자, 아비지는 특유의 단호함으로 공사를 중단시킨 일도 있었다.

그는 여기가 적국이라는 사실을 분명히 알고 있었다. 이런저런 이유로 죽음을 당할 가능성도 높다는 사실도 알고 있었다. 그것을 뚜렷이 알았기 때문에 망설이느라 늦게 왔다. 그럼에도 그는 결단을 내렸다. 목숨을 걸 만한 가치가 있는 위대한 작품을 창조하기 위해.

아비지의 카리스마는 조국 백제에 대한 애정과 위대한 불공덕을 쌓는 일 사이의 갈등을 처리하는 과정에서 뚜렷이 드러난다. 탑의 기둥을 세우는 날 아비지는 꿈에서 조국 백제가 망하는 형상을 보았다. 그는 자신이 하는 일이 조국 백제를 불바다로 만들 것을 알고 일에서 손을 떼려 하였다.

그러자 갑자기 대지가 진동하고 캄캄해지는 가운데 한 노승과 장사가 나타나 기둥을 세우더니 사라져버렸다. 아비지는 이 일을 천신들이 돕고 있다는 사실을 알고서 탄식하며 눈물을 머금고 다시 탑 공사에 참여했다. 이때의 아비지 심정에 대해서는 그가 공사를 끝내고 탑에 남긴 서찰에서 확인할 수 있다.

이 서찰은 탑이 완공되고 나라에서 큰 포상을 하려는 날 발견되었다. 그의 자취는 흔적도 없이 사라졌고, 9층탑에는 자장법사에게 보내는 서한만이 남아 있었다.

"소인 아비지는 백제 백성으로 일찍이 부처님의 보살핌으로 재목을 깎고 다듬어 가람 짓는 일을 손에 익혔더니, 급기야 부처님의 은혜와 스님의 은덕을 입어 이곳 신라 땅에 와서 천하에서 가장 높고, 천하에서 가장 크고, 천하에서 가장 성스러운 9층탑을 세우고, 그 탑 안에 부처님의 진신사리를 봉안하는 광영을 누렸으니 세상에 더 바랄 것이 또 무엇이 있겠습니까? 하오나 소인은 공사 중에 백제가 멸망하여 불바다가 되는 형상을 보았습니다. 해서 중도 포기하고 도망갈 생각도 안 한 것은 아니오나, 부처님 진신사리를 봉안하는 성스러운 일인지라 감히 실행하지 못하고 죽기로 맹세코 황룡사 9층탑을 지어 올렸나이다.”

그는 자신의 뜻을 따라 이 일에 참여했으나, 그 일이 조국을 멸망시키리라는 것을 알고도 물러날 수가 없었다. 하늘이 직접 관여하고 있다는 사실도 알았기 때문이다. 그때부터 9층탑 건립은 자기의 뜻을 이루는 사업이 아니라 하늘의 뜻을 따르는 사업이 되어버렸다. 또한 자신의 관심, 즉 조국과 가족, 이웃에 대한 사랑과 개인의 예술적 욕심을 죽이고 하늘의 뜻에 따르는 고통스런 수행으로 변화했다.

그토록 맑은 의식을 가진 아비지의 고뇌가 얼마나 컸을지는 충분히 짐작할 수 있다. 그가 ‘죽기로 맹세코 황룡사 9층탑을 지어 올렸다.’고 한 표현은 진실을 담고 있다. 자신을 포함하여 사랑하는 가족과 이웃의 죽음까지 걸고 만들었다는 통절한 표현이다. 결국 9층탑을 지어 올리는 일은 이제까지 자기를 키워준 모든 것과 그것들로 구성된 자아를 죽이는 애절한 수행이었다. 그리고 자아를 죽이는 공간에 하늘의 뜻을 채워 넣는 일이었다.

9층탑이 그토록 큰 힘을 발휘할 수 있었던 것은 숱한 밤마다 아비지가 자아를 죽여 부처님 전에 바치는 정성이 있었기 때문이다. 그는 말 그대로 전 생애를 9층탑에 헌상하는 수련으로 탑을 지었다.

탑이 완공된 후 아비지는 9층탑에 서찰만 남기고 사라졌다. 그의 행적에 대해서는 자살설, 신라 여인과 살았다는 설 등이 분분하나 서찰에 남긴 말이 그의 행방을 추정케 한다.

"9층탑의 위신력으로 장차 신라의 국운이 융창케 되면 소인의 나라 백제는 국운이 쇠퇴하여 망하게 될 것이니, 어찌 백제의 백성 된 자의 도리로 마음이 편할 수 있겠습니까? 그리하여 금은보화를 얻어 고향으로 돌아가 치사한 호사를 누리느니, 차라리 산속으로 들어가 초근목피로 연명하며 이 기구한 업보를 닦아내고자 하오니 부디 스님께서는 혜량하여 주십시오."

그리고선 마지막으로 다음과 같은 시를 덧붙였다.

신라 땅 황룡사에 9층탑 세워
부처님 은혜는 갚았사오나
내 나라 백제를 배신한 이 몸
과연 어찌해야 죄 닦음을 하리오.


아비지는 탑이 완공된 후 누구보다 후한 상을 받아야 할 사람이었으나, 그 특유의 투명한 마음속에 또렷이 남은 죄책감이 그를 산속으로 내몰았다. 그의 말처럼 참으로 기구한 업보이다. 추정컨대 그는 이 산 저 산을 돌며 초근목피로 연명하면서 부처님의 말씀에 따라 괴로움에서 벗어나는 길을 찾았을 것이다.

어느 날 저녁 황혼이 첩첩산중을 붉게 물들이는 때 한 바위에 가부좌를 틀고 앉은 그에게 평안이 찾아왔으리라. 그를 황룡사 9층탑 건립으로 이끈 기구한 업보는 바로 그 자신을 위한 하늘의 배려라는 것을 깨달았으리라. 그가 백제에서 절을 지으며 닦아온 공덕이 9층탑 건립에 이르러 본격적인 수행의 길로 안내했다는 것을. 자신이 사랑하면서 집착한 모든 것이 허망하게 사라지는 것을 뚜렷이 보도록 안내했다는 것을. 그리고 절대 자유와 평정을 얻는 길로 하늘이 안내했다는 것을.

황룡사 9층탑은 위대한 비전의 전사 두 명의 합작품이다. 그들은 진신사리를 모신 불법의 빛이 탑에서 퍼져 나가는 비전을 공유했다. 두 전사의 비전이 세운 탑은 향후 한반도에서 단일국가가 태어날 비전으로 전환되었다.

그 과정에서 아비지는 모든 것을 바쳤다. 조국도, 고향도, 가족도 바쳤고, 마지막으로 자기 자신까지 바쳤다. 비전이 그토록 순수하고 강력한 창조력을 분출시킬 수 있는 이유는 모든 것을 바쳤기 때문이다.


■ 일연, 김원중 옮김, 〈태종 춘추공〉, 《삼국유사》, 을유문화사, 2002.
■ 일연, 김원중 옮김, 〈황룡사의 9층탑〉, 《삼국유사》, 을유문화사, 2002.
■ 윤청광, 《자장율사 : 백 년도 못 사는데 무얼 그리 탐내는가》, 우리출판사, 2002.

# 믿음의 전사

비전의 전사가 되기 위해서는 먼저 믿음의 전사가 되어야 한다.

산신령에게 계시를 받았건, 마음속에서 우연히 일어났건,

새롭고 엉뚱한 꿈이나 이상을 실현하려면

우선 그것이 실현되리라는 것을 확고히 믿어야 한다.

이는 신기루를 등대로 삼는 일이기에 보통 사람 이상의 역량이 필요하다.

# 허황옥

16세 꽃다운 나이의 공주 허황옥은 배에 올라 먼 하늘을 바라보며 긴 숨을 몰아 내쉬었다. 1세기 아유타국의 왕과 왕비는 뱃전에 선 딸에게 비장한 표정으로 손을 흔들었다. 공주도 헤어질 부모를 보며 담대한 표정을 지으려 했지만, 배가 출발한다는 신호가 떨어지면서는 굵은 눈물이 뚝뚝 떨어졌다. 언제쯤 그리고 어디로 가야 '그 사람'을 만날지도 모르면서 붉은 돛과 붉은 깃발을 단 배는 출항했다.

중인도 아유타국의 공주가 이런 비장한 항해를 시작한 것은 부모의 꿈 때문이었다. 왕과 왕비는 한날한시에 똑같은 꿈을 꾸었다. 하늘 임금이 나타나 말했다.

"가락국의 임금 수로는 하늘이 내려 새 나라의 왕이 되었으니 신성한 사람이며, 아직 짝을 정하지 못하였으니 그대들은 공주를 가락국으로 보내 수로왕의 짝이 되게 하라."

말을 마친 하늘 임금은 곧 하늘로 올라갔다.

다음 날 왕과 왕비는 똑같은 꿈을 서로 확인했다. 그리고 하늘 임금의 말이 여전히 귓가에 생생히 남아 있자 공주를 불러 말했다.

"너는 빨리 우리와 작별하고 그곳으로 가라."

한편 한반도 남해안 지방에서는 아홉 추장의 기원에 응하여 하늘에서 자줏빛 새끼줄이 드리워지고, 붉은 보자기로 싼 금상자 속에 해처럼 둥근 황금알 여섯 개가 내려왔다. 12일이 지나자 여섯 개의 알은 용모가 빼어난 사내아이로 변했다. 추장들이 축하하며 공경하는 중에 열흘 남짓 되자 신장이 270센티미터쯤 되는 장정으로 자라났다. 그런 그를 가야의 왕으로 추대하니 바로 김수로왕이다.

6년 후 신하들이 간하였다.

"대왕께서 내려오신 후 아직 짝을 얻지 못하셨으니, 신들의 딸 중에서 제일 훌륭한 처자를 뽑아 배필을 삼으소서."

그러자 왕이 대답했다.

"짐이 이곳에 내려온 것은 하늘의 명이었소. 왕후를 맞는 것 역시 하늘의 명이 있을 것이니 염려들 마시오."

그리고 몇몇 신하들에게 배와 말을 주어 어느 섬으로 가도록 했다. 그때 갑자기 붉은 돛을 단 배 한 척이 붉은 깃발을 나부끼며 서남쪽 모퉁이에서 나타나 북쪽으로 다가오고 있었다. 신하들이 횃불을 들자 배는 재빨리 육지 쪽으로 다가왔다. 김수로왕이 이 말을 듣고 기뻐하며 신하들을 보내 모셔오도록 하였다.

그러나 허황옥은 당당하고 위엄 있게 거절했다.

"나는 그대들과 평소 알지 못하는 사이인데 어찌 경솔하게 따라가겠는가?"

이 말을 전해 들은 김수로왕은 그녀의 말이 옳다고 여겨, 친히 행차하여 산언저리에 장막을 치고 기다렸다. 이에 허황옥은 육지로 올라와 높은 언덕으로 오르더니 입고 있던 비단 바지를 벗어 산신령께 폐백 예물로 바쳤다. 공주가 수로왕이 기다리는 장막으로 다가갈 때 20여 명의 수행원과 헤아릴 수 없는 결혼 예물이 뒤따랐다. 수로왕은 나가 맞으며 장막 궁전으로 함께 들어갔다.

둘이 침전에 들었을 때 공주가 부모의 꿈 이야기에서 시작하여 이곳에 이르기까지의 사정을 차근차근 얘기했다.

"저는 배를 타고 멀리 가 신선이 먹는 대추를 구했고, 하늘로 가서는 선계의 복숭아를 쫓았으며, 반듯한 이마를 갖추어 이제야 감히 임금의 얼굴을 뵙게 된 것입니다."

짝을 이룬 수로왕과 허황후의 다스림은 엄숙하지 않아도 위엄이 있었고, 백성들을 자식처럼 사랑하였다. 왕이 왕후와 함께하는 것은 마치 하늘에 땅이 있고, 해에 달이 있으며, 양에 음이 있는 것에 비유할 수 있었다.

두 사람은 10남 2녀를 낳았는데, 맏아들은 김씨 성을 물려받아 왕통을 이었으나, 두 아들은 왕비의 요청으로 어머니 허씨 성을 물려받았다. 나머지 일곱 아들은 불가에 귀의하여 하동7불이 되었다고 한다. 한반도를 최초로 통일한 장군 김유신은 수로왕의 12대손이다.

왕후가 157세의 나이로 세상을 떠나자 사람들은 땅이 무너진 듯 탄식하였다. 왕은 매일 외로운 베개에 의지하여 슬픔에 젖곤 하다가 25년이 지난 158세에 세상을 떠났다. 사람들은 백성을 자식처럼 사랑한 왕과 왕후를 기리며 제사 지내기를 부모 이상으로 하였다.

수로왕과 허황옥은 하늘이 준 비전에 몸을 던진 전사 부부이다. 두 사람이 짝이 되기까지 네 사람이 같은 꿈을 공유했다. 부모 두 분과 허황옥, 그리고 머나먼 땅에 있는 김수로. 이들의 공통점은 꿈의 내용을 하늘의 명으로 받아들였다는 것이다.

전사와 보통 사람들 사이의 가장 큰 차이 중 하나는, 보통 사람들은 다가오는 사물을 습관적 일상의 한 요소로 취급하는 반면, 전사들은 하늘의 명으로 받아들인다는 점이다. 그것이 아무리 평범해 보여도, 아무리 힘 드는 일이어도 나의 운명적 과제를 성취하기 위해 하늘이 보낸 메시지로 받아들인다. 자기를 성장시키기 위한 도전으로 받아들이기에 온몸을 다해, 온 마음을 다해 도전에 응한다. 그들은 사회적 책무를 완수하기 위해, 또는 개인의 욕구를 채우기 위해 사는 사람들이 아니다. 모든 일상사에서 그들이 상대하는 최종 대상은 하늘이다. 사소한 일에서도 판단의 최종 심급은 하늘이다.

비전의 전사들이 온몸과 마음을 던지기 전에 재차 확인하는 것은 '이것은 하늘의 명이다.' 하는 믿음이다. 허황옥의 부모는 목적지가 어딘지도 모르고, 다시 만날 수도 없으며, 중도에 죽을 수도 있는 항해에 애지중지하는 딸을 떠다밀었다. 하늘이 시킨 일이고, 하늘이 인도할 것이라는 믿음이 없으면 불가능한 행동이다. 이들은 아무리 황당한 지시라도 하늘의 명을 따르는 것이 딸의 인생 과업과 행복을 위한 최선의 선택이라 믿었다. 이들은 중동에서 추앙 받는 믿음의 전사 아브라함과 비슷하다. 아브라함은 하늘의 명이 떨어지자 주저 없이 늦게 얻은 소중한 외아들을 제물로 바치는 수준의 믿음의 힘을 가졌다.

허황옥도 마찬가지다. 부모를 통해 하달된 하늘의 명에 바로 순종한다. 아무리 불확실하고 험난한 길이라도 그것이 자기 인생의 길이라고 받아들인다. 그리고는 붉은 돛과 깃발로 '신랑을 찾아간다.'는 뜻을 온 바다에 알리는 배 위에 당당히 선다. 열여섯 어린 나이임에도 믿음의 전사 부모 밑에서 자란 여전사답게 입을 굳게 다물고, 떨어지는 눈물을 그대로 흘려보낸다. 불확실한 바다만큼이나 불확실한 목적지와 신랑감. 그때마다 소녀는 부모의 꿈을 굳세게 움켜쥔다. 그것이 험난한 항해를 인도할 마지막 등대 불이라 믿으며. 단호하면서도 한없는 믿음이 멀어져가는 배와 육지에서 손을 흔드는 이들 가족의 이별을 장엄하게 감싼다.

'꿈을 붙들고 놓지 않는 힘' 그것이 믿음이다. 꿈은 믿음과 결합해야 비전으로 격상하며, 그래야 의지와 실행력이 생겨나면서 꿈을 현실에서 창조해낼 수 있다. 믿음의 최고 선생인 예수는 하늘나라의 꿈을 지상의 인류에게 제시하면서, 이를 실현해낼 추진력으로 믿음을 가르쳤다. 믿되 추호도 의심하지 않으면 태산을 바다로 옮기는 꿈도 실현될 수 있다는 것이 믿음의 창조력에 대한 그의 가르침이다.

허황옥은 꿈을 붙들고 놓지 않는 힘을 몸으로 보여준 믿음의 전사이다. 배가 항로를 잡지 못할 때마다 그녀는 '신선이 먹는 대추를 구하고, 하늘로 가서 선계의 복숭아를 쫓았다.'고 했다. 선계의 복숭아는 3천 년에 한 번 열리는 과일로, 이를 먹으면 몸이 가벼워지고 밝아지니 신선의 기운을 온몸에 가득 채운다. 그 직감으로 김수로가 있는 곳으로 향하는 항로를 알아냈다는 소리다. 그는 꿈의 땅을 투명한 마음속에 붙들고 놓지 않았기에 마침내 머나먼 가야국에 도착할 수 있었다.

꿈을 붙들고 놓지 않는 믿음의 힘은 항로를 안내해주었을 뿐 아니라, 자신의 몸과 마음을 비전을 실현할 수준으로 바꾸어놓기도 했다. 선계의 과일을 먹으면서 '반듯한 이마를 갖추었다.' 는 것은 하늘에서 내려온 신랑을 맞이할 몸과 마음으로 거듭났다는 뜻이다. 이처럼 자기 정화의 과정을 거침으로써 항해의 외적 목적지에 도달함은 물론 내적 목적인 영적 향상까지 이루게 되었다. 그녀는 그 불확실한 항해 동안 하늘이 준 꿈을 붙들고 놓지 않음으로써 하늘의 아들과 결합할 영적인 상태에 도달하게 되었다.


천명을 수행하는 그녀의 전사적 풍모는 가야국에 도착했을 때도 여러 양상으로 나타난다. 신하들을 보낸 결례를 거절하고 왕이 손수 나와 자신을 맞아들이도록 한 행동에도, 단순히 시집가는 게 아니라 하늘이 맺은 짝을 상면한다는 엄중함이 배어 있다. 뭍에 닿자마자 바로 왕을 만나러 가지 않고 높은 언덕에 올라 입고 온 비단 바지를 벗어 산신령께 결혼 예물로 바친 데서도, 항해를 이끌어준 하늘에 감사하면서 비전의 땅을 보호하는 신령께 보고 드리는 진중함이 배어 있다. 이 비전의 땅에서 삶의 모든 것을 바쳐 하늘의 명을 받들어 모시겠다는 엄중한 선언이다.

수행한 하인들은 자식도 두지 못하고 7, 8년 만에 고국을 그리워하는 슬픔 속에서 고향을 향하고 죽었다. 하물며 어린 나이에 머나먼 타향에 온 허황옥이 고향과 친정 부모에 대한 그리움으로 얼마나 많이 울었을까. 그럼에도 그녀는 전혀 티를 내지 않고 아내와 국모로서 해야 할 일에 전념했으니, 하늘의 명을 받드는 자세가 어느 정도 엄중했는지 알 수 있다.

허황후가 하늘이 맺어준 짝에게 얼마나 극진했는지, 그리고 새 나라의 어머니로 백성들에게 얼마나 자애로웠는지는 그녀가 죽은 후 백성들이 그리워하는 마음속에 드러난다. 사람들은 이름 없던 땅에 '왕비가 탄 배의 붉은 깃발이 나타난 바닷가(기출변旗出邊)', '왕비의 배가 주옥을 싣고 처음 닿은 곳(주포主浦)', '비단 바지를 벗어 바친 언덕(능현綾峴)' 등의 이름을 붙이며 나라 어머니의 체취를 자신들의 삶터에 새겨놓았다. 5세기에는 남쪽에서 일본 해적들의 침범이 잦자 왕후사(王后寺)를 지어 복을 빌고 해적들을 진압했다 하는데, 300년이 지난 후에도 허황후의 가호를 받고자 한 것이다.


허황옥의 전사적 풍모는 자신이 낳은 아들을 이 땅의 새로운 거름으로 남김없이 뿌린 데서도 드러난다. 첫 아들을 새 나라를 잇는 기둥으로 바친 것은 당연하다. 반면 둘째와 셋째에게 모계의 성을 따르도록 한 것은 허황옥 개인의 명예를 위함이 아니었다. 인도 대륙에서 꿈만 붙들고 한반도까지 온 자신의 사건을 후대에 길이 기억되도록 하기 위해서였다.

그녀가 붙들고 놓지 않았던 비전의 최종 목적은 일곱 아들을 부처님께 바친 데서 확연히 드러난다. 이들 일곱 아들은 함께 수도하며 모두 생불이 되어 불모의 땅에 부처님의 빛을 환히 비추는 일곱

별이 되었다.

하늘 임금이 허황옥 부모에게 나타나 딸을 보내라고 명한 것도, 부모와 딸이 그토록 불확실한 꿈을 확실한 비전으로 실천한 것도, 김수로가 하늘의 명을 받고 한반도 남쪽 끝에 내려와 바다에서 허황옥을 맞이한 것도 불법의 씨앗을 이 땅에 뿌리기 위함이었다. 그들이 하늘의 명을 자신들의 비전으로 받든 것은 몇 세기 전 석가에 의해 발견된 진리의 길을, 영적 잠재력이 높은 머나먼 한반도에 전해주기 위함이었다. 아쇼카 왕의 대대적인 불법 전파가 아유타국의 불심으로 이어지면서, 그 빛줄기가 불법의 잠재력이 큰 한반도까지 이어진 것이다.

김해의 한 절에 있었던 파사석탑은 허황후릉으로 옮겨져 허황후와 그 부모들이 꾸었던 꿈의 최종 목적을 전해준다. 처음 공주가 부모의 명을 받고 배를 동쪽으로 향하다가 바다신의 노여움을 사 건너지 못하고 돌아와 부왕께 아뢰었다. 부왕의 권유로 파사석탑을 배에 싣자, 무사히 바다를 항해할 수 있었다. 부처님의 사리를 담기 위해 만든 탑, 그 탑이 안전한 항해를 이끌어준 것이다.

허황옥이 한반도 남쪽에서 빛의 길을 열어놓은 후, 한반도에서는 이 길을 따르는 용감한 전사들이 숱하게 배출되었다. 그들의 가슴 속에는 믿음의 여전사 허황옥이 먼 곳에서 와서 아들 일곱까지 바치면서 붙들고 놓지 않은 비전이 빛나고 있었다. 그 빛은 김수로와 허황옥의 놀라운 사랑과 자애를 기리는 사람들, 그들이 뿌린 보석 같은 빛의 열매를 조금이라도 따먹는 사람들의 마음속에 여전히 살아 있다.

# 아리스타이오스

이상을 '붙들고 놓지 않는다.'는 믿음의 행위는 어느 정도를 말하는가? 신을 믿는다며 일요일마다 교회에 나가고 헌금하는 정도인가? 그렇게 안전하고 평범한 정도로는 믿음이라고 할 수 없다. '붙들고 놓지 않는' 행위는 발칸 반도의 아리스타이오스가 한 정도는 되어야 한다.

아리스타이오스는 발칸 반도 최초로 양봉법을 가르친 꿀벌치기의 스승으로, 물의 요정 키레네의 아들이었다. 그런데 꿀벌치기의 달인에게 자기가 치던 벌 무리가 전멸하는 변란이 일어났다. 그의 탁월한 기술과 지극한 정성도 보람 없이, 그의 자랑거리였던 벌들이 모두 죽어버렸다. 그는 좌절과 불행의 심연에 빠져들었다.

그는 어머니에게 하소연하고자 강둑에 서서 강물을 바라보며 말했다.

"어머니, 제 평생의 자랑거리, 제가 그토록 소중히 여기던 벌들이 전멸했습니다. 어머니도 제 앞에서 이 참담한 불행을 막아주시지 않았습니다."

어머니 키레네는 강물을 갈라 아들을 불러들이고서는 시중을 드는 요정들을 시켜 산해진미로 달랜 후 말했다.

"나도 원인을 모른다. 하나 물의 요정들이 존경하는 연로하신 예언자가 있다. 프로테우스라고 하는 이분은 참으로 슬기로워 과거와 현재, 미래를 불문하고 무불통달(無不通達)이다. 이 노인이라면 네 꿀벌이 왜 죽었는지, 어떻게 하면 다시 꿀벌을 칠 수 있는지 가르쳐줄 게다."

그런데 문제는 이 노인이 아무리 애원해도 가르쳐주지 않는다는 것이었다. 그래서 어머니 키레네가 비법을 알려주었다.

"우격다짐으로 하지 않으면 안 된다. 잡거든 사슬로 묶어라. 사슬만 단단히 쥐고 있으면 세상없어도 달아나지 못할 것이니, 결국 사슬에서 풀려나려고 네 질문에 대답해줄 게다."

프로테우스는 낮이면 동굴에서 낮잠을 자고 있으니 붙잡는 것은 쉬울 수 있다고 위로했다. 그런데 또 다른 문제가 있다고 덧붙였다.

"이 노인은 붙잡혔다는 것을 알면 둔갑술을 써서 멧돼지나 무서운 뱀, 비늘 돋친 용, 갈기 누런 사자 등으로 변신한다. 그뿐인가? 불꽃 튀는 소리, 격류 소리를 내며 사슬에서 풀려나려 한다."

이렇게 어려운 상대에게서 답을 얻어낼 생각을 하니 아리스타이오스는 전율에 떠는 한숨을 내쉬지 않을 수 없었다. 키레네는 신들이 마시는 향긋한 신주를 아들 몸에 뿌렸다. 그러자 활력이 온몸을 채우고, 용기가 가슴에 벅차오르며, 향기가 그의 몸 주위를 감돌았다. 마지막으로 어머니는 당부했다.

"너는 사슬만 꼭 잡고 있으면 된다. 요동치다가 소용없다는 것을 알면 본모습으로 돌아와 네가 묻는 말에 순순히 대답할 게다."

키레네는 아들을 프로테우스의 동굴로 데려가 바위틈에 숨게 하

고, 자신은 구름 그늘에 숨었다. 한낮이 되어 노인을 따르는 물개 떼들이 해안에 드러눕자, 노인은 바위에 앉아 물개들의 숫자를 센 후 동굴에 들어와 침상에 누워 잠을 청했다. 아리스타이오스는 노인이 잠들자마자 달려 나가 그 발을 사슬로 묶고는 대갈일성(大喝一聲)을 질렀다. 프로테우스는 눈을 번쩍 뜨더니 사태를 알아차리고 둔갑술을 쓰기 시작했다. 처음에는 불, 다음에는 강, 그리고 무서운 짐승들로 차례로 변신하면서 빠져나가려 했다. 하지만 아리스타이오스는 죽을힘을 다해 사슬을 붙들었고, 프로테우스는 마침내 벗어날 수 없다는 것을 알고 본모습으로 돌아와 소리쳤다.

"겁 없는 것이로다. 네 놈은 누구이며, 대체 무슨 용무가 있어 이러느냐?"

아리스타이오스가 대답했다.

"프로테우스여, 아시면서 묻습니까? 세상에 누가 당신을 속일 수 있겠습니까? 그런즉 내 손에서 벗어나려 하지 마세요. 제가 이곳에 온 것은 제 불행의 원인과 그 구제 방법을 듣기 위해서입니다. 바라건대 가르쳐주십시오."

예언자가 노려보며 말을 시작했다. '오르페우스의 아내 에우리디케를 죽인 게 바로 너다. 결혼식 후 그 여자가 네 꼴을 보고 도망치다 독사에 물려 죽지 않았느냐? 그 복수로 요정 친구들이 네 벌 무리를 친 것이다.' 이렇게 원인을 가르쳐준 프로테우스는 소들을 제물로 요정들을 위한 제단을 만들어, 오르페우스와 에우리디케의 감정을 풀 제사법을 가르쳐주었다. 그의 지시대로 망령을 지성으로 공양하자, 아흐레가 지나서 커다란 벌 무리가 제물로 쓴 소의 사체를 둘러쌌다.

우리가 묻는 중요한 질문에 대해 공력 높은 선생이, 또는 하늘이 대하는 방식은 프로테우스와 같다. 절대 단번에 답을 주지 않는다. 뿐만 아니다. 그들은 나의 질문을 피하기도 한다. 온갖 변신술로 둔갑하고 각종 겁나는 소리로 질문을 빠져나가는 동안, 질문자는 공포와 징그러움, 좌절, 허탈을 헤매다가 포기하게 된다. 그것이 두려운 사람들은 언제나 위로해주는 어머니 같은 사람만 찾아다니다가 질문 자체를 잊어먹게 되는 게 보통이다. 엉뚱한 곳에 가서 위로만 받다 끝나니, 인생의 주요 과제 자체를 놓아버리는 것이다.

아리스타이오스가 그 무서운 둔갑술과 괴성 속에서도 붙들고 놓지 않은 사슬은 질문 자체다. 또는 이상, 꿈이다. 프로테우스는 외적으로는 해답을 알고 있는 현인이지만, 내적으로는 나의 마음이다. 이놈의 마음은 붙잡을 수 없는 불이나 물, 또는 현란한 둔갑술 같아서 끊임없이 옮기고 흘러 다니며, 애초의 질문 자체에서 한참 벗어난다.

질문이나 이상을 놓지 않고 붙잡는 행위는 간절한 믿음에서 나온다. 그 믿음의 힘 때문에 불안에서 벗어난 마음은 점차 집중된다. 집중된 마음은 고요한 호수처럼 잔잔해진다. 잔잔한 호수의 표면이 거울처럼 맑아질 때, 하늘에 쓰인 해답을 투명하게 비추게 되고 스스로 답을 알게 되는 것이다.

공력 높은 스승이나 하늘이 이런 심술궂은 행동을 하는 이유는 질문자에게 악감정이 있어서가 아니다. 절심함이 없는 자, 그 해답의 값어치를 모르는 자, 대답을 들어봤자 잘못 써서 남과 자신에게 해를 입힐 자를 가려내기 위해서이다. 게다가 쉽게 얻는 답은 오용되는 경우가 많아, 공력 높은 스승들은 바로 답해줄 수 있는 경우에도 질문자가 절실해질 때까지 기다리는 게 보통이다.

중요한 질문에 대한 대답, 절실한 소망을 이루는 길은 이처럼 스스로 '답을 얻을 만한 자격'을 갖추어야 주어진다. 이는 시간과 노력이 많이 들기에, 그것이 피곤한 보통 사람들은 돈을 내고 싼 대답을 얻는 곳들만 찾아다닌다. 그렇게 돌아다니다가 결국은 질문과 꿈의 사슬을 놓아버린다.

답과 길을 구하는 간절한 믿음으로 질문과 꿈을 붙들고 놓지 않는 것, 그 과정 자체가 해답을 얻을 만한 자격을 훈련하는 길이다. 믿음으로 집중된 마음이 순일해지면서, 분주할 때 보지 못했던 것들이 보이고, 해답도 서서히 맑은 마음에 투영된다. 해답을 들을 만한 자격을 갖춘 충일하고 고요한 마음, 그 마음에 진정한 해답이 소복이 내려 쌓인다. 밤새 조용히 내린 눈처럼.


믿음의 전사들이 마음속 깊은 곳에 울리는 질문과 비전을 붙들고 놓지 않는 정도는 아리스타이오스가 굉음과 함께 끊임없이 변신하는 프로테우스를 사슬로 붙잡고 있는 정도와 같다. 어딘지도 모르고 얼마가 걸릴지도 모르는 항해에 귀한 딸을 떠나보내는 정도이다. 그들은 죽음을 걸고 사슬을 붙들고 있는 것이다.

전사들은 최종 심급에서 하늘과 거래하는 사람들이므로 하늘의 게임 방식을 안다. 믿음은 내가 그 답과 길을 알 만큼 절실하고 용기 있는가를 시험하는 과정이라는 것을. 숱한 전쟁을 거친 전사들은 적이 바깥에 있지 않다는 것을 안다. 최대의 적은 현란하게 둔갑하는 마음이라는 것을 안다. 그것을 알았기에 허황옥은 부모의 꿈을 키로 하고, 선계의 방향타를 붙잡고 놓지 않으며 그 머나먼 불확실성의 바다를 항해했던 것이다.


■ 일연, 김원중 옮김, 〈가락국기〉, 《삼국유사》, 을유문화사, 2002.
■ 일연, 김원중 옮김, 〈금관성의 파사석탑〉, 《삼국유사》, 을유문화사, 2002.
■ 토마스 벌핀치, 이윤기 옮김, 〈꿀벌치기 아리스타이오스〉, 《그리스와 로마의 신화》, 대원사, 1989.

# 받아들임의 전사

보통 사람들은 피하고, 짜증내고,
슬퍼하고, 분노하다가 끝난다.
그러나 전사들은 받아들인다.
온몸과 마음으로.

# 레토, 이오, 칼리스토

세 여성의 공통점은 뜻하지 않게 '하늘의 제왕에게 당했다.'는 것이다. 그 당연한 결과로 하늘 제왕의 정실부인 헤라에게 참혹한 시련을 당한다. 이렇게 이중으로 당하면 보통은 살아남지 못한다. 그러나 이 세 여성은 명을 다하고 새로운 반전을 맞이한다.

거인 티탄족의 여신으로 항상 온유하기로 유명한 레토, 강의 신 이나코스의 딸인 요정 이오, 처녀의 여신 아르테미스에게 시종을 들며 순결을 맹세한 칼리스토. 이 세 여성에게 '어느 날 갑자기' 하늘의 제왕 제우스가 내려와 덮쳤다.

본인들이 원했든 원치 않았든 최고 하늘의 사랑이 온몸을 덮는 애무는 잠시로 끝났다. 그 후 어안이 벙벙해 있는 세 여성을 기다린 것은 불러오는 배, 멈추지 않는 헤라의 무서운 분노와 저주였다. 헤라의 저주는 끝장을 봐야 직성이 풀릴 정도로 혹독한 만큼, 그것을 견뎌낸 여성들이라면 '전사'라 불릴 만한 뭔가가 있다.


거대 몸집의 레토는 임신한 몸을 편히 눕힐 곳도 찾지 못한 채 방랑해야 했다. 제우스-레토의 불륜 사건 이후 헤라는 레토가 낳을 자식이 자기가 낳은 자식보다 더 위대해지리라는 예언을 듣고는 대로했다. 그녀는 모든 나라를 돌아다니며 레토를 받아들이지 말 것,

더욱이 출산 장소는 제공하지 말 것을 명령했다. 헤라 여신의 앙갚음이 얼마나 무서운지를 아는 그들은 레토의 간절한 부탁을 냉혹하게 거절하지 않을 수 없었다.

레토는 마치 맹수에 쫓기는 코끼리처럼 안주할 곳을 찾지 못하고 이곳에서 냉대 받고 저곳에서 쫓겨나야 했다. 거구의 여신이 받은 수모는 이루 말할 수 없었다. 한번은 방랑에 지치고 목이 말라 연못에 무릎을 꿇고 몸을 구부려 물을 마시려 할 때였다. 주변에 있던 시골뜨기들이 욕지거리를 퍼부으며 못 마시게 했다. 온유한 성품의 레토는 화를 내는 대신 이들에게 간청했다.

"어째서 물을 못 마시게 하시오? 자연이 햇빛이나 공기나 물을 어느 한 사람이 독차지하는 걸 바라시던가요? 만인에게 고루 나누어진 자연의 은혜를 나누어 가질 권리가 나에게도 있어요. 내 몸은 지칠 대로 지쳐 있지만 여기서 씻고자 하는 것도 아니지 않소. 한 모금만 마셔도 소생할 것인즉, 그러면 당신들을 내 생명의 은인으로 여길 것이오. 내 뱃속의 아이들을 보아서라도 나를 가엾게 여겨주시오."

그러나 이 못된 자들은 동정심을 가지는 대신 당장 물러서지 않으면 뜨거운 꼴을 볼 것이라고 욕하면서, 연못에 들어가 첨벙거리며 흙탕물을 만들어버렸다. 마침내 남에게 해코지를 못하는 레토도 간청을 중단하고 하늘을 향해 두 팔을 벌리고서 외쳤다.

"이것들이 연못을 영원히 떠나지 못하게 하소서."

그들은 졸지에 개구리로 변하여 줄곧 소리 지르며 흙탕물을 일으키게 되었다. 제우스와 한순간 몸을 섞은 결과는 이처럼 비참했다.

이오의 방랑은 더 처절했다. 게다가 이오는 헤라 여신을 모시던 시종이었으니, 그 배신에 대한 여신의 분노가 얼마나 컸을지는 가히 짐작할 만하다.

어느 날 헤라는 갑자기 어느 지역에 검은 구름이 끼는 것을 보고 남편이 뭔가 켕기는 짓을 하고 있다고 의심하여 내려가 보았다. 남편은 맑은 강가에 있었고, 그 옆에는 아름다운 암소 한 마리가 있었다. 제우스는 강물의 요정 이오와 사랑을 나누다가 아내가 오는 것을 눈치 채고 처녀를 재빨리 암소로 둔갑시키고는 시치미를 떼고 있었다.

의심의 눈초리로 암소를 쏘아본 헤라는 남편에게 암소의 아름다움을 칭찬한 뒤 능청을 떨며 선물로 달라고 요청했다. 거절하면 의심할 것이라 저어한 제우스는 암소를 헤라에게 넘기지 않을 수 없었다. 헤라는 눈이 100개나 달린 거인 아르고스에게 암소를 맡기며 잘 감시하라고 일렀다.

한 번에 두 개의 눈만 감는 아르고스는 아흔여덟 개의 눈을 뜨고 밤낮 없이 이오를 감시했으니, 그 철통같은 감시는 감옥보다 더했다. 행방불명된 딸을 찾아온 강의 신 이나코스를 보고 이오는 반가워 소리쳤다. 그러나 자기가 들어도 소 울음소리만이 튀어나왔다. 다가온 아버지의 손을 핥으며 암소 이오는 앞발로 자신의 이름을 모래 바닥에 썼다. 아버지는 딸의 기구한 팔자를 애통해하며 허연 목을 끌어안고 울었다.

애인이 당하는 괴로움을 지켜볼 수 없었던 제우스는, 본인이 직접 나서면 들통 날까 봐 헤르메스를 시켜 아르고스를 무찌르게 하고 이오를 해방시켰다. 하지만 그렇다고 물러설 헤라가 아니었다. 그녀는 등에 한 마리를 보내 이오를 괴롭혔다. 이 곤충을 피하기 위해 암소 이오는 무던히도 많은 곳들을 도망 다녔으나, 등에는 끝까지 쫓아왔다. 따갑게 물어대고 윙윙거리며 끝없이 짜증나게 만드는 이 벌레에 몰려 이오는 후일 자기 이름을 딴 이오니아 해를 건너기도 했고, 높은 산을 오르고 큰 평원을 넘기도 했으며, 후일 '암소의 나루(보스포로스)'라 불린 해협도 건너 나일 강까지 갔다. 그것도 아이를 밴 몸으로 한 마리 벌레에 쫓겨 이 험한 곳들을 헐떡거리며 돌아다닌 것이다.

공주인 칼리스토의 비극도 만만치 않았다. 제우스는 그녀의 아름다움을 칭송해 마지않았다. 그러나 아르테미스의 시종으로 순결을 맹세한 칼리스토에게 남자 모습으로는 접근하기 어려웠으므로, 그녀가 모시는 여신 아르테미스의 모습으로 둔갑하여 덮쳤다. 사태를 알아차린 헤라는 처녀 맹세를 추상처럼 요구하는 아르테미스에게 칼리스토의 처분을 맡겼다.

아르테미스는 칼리스토가 다른 시종들과 함께 목욕할 때 배가 부른 것을 보고 대로하여 사연을 캤다. 순진한 칼리스토는 제우스가 변장했던 사실도 모르고 '여신께서 만드신 일'이라고 해명했다. 이 말에 더 화가 난 아르테미스는 소리쳤다.

"떠나라. 더 이상 이 성스런 곳을 더럽히지 말라!"

평생 서원이 무너지고 모시던 여신에게 쫓겨나 실의에 젖어 있던 칼리스토에게 헤라가 나타나 비수가 선 말을 꽂았다.

"네 년의 아름다움이 너와 내 남편에게 기쁨을 주었으니, 바로 그 아름다움을 빼앗으리라."

그 말과 더불어 칼리스토의 온몸에 털이 나기 시작하더니, 그 빛나는 아름다움은 천하에 추하기 그지없는 암곰으로 변해버렸다. 제우스의 마음을 송두리째 흔들어놓았던 목소리는 듣는 사람을 오싹하게 만드는 곰의 포효로 바뀌었다.

그러나 마음은 인간 처녀 때 그대로였다. 밤새 숲에 있기가 무서워 전에 아르테미스 여신과 자주 다니던 곳으로 수차례 다가갔다. 그때마다 여신과 함께 몰았던 개들에게 쫓기고, 인간 사냥꾼들이 나타나 창을 던져댔다. 짐승이 되었다는 사실을 잊은 칼리스토는 큰 짐승을 만날 때마다 도망쳤고, 곰이 되었음에도 다른 곰이 나타나면 무서워 달아나곤 했다.

칼리스토는 마음속으로는 제우스를 무정하게 여겼으나 천성상 겉으로 표현하지는 않았다. 곰이 되어서도 원래의 성품은 그대로 남아 자신의 팔자를 한탄하며 앞다리를 들고 꼿꼿이 선 채 하늘의 자비를 간절히 빌곤 하였다.

어느 날 사냥 나온 한 젊은이가 곰 칼리스토를 발견했다. 칼리스토도 이 젊은이를 보는 순간, 직감으로 자신의 아들임을 알아보았다. 쫓겨날 때 빼앗긴 아들이 어느 새 장성하여 청년으로 자신 앞에 나타난 것이다. 칼리스토는 감격에 겨워 아들을 끌어안으려고 하였다. 하지만 곰이 달려드는 것을 보고 깜짝 놀란 청년은 창을 들어 찌를 태세를 갖추었다. 헤라의 복수가 마지막 방점을 찍을 순간이었다.

이렇듯 세 여인은 자신의 책임이 뭔지를 확인할 틈도 없이 삶의 터전이 무너져 내렸고, 운명적 저주에 쫓기며 참담한 고생을 맛보아야 했다. 그들은 칼리스토처럼 제우스를 원망했을 것이다. 그러나 맘 놓고 원망을 할 틈도 없이 계속되는 수모와 위협에 쫓겨 험난한 바다를 건너고 높은 산을 오르락내리락해야 했고, 심지어는 자기가 낳은 아들의 창에 찔려야 할 비극 앞에 섰다. 그러나 결론은 모두 해피엔드이다.

# 제우스식 사랑과 헤라식 사랑

레토 여신은 해산할 곳을 찾아 에게 해에 퍼져 있는 섬이란 섬은 모조리 찾아다니며 몸 붙여줄 것을 간청했다. 그러나 권세 쩡쩡한 헤라의 노여움을 살까 두려워 어느 누구도 여왕의 연적을 도와주지 않았다. 결국 해산할 때가 닥치자 초조한 제우스가 나설 수밖에.

제우스의 부탁을 받은 바다의 신 포세이돈은 아직 안정된 땅이 되지 못하고 바다 위에 떠 있는 섬 델로스로 레토를 데려갔다. 그리고는 높은 파도를 일으켜 섬을 가렸다. 헤라가 잡아놓은 조산의 신 에일레이티아와 헤라만 배제된 채 모든 신이 아흐레 동안 레토의 수발을 들며 순산을 도왔다.

마침내 레토는 저 높은 창공에 뜨는 태양의 신 아폴론과 달의 여신 아르테미스 쌍둥이 남매를 이 섬에서 낳아 키우게 되었다. 제우스는 레토를 받아들인 델로스 섬을 더없이 튼튼한 쇠사슬로 바다 바닥에 비끄러매주어 그 고마움에 보답했다. 결과적으로 헤라의 저주에 시달린 레토는 누구보다 많은 신들이 돕는 황홀한 가호 속에서 후일 지구의 생명력을 관장할 위대한 남매를 낳았다.

한 마리 등에에 쫓기어 헉헉거리며 세상을 방랑하던 아름다운 암소 이오는 나일 강에 이르자, 쫓겨 다니는 삶이 죽는 것만 못하다고 생각했다. 애인의 처절한 고통을 더 이상 두 눈 뜨고 쳐다볼 수 없었던 제우스가 마침내 아내에게 두 손을 들었다. 그는 아내에게 앞으로는 절대 이오에게 마음을 주지 않겠노라 약속했고, 이를 받아들인 헤라는 이오를 본래 모습으로 되돌리는 데 동의했다. 이렇게 해서 죽다 살아난 이오는 천신만고 끝에 아버지인 강의 신 이나코스에게 돌아갈 수 있었다.

그녀가 나일 강가에서 낳은 아들 에파포스는 이집트의 왕이 되고, 이집트 문명의 배후 종족인 리비아인과 에티오피아인들의 아버지가 되었다. 그녀의 후손들은 발칸 반도 남쪽의 주요 세 도시 미케네, 테베, 아르고스의 창설자들이 되었다. 결국 이오의 후손들은 북아프리카와 발칸 반도까지를 아우르는 문명의 토대를 쌓았다. 후일 이오는 아틀라스, 데우칼리온과 더불어 이 지역의 '주요 세 조상' 중 하나로 칭송 받았다.


창으로 막 찌르려는 아들을 끌어안으려는 곰 칼리스토. 그녀는 어찌 되었을까? 제우스는 자신의 애인과 아들이 이런 지경에 이른 게 기가 막혔다. 다급히 둘이 하던 짓을 멈추게 하고 모자를 하늘로 끌어올렸다. 이리하여 큰곰자리가 된 칼리스토와 작은곰자리가 된 아들은 가까운 자리에서 서로를 마주 보며 밤하늘에 반짝이기 시작했다.

이들의 등극에 화가 난 헤라가 대양의 신 오케아노스에게 호소했다.

"저것들이 이런 호강을 누린다면, 금후 누가 저와 맞서기를 마다 하겠습니까? 인간의 모습도 미워 곰으로 바꾼 저년이 별이 되다니요. 이 부당한 처사를 조금이라도 바로잡기 위해 저 괘씸한 큰곰, 작은곰자리가 대양에 드는 것을 금해주세요."

대양의 신이 이를 받아들여 다른 별자리와는 달리 이들은 대양에 가라앉지 못하게 했다. 하지만 어떠랴? 암흑 속에서 길을 찾는 모든 사람이 이들 모자를 쳐다보며 감사의 정을 북쪽으로 담뿍 보내는 것을!


하늘은 특별히 사랑하는 사람들을 두 가지 상반된 방식으로 대한다. 하나는 즐겁게 해주고, 극진히 애무하며, 어려울 때는 용기를 주고, 벼랑 끝에 설 때는 기적적으로 구해주는 방식이다. 하늘이 이런 방식으로 사랑하는 데는 이유가 있다. 자신의 씨앗을 뿌려 인간계에서 키워내려는 것이다.

그 씨앗을 받을 만한 넓고 풍성한 밭을 가진 인물을 골라 달콤한 말과 짜릿한 애무로 달궈놓은 뒤 자기의 씨앗을 심는다. 그리고는 떠다니는 불안한 섬을 묶어주면서까지, 마누라에게 잘못했다고 빌면서까지, 자기 씨앗이 터서 잘 자라도록 돕는다. 그 결과로 하늘은 해와 달을 레토에게서 얻었고, 이집트와 그리스 문명을 창설할 인물들을 이오에게서 얻었으며, 어둠 속에서 헤매는 자들의 길잡이가 될 별자리를 칼리스토에게서 얻었다.

그 이유는 단순하다. 하늘 혼자서는 이런 것들을 창조할 수 없기 때문이다. 동시에 인간들만의 능력으로도 이런 것들을 창조할 수 없다. 인간계에 의미 있는 위대한 창조물들은, 해와 달에서부터 위

〈제우스와 이오〉
코레조, 1532년

대한 스승들에 이르기까지, 인간과 하늘의 교접을 통해 태어난 것이다.

하늘의 사랑이 어느 순간 갑자기 덮치는 것일지라도, 아무에게나 내려오는 것은 아니다. 하늘은 자신의 씨앗을 키워줄 만한 밭을 고르고, 자신의 사랑에 믿음을 잃지 않는 자들에게 끝없는 사랑을 바친다. 이를 '제우스식 사랑'이라고 부를 수 있다.

반면 하늘은 특별히 사랑하는 인간들에게 특별한 고통을 준다. 헤라가 레토에게 했듯이, 몸을 쉬고 해산할 곳을 막아 한없이 방랑하게 만들고, 인간쓰레기들에게 참을 수 없는 모욕을 당하게도 한다. 또는 이오에게 그랬듯이, 밤낮을 감시하는 감옥에 가두기도 하고, 온몸이 으스러질 때까지 쫓겨 다니게 만들기도 한다. 또 칼리스토에게 했듯이, 아름다움을 거두어 추하게 만들어 인간 세상에서 추방하고, 모자간에 죽고 죽이는 비참한 형국으로 몰아넣기도 한다.

그러나 항간의 오해와는 달리, 헤라가 하는 일은 궁극적으로 남편의 일을 돕기 위한 것이다. 온유하기만 한 여신이 방랑과 수모의 고통을 겪지 않고는 해와 달을 바르게 낳고 키워낼 어머니가 될 수 없기에. 무사하게 흐르기만 좋아하는 작은 강물이 엄격한 감옥을 겪고 넓은 육지나 바다를 경험하지 않고는 인류 문명을 창조할 만한 아이를 낳을 수 없기에. 아름답고 순결하기만 한 여인에게 추함의 고통과 추방의 두려움, 그리고 아들이 찌르는 창을 쳐다봐야 할 시련이 없으면 모자가 함께 어두운 밤의 안내자가 될 수 없으므로. 이처럼 차갑고 혹독한 시련은 하늘이 심은 싹을 완성시키기 위한 과정이다. 이런 하늘의 사랑을 '헤라식 사랑'이라고 부를 수 있다.

제우스와 헤라는 사실상 공동 사업을 하고 있다. 이들이 지향하는 바는 동일하되 단지 역할만 다를 뿐이다. 보통 제우스식 사랑은 '하늘의 사랑'이라고 불렸지만, 헤라식 사랑은 '하늘의 저주' 또는 '하늘의 분노'로 불려왔다. 그러나 진짜 하늘의 자비는 헤라식 사랑을 통해서야 완성된다. 다만 사람들에게 그것이 사랑인지를 분간할 눈이 없을 뿐이다. 헤라식 사랑이야말로 위대한 창조 역량을 키우는 결정적인 단련 과정이므로, 그 자애로움은 제우스식 사랑을 능가한다. 이런 두 과정을 결합하는 것이 제우스 – 헤라 부부 사업이 지향하는 바이다.

제우스와 헤라의 사랑을 받고 주저앉아버리거나 목숨을 잃거나 중도에 하차하는 사람들이 많았던 것을 보면 하늘의 인간 사랑은 치명적일 수 있다. 따라서 그 결실을 보려면 하늘의 사랑을 받는 측에서 삶의 전사가 되어야 한다.

# 받아들임

레토, 이오, 칼리스토의 가장 큰 과제는 헤라식 사랑, 즉 '하늘의 분노와 저주'를 감당해내는 일이다. 그것은 한마디로 몰려오는 고통의 파도를 참아내고, 좌절과 분노로 인해 자기 파멸에 이르지 않도록 스스로를 다잡으며, 마침내 그 기구한 운명 자체를 자신의 몫으로 남김없이 받아들이는 일이다.

레토는 올림포스 신들 중에서 가장 부드럽고 온유한 여신이다. 그녀는 죽을 존재들이나 안 죽은 존재들 모두에게 친절하여, 자신에게 요청하는 모든 부탁과 기원을 수용한다. 이러한 그녀의 품성은 신들의 모임이 있을 때마다 한가운데서 제우스와 함께 수금을 타는 그녀의 일상적 활동으로 상징된다.

온유함이 진정한 힘이 되려면 화를 소화해내는 힘과 결합해야 한다. 그녀는 거절과 추방, 그리고 모멸의 '정말로 화가 나는' 상황에 숱하게 처했다. 심지어 여신의 지위에서 연못의 물도 못 먹게 하는 저질 인간들의 모욕도 받아야 했다. 레토는 그 못된 인간들에게까지 간청할 정도로 온유의 힘을 훈련해야 했다. 더 이상 참지 못할 지경이 되어서도 스스로 처벌하려는 충동을 억제하고, 하늘을 향해 두 팔을 벌리며 '이자들이 이 연못에서 영원히 떠나지 못하게 해달라.'

고 기원했다. 연못을 분탕질하며 욕질해대는 이들의 카르마가 그 결과를 바로 낳도록 기원하되 그것도 하늘에 맡겼다. 레토는 분노의 파괴적인 기운을 다스릴 정도로 엄청난 온유의 힘을 키워냈다.

받아들임의 최고 경지는 어떤 모멸스러운 상황에서도 분노가 일지 않는 것이니, 자존심도 죽여야 하고, 순간순간 올라오는 미세한 화까지도 통제할 수 있어야 한다. 그녀의 아들과 딸을 보면, 그녀가 모멸과 비탄의 상황을 어떻게 소화해냈는지, 그리하여 외유내강의 힘을 얼마나 얻었는지를 짐작할 수 있다.

레토는 받아들임의 힘으로 하늘의 씨앗을 받아 해와 달의 어머니가 될 수 있었다. 지상의 숱한 인간들이 배반하고 욕하고 모멸해도 변함없이 떠오르고, 몸과 마음을 따뜻하게 해주며, 안식과 평온을 주는 해와 달은 받아들임의 최고 전사인 레토에게서 태어났다. 그렇기 때문에 레토 가족은 지구상의 모든 생명을 감싸안고 키우는 사업을 여태까지 할 수 있었던 것이다.


그에 비하면 이오는 꿈 많은 처녀이다. 강의 요정으로 끊임없이 꿈을 흘려보내기 좋아했고, 흐르면서 만나는 모든 것이 알고 싶었으며, 만나는 모든 것을 사랑하려 했다. 티 없이 열려 있는 그녀의 마음은 암소가 되어서도 아름다운 외모로 나타날 정도였다. 그러나 넓은 세상에는 악의를 가진 존재도 있고 좋다가 싫어지는 대상도 많기에, 그녀의 티 없는 호기심은 철들기 곤란한, 또는 위험에 노출되어 있는 성품이라고도 할 수 있다.

그녀가 처음 겪어야 했던 고난은 암소의 처량한 처지다. 비록 암소의 자태가 예쁘고 아름답기는 했으나 빛 좋은 개살구에 불과했다. 꾀꼬리 같던 목소리도 음매 하는 투박한 소리로 바뀌었다. 더 견디기 힘든 점은 어떤 힘든 일도 암소처럼 묵묵히 따라야 한다는 것이었다. 게다가 눈이 100개나 달려 빈틈없이 감시하는 괴물 아르고스에 잡혔으니, 이리 뛰고 저리 뛰던 마음은 옴짝달싹할 수 없는 올가미에 걸려 미칠 지경이다. 요정의 자태를 잃고, 자신을 표현할 목소리를 잃고, 어떤 명령에도 순종해야 하고, 마침내는 세상을 향한 호기심까지 붙들어 매였으니, 처녀의 발랄함은 처량한 암소 신세가 되었다.

처음에는 고통에 겨워 이리 뛰고 저리 뛰고, 아버지를 보고 소리치며 구해달라고 해보았으나, 그녀가 할 수 있는 일은 오로지 '이오'라는 글자를 앞발로 쓰는 것뿐이었다. 아버지가 할 수 있는 일도 암소의 목을 끌어안고 통곡하는 것뿐이었다. 그녀는 점차 암소의 순종을 받아들였다.

아르고스에게서 해방되고 나서 좋아할 시간도 길지 않았다. 등에의 침과 성가심을 피하기 위해 바다로, 산으로, 들로 쫓겨 다녀야 했다. 그녀의 천성으로 볼 때 처음에는 새로이 만나는 대상에 호기심도 느끼고 사랑도 느꼈을 것이다. 그러나 발칸 반도 북쪽에서부터 이집트에 이르는 광활한 지역을, 너무도 따가운 침을 피하기 위해 허우적거리고 헉헉거리며 다니는 여행은 차라리 죽을 맛이라고 해야 할 것이다.

새로 만나는 여행지는 호기심도 충족시키고 사랑도 일으킨다. 그러나 익숙해지면 곧 싫증을 느끼는 게 장기 여행자들이 겪는 감정의 수순이다. 그들은 일상과 무료와 불쾌에 쫓겨 다시 길을 떠난다. 그것도 어쩔 수 없이 내몰리는 방랑이라면 슬픔과 고통이 호기심을 무겁게 눌러버린다.

이 과정을 통해 가슴을 벌렁벌렁 뛰게 한 호기심이 차분해지면서, 세상에는 다른 사람들도 많지만 그렇게 다르지 않고, 새로운 풍물도 많지만 그렇게 새롭지도 않다는 보편적 통찰이 일어난다. 다른 것, 많은 것보다는 그들 사이의 보편적 깊이에 대한 시선이 생겨난다. 이오는 방랑 중에 만난 프로메테우스에게 이렇게 말한다.

"제 고통은 한밤에 나타난 꿈에서 시작되었어요. 한 영상이 나타나 '헤라 여신의 여사제직을 버리고 너를 사랑하는 제우스 신께 복종하라.'고 했어요."

꿈꾸는 아가씨의 불행은 꿈을 믿고 한 대상에서 다른 대상으로 옮긴 데서 비롯되었다. 그리하여 안식처를 얻지 못하고 지역과 사람과 대상을 바꾸며 방랑하는 꿈이 지속되었다. 그러나 이오의 방랑이 끝날 때가 다가오고 있었다. 그 모든 것이 꿈에서 비롯되었고, 꿈으로 지속되고 있다는 것을 알았기에.

다른 것, 새로운 것에 대한 꿈과 갈망이 순치되고 차분해지면서 나일 강변에 이르렀을 때, 방랑하던 암소의 고통은 끝이 나고 이집트 문명의 아버지를 아들로 낳았다. 그녀의 후손들은 이집트와 에게 해 문명의 주요 창시자들이 되니, 호기심의 꿈에 내몰린 그녀가 순종과 방랑의 고통을 받아들이는 전사가 되지 않았다면 불가능한 일이다. 그 후손들은 어머니이자 할머니인 이오가 넓은 지역을 여행하면서 얻은 다양성에 대한 지식은 물론 그 보편성에 대한 통찰

도 유산으로 물려받았다. 그 다양성과 보편성이 결합하여 새 문명
을 창조할 수 있었던 것이다.

처녀 자연 아르테미스를 모셨던 신앙심 깊고 순결한 여성 칼리스
토. 아르테미스로 변장한 제우스에 속아 몸을 섞은 것이 모든 고통
의 원인이었으니, 어찌 삶을 망쳐버린 사기꾼 제우스에 대한 원망
이 없을 것이며, 기구한 팔자에 한탄이 없을 것인가?

사기당하고 강간당한 게 분명하다. 그러나 칼리스토는 상대를
향한 원망과 분노를 입 밖으로 내지 않는다. 그것은 다가온 운명에
대한 공허한 저항일 뿐이므로. 대신에 순결한 사람만이 갖는 투명
한 눈으로, 외피에 가려진 자기 요인을 쳐다본다. 사건을 끌어들인
내부의 자력, 그것을 쳐다보며 자기 책임을 분명히 한다. 외부를
향한 원망의 시선을 내면으로 돌림으로써 칼리스토는 받아들임의
전사가 되어간다. 운명적 사건의 원인을 찾을 때, 시선을 내면으로
돌려 자기 책임을 확인하는 것이 받아들임의 전사들이 취하는 태
도이다.

황량한 숲과 무서운 위협에도 불구하고 암곰 칼리스토는 앞다리
를 하늘로 들고 꼿꼿이 섰다. 그리곤 하늘의 자비를 간절히 빌었다.
그녀가 인간이었을 때 하늘을 향해 늘 기도했듯이, 하늘을 우러러
보며 '날 용서하고 자비를 베푸소서.' 하는 곰의 애절한 포효는 온
산을 울렸다. 그리고 하늘에까지 닿았다. 그 애절함이 매일 땅과 하
늘을 울리자 하늘이 더 이상 그 고통을 지켜볼 수가 없었다.

칼리스토의 처절한 자기 성찰과 용서를 구하는 기도는 가슴까지

닿은 아들의 창끝을 타고 둘을 하나로 묶었다. 매일 밤하늘까지 닿았던 그 기도의 파장을 타고 둘의 몸이 떠올라 북쪽 하늘에 퍼졌다. 그래서 자기 내면까지 정직하게 성찰했던 칼리스토는 지금까지도 지구상 어느 누구도 속이지 않고 정직하게 항상 그 자리에서 밤길을 잃은 사람들에게 가야 할 방향을 알려주고 있다.

다가오는 고통은 바로 나의 취약점을 공략한다. 이를 아는 전사들은 다가온 고통을 자기 취약점을 극복하는 계기로 삼는다. 그들은 고통을 참고 받아들여 자기 취약점 때문에 배우지 못했던 것들을 모두 배우고, 이를 통해 얻은 지혜로 삶을 한껏 향상하려고 한다.

받아들임은 일반적으로 소극적이고 피동적인 행동으로 인식된다. 보통 오해가 아니다. 받아들임만큼 적극적이고 창조적인 행위도 드물다.

아무리 싫어도 자기 삶의 피할 수 없는 여건을 받아들이고 나면, 거기서 발산된 그 부정적인 기운이 누그러든다. 조금 더 나아가면, 자기 내면에서 일었던 저항과 분노의 파괴적인 기운이 가라앉는다. 이런 태도가 온통 부정적이었던 삶 주변에 긍정적이고 창조적인 기운을 뿌리면서, 이질적인 것을 소화해낸다. 이질적인 것이 내 안에 자리를 잡으며 새로운 삶의 창조가 일어나면, 고통스런 삶에 함께 했던 하늘의 뜻이 읽힌다. 손을 휘저으며 상대를 탓하고, 제3자를 탓하고, 각종 지식을 동원해 사회를 탓하는 좀팽이들은 생각할 수도 없는 창조적 지평이 바로 받아들임이다.

받아들임의 전사들은 다른 사람과 대결하기보다 자기 운명과 그 운명을 이끄는 내면의 성향, 그리고 하늘과 대결한다. 그들이 진정으로 무서운 전사인 이유는 유령 같은 운명과 그 원인인 자기 자신과 싸운다는 점이다.

헤라식 사랑, 즉 삶에 다가온 역경을 받아들이는 것은 받아들임의 표면적인 양상일 뿐이다. 정말로 받아들이기 힘든 것은 불행의 발단, 즉 제우스의 사랑이다. 이 사랑은 전혀 예상치 못한 상황에서 갑자기 내려와서는 이제까지 쌓아왔던 삶의 튼튼한 기반을 순식간에 무너뜨린다. 그리고는 바로 헤라에게 바통을 넘긴다.

사람들은 하늘을 보고 울부짖는다.

"왜 내게?" "뭘 잘못했다고?" "내가 원한 것도 아닌데……."

받아들임이 어려운 이유는 바로 그 때문이다. 쓰나미처럼 닥쳐오는 하늘의 사랑은 바로 "왜 내게?"라는 질문을 겨냥한다. 받아들임이 버림을 필수 과정으로 요구하는 것도 그 때문이다.

■ 토마스 벌핀치, 이윤기 옮김, 〈레토와 시골뜨기들〉, 《그리스와 로마의 신화》, 대원사, 1989.
■ 토마스 벌핀치, 이윤기 옮김, 〈이오〉, 《그리스와 로마의 신화》, 대원사, 1989.
■ Io / Carlos Parada. Greek Mythology Link. www.maicar.com/GML
■ 토마스 벌핀치, 이윤기 옮김, 〈칼리스토〉, 《그리스와 로마의 신화》, 대원사, 1989.
■ Callisto / Carlos Parada. Greek Mythology Link. www.maicar.com/GML

# 버림의 전사

보통 사람은 가지려 하지만
전사들은 버린다.
가진 것들이
나를 얽어맨다는 것을 알기에.

# 박제상

박제상은 "고구려에 갔다 올 수 있겠느냐?"는 왕의 조심스런 요청이 무엇을 의미하는지 직감했다. 그것은 사랑하는 처자식과 자신의 목숨까지 바칠 수 있겠느냐는 질문이었다.

5세기 초의 신라 눌지왕은 시름에 잠기는 날이 많았다. 30년 전 왜왕의 요구에 일본으로 간 당시 열 살의 셋째 동생 미해가 아직도 볼모로 잡혀 있고, 6년 전 고구려의 요구로 보낸 둘째 동생 보해도 돌아올 기미가 보이지 않았기 때문이다.

한 연회에서 술이 몇 순배 돌자 왕은 신하들이 쳐다보는 앞에서 눈물을 떨어뜨리며 하소연했다.

"짐이 비록 부귀한 위치에 있지만 하루라도 아우들을 생각하며 울지 않은 날이 없었소. 만약 두 아우와 함께 선왕의 묘를 찾아뵙게 된다면 나라 사람들의 은혜를 갚을 수 있을 텐데, 누가 이 일을 할 수 있을지……."

민망한 관료들이 하나같이 "쉬운 일이 아닙니다."라고 전제한 뒤 아뢰었다.

"반드시 지혜와 용기가 있어야 할 터인즉, 삽라군 태수 박제상이 라면 할 수 있을 것입니다."

박제상이 임금 앞에 불려온 것은 바로 그 이유였다.

적국에 볼모로 잡혀 있는 왕의 동생들을 무사히 모시고 온다는 과제, 그것은 목숨을 걸어야 하는 일이었다. 제상은 주마등처럼 스쳐가는 여러 생각을 순간에 정리한 뒤, 근심스런 얼굴로 대답을 기다리는 임금께 말씀드렸다.

"임금께 근심이 있으면 신하가 욕되고, 임금이 욕되면 신하는 죽어야 한다고 들었습니다. 어려운지 쉬운지를 따져보고 나서 행동하면 충성스럽지 못하고, 죽을지 살지를 따져보고 나서 움직이면 용기가 없는 것이라고 합니다. 신이 비록 어리석지만 명을 받들어 가길 원합니다."

얼굴이 환해진 왕은 잔을 나누며 제상의 손을 잡았다. 박제상은 곧장 변복하고 고구려로 잠입했다. 그는 보해를 만나 탈출 계획을 세우고 날을 기다렸다. 거사 날짜가 다가오자 보해는 병을 핑계로 며칠 동안 조회하지 않다가 밤중에 도망쳐 바닷가까지 이르렀다. 고구려 왕이 이를 알고 군사를 보내어 잡아오게 하였다. 군사들이 도망자들을 향해 화살을 쏟아붓듯이 쏘았으나 모두 살아 돌아올 수 있었다. 보해가 고구려에 머무는 동안 항상 주위 사람들에게 은혜를 베풀었기 때문에 군사들이 그를 불쌍히 여겨 모두 화살촉을 뽑고 쏘았던 것이다.

이리하여 박제상은 목숨을 걸고 수행한 과업을 성공리에 마치고 귀국했다. 그런데 사람의 욕심은 일단 채워지고 나면 또 다른 만족을 위해 갈급해지는 법. 왕은 둘째 동생을 보자 기뻐하면서도 셋째 미해를 생각하며 눈물을 머금고 말했다.

"마치 몸에 팔뚝이 하나이고, 얼굴에 눈이 하나뿐인 듯하오."

이 말을 들은 제상은 왕을 하직하고 곧바로 말에 올랐다. 집에도 들르지 않고 일본으로 떠나는 배가 있는 동해 바닷가에 도착했다. 아내가 그 소식을 듣고 말을 달려 뒤쫓아 바닷가에 이르니 남편은 이미 배에 오른 뒤였다. 아내가 간곡하게 불렀으나, 박제상은 다만 서서 손을 흔들어 보일 뿐이었다.

왜왕을 만난 박제상은 신라의 핍박을 못 이겨 도망 왔다고 아뢰며 왕의 신임을 얻었다. 미해를 만나 탈출 계획을 세웠으나, 고구려와는 달리 바로 바다로 연결되므로 함께 도망칠 방법이 없었다. 그는 미해를 먼저 탈출시켰다. 그리고는 사람들이 미해의 행방을 묻자 '어제 사냥으로 병이 깊다.' 며 물리쳤다. 저녁이 되어 이상하게 생각한 일본인들이 다시 묻자 '이미 떠난 지 오래되었다.' 고 실토했다. 일본 왕은 급히 군대를 보냈으나 미치지 못했다.

박제상을 잡아들인 왜왕은 노하여 연유를 물었다. 제상은 이제까지와는 달리 태도를 바꿔 신라 신하로서의 자기 책무를 대쪽처럼 밝혔다. 그의 충성심에 감동한 일본 왕이 '만약 일본의 신하가 된다면 후한 녹을 주겠다.' 고 설득했으나, 제상의 답변은 서늘했다.

"차라리 신라의 개, 돼지가 될지언정 왜국의 신하는 되지 않겠다. 차라리 신라 왕의 볼기치기 형벌을 받을지언정 일본의 벼슬과 녹은 받지 않겠다."

왜왕은 고문을 통해 그를 굴복시키려 했다. 제상의 발바닥 살갗을 도려낸 후 갈대를 베어 그 위를 걷게 하고, 뜨거운 철판 위에 세우기도 하면서 "너는 어느 나라 신하인가?" 하고 물었다. 대답은 여전히 서늘하게 '신라의 신하'라고 돌아왔다. 결국 그의 마음을 얻는 게 불가능하다고 판단한 일본 왕은 제상을 불태워 죽였다.

미해가 돌아오자 눌지왕은 잔치를 베풀고 대대적인 사면령을 내렸으며, 제상의 아내를 '나라의 큰 부인(國大夫人)'으로 봉하고 그 딸을 미해의 부인으로 삼았다.

하지만 부인의 슬픔은 사람들의 마음속을 깊이 울렸다. 제상이 일본으로 떠날 때 가까이 닿지 못한 부인은 망덕사 문 남쪽의 모래밭에 드러누워 오래도록 울부짖었는데, 이를 기리고자 이 모래를 '긴 모래(長沙)'라고 불렀다. 오랜 뒤에도 부인은 남편에 대한 그리움을 이기지 못해 세 딸을 데리고 경주의 치술령에 올라 일본을 바라보며 통곡하곤 하였다. 그녀는 죽은 후 치술령의 '신령한 어머니(神母)'가 되었고, 사람들은 사당을 세워 그녀를 오랫동안 받들었다.


박제상은 유교에서 말하는 '충신'이라고 보긴 힘들다. 다른 신하들이 그랬던 것처럼 꼭 목숨과 가족을 걸지 않고도 임금에 대한 충성을 유지할 수 있다. 설사 목숨을 건 일이라 해도 집에 잠시 들러 아내와 딸들에게 작별 인사를 한다고 해서 충성에 흠집이 가는 것도 아니다. 바로 이 점에서 충신과 전사는 갈라진다.

충신이나 좋은 부하는 단지 왕과 상사의 명을 따를 뿐이다. 그러나 전사는 윗사람의 명령이건 아랫사람의 청탁이건 다가오는 요구들 중에서 하늘의 명을 스스로 찾아낸다. 그것이 천명이라고 직감한 경우, 그가 따르는 것은 이미 임금이나 상사나 주변 사람들이 아니다. 그는 관련된 인간관계를 곧바로 '하늘과 나의 관계'로 바꾸며, 하늘의 무게를 얹고 주어진 과제를 받아들인다.

박제상이 '어려운지 쉬운지를 따지지 않고, 죽을지 살지를 따지지 않고' 받아들일 수 있었던 것도, 임금의 요청을 하늘의 명으로 직감했기 때문이다. '명을 받들어 가길 원합니다.'라고 선언한 순간부터 받아들임의 전사는 왕명의 피동적 수행자가 아니다. 그때부터 그는 왕이 준 과제를 자기 인생의 목표를 달성하는 데 적극 이용한다.

왕이나 상사는 자기 인생에 다가와 갈 길을 열어주는 조연으로 바뀌고, 자신은 홀로 하늘 앞에 온몸과 마음을 드러낸 인생의 주인이 된다. 그런 태도가 아니고서는 박제상처럼 주저 없이 과감하게 행동할 수가 없다. 그는 더 이상 신하도, 부하도 아니다. '명을 받들길 원합니다.'는 사실상 하늘에 대고 한 소리다.

일본 왕 앞에서 제상이 취한 마지막 행동도 '충신은 한 주군만 섬긴다.'는 유교적 논리가 아니다. 그가 따른 것은 하늘의 명이고, 그것은 바른 길이어야 한다. 만약 일본의 신하가 되겠다고 하면 목숨은 부지하겠으나, '바른 길을 끝까지 가라.'는 하늘의 명은 거역하는 셈이다. 신라를 배신하는 게 아니라 하늘을 배신하는 것이며, 이제까지 취한 모든 바른 행동에 스스로 똥물을 끼얹는 셈이다.

일본 왕은 적이기에 앞서 나의 바른 길 걷기를 시험하는 최후의 유혹자이다. 그 유혹을 마지막까지 넘겼기에 박제상은 화형장에서 맑고 강렬한 혼의 빛을 하늘로 쏘아올릴 수 있었다. 일본 왕이 박제상을 처형한 것은 그의 인생 목적을 마지막으로 완성시켜준 것이고, 화형장은 진정한 전사의 탄생을 축하하는 불꽃 축제가 된 것이다.

하늘의 명을 받아들이는 전사가 되기 위해서는 버림의 전사가 먼저 되어야 한다. 이제까지 살아온 삶의 전부 또는 일부를 버리지 않고는, 하늘을 내 안에 모실 공간이 생기질 않는다. 박제상은 하늘의 명을 받들기 위해 자기 삶의 모든 것을 버린다.

박제상이 눌지왕의 요청을 처음 듣는 순간, 그는 뭘 버려야 할지를 직감했다. 사랑하는 처와 세 딸, 그리고 자신의 목숨이 그것이었다. 그는 자신이 애지중지하는 가족과 생명을 버리는 것이 하늘이 요구하는 핵심임을 알았다. 사사로운 모든 것을 버리라는 하늘의 명을 받았을 때, 버림의 전사는 응답했다. 그 명을 받들길 원한다고. 사사로움을 버리고 하늘의 너른 평원으로 오르길 원한다고.

그가 곧장 고구려로 출발했던 데서, 그리고 고구려에서 돌아와 가족을 찾아보지도 않고 곧바로 일본행 배를 탔던 데서 박제상의 고뇌가 드러난다. 그는 너무도 아내와 딸들을 보고 싶었다. 그러나 그들을 보는 순간 하늘의 명을 받들기로 한 결심이 무너지리라는 것을 알 정도로 자기 내면도 서늘하게 쳐다보았다. 그가 선택한 방법은 유혹에 흔들릴 가능성 자체를 차단해버리는 것. 그는 도망치듯 말을 타고 가서 배에 올라 떠날 때, 바닷가에 서서 울부짖는 아내의 소리를 들었다. 아내를 향해 흔드는 그의 손길에서 이 삶이 가져다준 행복과 사랑에 대한 감사가 영원한 이별의 슬픔과 얽혀 바다로, 육지로, 하늘로 퍼져 나갔다.

박제상의 슬픔은 아내와 딸들을 통해 우리에게 전해진다. 아내는 남편이 어떤 사람이라는 것을 알았기에, 하늘의 명을 받드는 전사와 함께 살아온 영광이 지아비를 잃은 슬픔 속에 진하게 배어 있다.

그녀가 딸들과 더불어 치술령에 자주 올라 남편이 간 곳을 바라보며 그리워한 것도, 그리하여 치술령의 '신령스런 어머니'가 되어 후대인들의 아픔을 달랜 것도 그 슬픔 어린 영광 때문이다.

박제상이 버린 것은 그 정도로 진한 애착이 밴 것들이다. 그는 자신의 한계를 알았기에 겉으로 보기에는 매몰차게, 그러나 안으로는 삶 전체에 대한 감사와 영원한 이별에 따른 슬픔의 무게로, 도망치듯 사사로움을 버렸다. 버림의 전사들이 하늘의 명을 남김없이 받아들이기 위해 버린 것, 그것은 진하디 진한 애착이 밴 사사로움이다. 진정한 받아들임은 남김없이 버리는 데서 완성된다.

왜 갖기도 바쁜데 버리는 것일까? 북유럽 하늘나라의 제왕 오딘이 그것을 알려준다.

# 오딘

젊은 시절의 오딘은 신과 거인과 인간들이 얽힌 세계의 질서를 잡는 데 지혜가 가장 중요한 자산이라고 생각했다. 그는 지혜의 샘 미미르로 찾아가 그 샘물을 한껏 들이키고자 하였다. 하지만 어렵게 찾아갔음에도 이 샘을 지키는 거인 미미르는 딱 잘라 거절했다. "무슨 대가를 주면 샘물을 마실 수 있겠느냐?"고 물어도, "지혜보다 더한 보물은 없으니 필요 없다."고 하였다.

그러나 오딘도 만만히 물러설 태세는 아니었다. 멋있고 젊은 신 오딘의 강렬한 눈길이 간절한 소망을 담고 거인을 바라보았다. 미미르는 이글이글 불타며 상대의 마음을 꿰뚫는 듯한 오딘의 눈을 보면서 마음이 흔들려 제안했다.

"글쎄, 지혜의 샘물에 버금가는 보물을 내놓는다면 샘물을 마실 수도 있겠지. 한 쪽 눈을 내놓으면 어떻겠소?"

그 말에 오딘은 깜짝 놀라 뒤로 물러섰다. 그는 깊은 생각에 잠겨 고민했다. 한 쪽 눈을 잃는 것과 지혜를 얻어 이 우주의 질서를 세우는 것, 둘 사이에서 왔다 갔다 하던 오딘은 결단했다.

"좋소. 한 쪽 눈을 내어놓겠소."

그는 한 쪽 눈을 뽑아 샘의 바닥에 내려놓은 후, 마침내 지혜의 샘물을 마음껏 들이켰다. 대신 미미르는 오딘의 상처를 치료해주었다. 이후 오딘은 애꾸눈으로 언제든 이곳으로 와서 샘물을 마시고, 지혜로운 거인 미미르와 이야기를 나눌 수 있었다. 샘의 바닥에는 지금도 오딘 신의 눈알이 빛나고 있다.

하늘의 제왕 오딘이 천하를 평정할 수 있었던 것은 눈이 하나 없었기 때문이다. 그는 사물의 형체를 알아보는 눈을 버린 대가로 사물의 본성과 그 흐름의 진리를 아는 눈을 얻었다. 눈알이 없어진 곳에서는 본성과 진실을 보는 눈빛이 생겨났다. 그를 그릴 때 항상 등장하는 애꾸눈은 이 위대한 거래를 회상케 한다.

오딘이 버린 눈은 미미르의 표현으로는 '지혜의 샘물에 버금가는 보물'이었다. 그러나 미미르가 조건을 제시하기 전까지 오딘에게 한 쪽 눈이란 제왕의 온전한 카리스마를 구성하는 힘이요, 젊음의 매력이요, 삶을 제대로 살아내게 할 생명 요소였다. 그 중요한 눈을 보이지도 않는 지혜와 비교하여 어느 것이 더 중요한지를 판단해야 했다.

오딘은 보통 존재들과는 다른 판단을 내렸다. 보통 존재들에게는 사물의 형태를 알아보고, 남들에게 흉보이지 않는 것이 더 중요했다. 그러나 오딘은 사물의 본성을 알고, 그 흐름의 진실을 아는 것이 훨씬 중요했다. 그 지혜의 힘을 얻고서 애꾸눈 오딘은 세상을 통일했다.

오딘의 탁월한 점은 지혜가 최고의 보배라는 사실을 감지할 정도로, 눈알을 빼주고라도 이 보배를 얻는 게 더 이익이라는 사실을 알 정도로 지혜로웠다는 것이다. 그가 전쟁의 신일뿐 아니라 지혜의

**북유럽 신화 속의 영혼 군대**
오딘이 먹구름을 타고 사냥꾼 군대를 이끌고 있다. 19세기.

신으로도 불리는 이유는 미미르의 샘물을 마셨기 때문만이 아니다. 그는 그 샘물이 얼마나 중요하며, 그것을 얻기 위해 무엇을 버려야 하는지를 알 정도로 이미 지혜로웠다. 미미르의 샘물이 더 큰 지혜를 담게 된 것은 오딘의 눈알이 그 바닥에서 빛나고 있기 때문이다.

버림으로 최고의 보배 지혜를 얻은 전사, 그가 오딘이다. 버림의 전사들은 진정으로 아끼는 것을 버린다. 그보다 더 중요한 것, 그보다 더 가치 있는 것이 무엇인지를 알기 때문이다. 그 점에서 버림의 전사는 무엇이 더 가치 있는지를 아는 지혜의 힘으로 버린다. 현재 애지중지하는 것을 버리지 않고는 더 중요한 것을 얻을 수 없다는 것을 알기에 버린다. 그것이 우주의 거래 법칙임을 알기에.


버림의 전사들이 버리는 애지중지하는 것, 사사로운 것, 그것은 도대체 무엇일까? 그것이 무엇이기에 보통 사람은 전사가 될 수 없는 것일까? 한반도의 무당들이 섬겨온 당금애기는 무엇을 버려야 할지를 구체적으로 알려준다.

# 당금애기

신화, 전사를 만들다

꽃다운 소녀 당금애기에게 '그 사건'이 일어난 것은 집 안에 혼자 있을 때였다. 부모는 산천유람을 떠났고, 아홉 오라비는 나랏일 돌보러 떠났으니, 그 큰 집에 남은 것은 막내 외동딸 당금애기와 여종 둘뿐이었다. '그 사건' 앞에서 여종은 있으나 마나한 존재였다.

한반도 최고 부잣집의 막내딸 당금애기. 부모가 아들 아홉을 낳은 뒤 명산대천에서 정성껏 빌어 얻은 귀한 딸이었다. 부모의 극진한 정성을 받아서인지 당금애기는 천상선녀의 화신인 듯 맑은 자태와 고운 마음씨가 눈곱만 한 티끌 한 점 없었다. 대문이 열두 개나 있는 큰 집을 홀로 지키는 소녀 당금애기에게 그 엄청난 사건이 다가오고 있었다.

사건의 시작은 대문 밖에서 울리는 염불 소리였다.

"나무관세음보살, 나무관세음보살."

밖에서 꾸벅꾸벅 졸며 대문을 지키던 여종이 방에서 수를 놓고 있던 당금애기에게 보고했다.

"아씨, 웬 스님이 시주를 청하러 왔어요."

"어른이 계시면 후히 베풀련만 도리가 없구나. 기색을 엿보다가 스님이 돌아가시면 일러주렴."

당금애기의 지시는 일단 '무반응'으로 대응하라는 것이었다. 부

모도 오빠도 없이 여자들만 있는 집이므로 함부로 바깥사람을 들여
놓을 수 없다는 이유였다. 아가씨의 지시를 받은 여종은 몰래 숨어
기색을 엿보고 있었다.

이런데 염불 소리의 주인공은 예사 중이 아니었다. 그가 열리지
않는 대문을 향해 주문을 외기 시작하자, 철통같은 열두 대문이 차
례로 덜컥덜컥 스르렁 툭탁 열려버리는 것이 아닌가. 놀란 몸종이
문을 잡고 지키려 달려들었으나, 대문은 하릴없이 모두 활짝 열렸
다. 이후 목탁과 염불 소리가 점점 다가오더니 마침내 당금애기 방
바깥에 머물며 계속되었다.

당금애기가 놀라 방에 함께 있던 몸종에게 나가보라 말했다. 몸종
이 나가보니 검고 땟국이 흐르는 스님 하나가 목탁을 들고 서서는
"서천 서역 땅 화주승이 당금애기께 시주를 청하나이다." 하는 것이
아닌가?

서천 서역이라면 지금의 인도요, 말로만 듣던 불국토가 있다는
곳인데, 어찌 거기서 시주 받는 화주승이 이 먼 동녘 땅까지 왔으
며, 더욱이 내 이름은 어찌 알았단 말인가? 얼굴이 빨개진 당금애기
가 가슴이 쿵쿵 뛰어 어쩔 줄 모르다 화장과 치장을 하고는 문고리
를 밀었다. 고개를 살짝 숙이고 합장한 채 앵두처럼 붉은 입을 열어
말하길, "스님, 때를 잘못 맞추셨습니다. 부모님, 오라버니 전부 나
가셔서 곳간이 꼭꼭 잠겼으니 시주 동냥을 드릴 수가 없네요."

그러나 이 스님의 태도는 열두 대문을 열어젖히고 들어올 때처럼
거침이 없었다. "그 일이라면 걱정 마시오." 하더니, 쇠 지팡이를
하늘로 향하고 왼발로 땅을 세 번 굴렀다. 그러자 꼭꼭 닫힌 곳간

문이 덜컹 열렸다. 놀란 당금애기가 마음을 겨우 진정하고 입을 열었다.

"스님, 어떤 쌀로 드릴까요? 아버님 드시던 쌀을 드릴까요?"

"그 쌀은 누린내가 나서 받을 수 없습니다."

"그러면 어머니가 드시던 쌀을 가져가세요."

"그 쌀은 비린내가 나서 못 받겠습니다."

"그러면 아홉 오라버니가 먹던 쌀을 드리지요."

"그 쌀은 땀내가 나서 받을 수 없습니다."

"그럼 어떤 쌀을 달란 말씀입니까?"

"당금애기님 드시던 쌀로 손수 퍼주시오."

당금애기는 할 수 없이 곳간으로 들어가 자기 쌀독을 열고 깨끗한 쌀을 가려 떠다가 동냥자루에 조심스레 쏟았다. 그런데 그만 자루에 들어간 쌀이 땅바닥으로 주르륵 흘러내렸다.

"딱한 스님 같으니. 어찌 밑 빠진 자루를 가지고 동냥을 다닌단 말씀입니까?"

당금애기는 얼른 동냥자루를 기워 나와서 빗자루를 찾아 들고 땅에 쏟아진 쌀을 쓸어 모으려 했다. 그런데 이 형편없는 몰골의 중은 그 도도함이 더해갔다.

"부처님께 올릴 쌀을 험하게 다루면 안 됩니다. 싸리나무 젓가락으로 하나하나 주워 담아야지요."

그 말은 옳은즉, 당금애기는 후원의 싸리나무를 꺾어다 젓가락을 만들어 땅에 떨어진 쌀을 한 알 한 알 주워 담기 시작했다. 발그레한 얼굴에 땀방울이 송송 맺히는 줄도 모르고, 자기 옷과 남정네 옷이 한데 감기는 줄도 모른 채 어느새 해가 서산에 기울었다. 쌀알을 다 주워 담았으니, 이제 험한 중의 갑작스런 침입 사건도 끝나겠다 싶어 안도의 한숨을 쉬었다.

"스님, 다 됐습니다. 날이 저무니 어서 바삐 길을 나서세요."

그런데 이 뻔뻔스런 중은 요동도 않았다.

"듣던 말과 다르군요. 이렇게 저문 날에 어디로 가란 말씀입니까? 유수같이 흐르는 밤에 하룻밤만 묵어가게 해주오."

어두운 한데에 사람을 내쫓을 수는 없다 생각한 당금애기가 하릴없이 방을 내주려는데, 아까와 똑같은 순서로 아버지 방은 누린내가 나서 못 잔다 하고, 어머니 방은 비린내가 나서 못 잔다 하고, 오라비 방은 땀내가 나서 못 잔다며, 굳이 당금애기 자는 방 한구석을 빌려달라고 했다.

처녀 혼자 있는 집에 묵어가겠다는 요구도 가당치 않거늘, 그 많은 방 중에서 꽃다운 처녀 방에서 같이 자겠다니 천부당만부당한 요구였다. 다만 덧붙이기를, 방에 병풍을 쳐놓고 아가씨는 병풍 안에서 자고, 자기는 병풍 밖에서 자겠단다. 그러나 이 중의 말도 안 되는 요구에는 거스를 수 없는 무게가 실려 있었다. 하릴없이 방의 위쪽을 빼앗긴 당금애기는 병풍을 둘러치고 앉아서 수를 놓으며 밤을 지새우기로 작정했다. 얼마나 시간이 흘렀을까? 저편에서 춘포 장삼 벗어놓고 잠을 청하던 중이 슬쩍 주문을 외우니, 당금애기는 강물처럼 졸음이 밀려와 깊은 잠에 빠져들었다.

새벽닭 울음소리에 잠이 깬 당금애기는 화들짝 놀랐다. 화주승이 입었던 더러운 춘포 장삼이 제 몸을 덮고 있고, 자기가 덮으려던 비단 이불은 화주승이 덮고 있는 게 아닌가? 게다가 생생한 꿈에 온몸이 저려왔다. 오른쪽 어깨에 달이 얹혀 있고, 왼쪽 어깨에 해가 얹혀 있으며, 맑은 구슬 세 개를 옷고름에도 넣어보고 허리춤에도 넣어보다가 입으로 꿀꺽 삼키는 꿈이었다. 잠에서 깼는데도 해와 달이 어깨에 앉은 듯하고 뱃속에 구슬들이 든 것만 같았다.

자리를 떨치고 일어난 중은 눈빛으로 저를 잡는 당금애기를 외면한 채, 아무 일도 없었던 듯 길을 나섰다. 당금애기는 해몽이나 해달라며 그의 옷자락을 붙잡는데, 화주승은 그녀의 손바닥에 박씨 세 알을 건네주며 벼락같은 한 마디만 남긴 채 떠나버렸다.

"귀한 아이들을 낳을 꿈이니, 아이들을 낳거든 부디 잘 키우시라."


부모가 돌아오고 아홉 오라비들이 돌아왔다. 몸에 이상한 변화가 있는 터라 식구들을 볼 때마다 두려움의 전율이 온몸에 퍼졌는데, 그것도 오래가지 못하고 오라비들에게 부른 배를 들키고 말았다.

사정을 고하고 고했으나 아버지에게서 떨어진 말은 "너는 더 이상 내 딸이 아니다." 뿐이었다. 그 말과 더불어 오라비들이 칼을 들고 달려들었다. "씻지 못할 죄를 지었으니 이 세상 떠나는 걸 서러워 말라."며 칼을 내리치려는데, 칼 든 팔이 내려오지 않고 칼날은 뚝 부러졌다. 울음을 삼키던 어머니가 나섰다.

"이 아이가 옳고 그른지는 하늘이 알 일이다. 이 아이를 뒷산 바위 구멍으로 보내자꾸나. 죄가 없으면 하늘이 살리고, 죄가 있으면 벌을 내릴 터이니."

아홉 오라비는 여동생을 훌쩍 채가지고 뒷산으로 올라가 컴컴한

〈젓가락으로 쌀을 줍는 당금애기〉ⓒ전갑배, 1998년

돌구멍 속에 밀어 넣었다. 오라비들이 손을 털며 집으로 향하는데 갑자기 사방이 어두워지더니 흙비와 돌비가 쏟아졌다. 아홉 형제는 두 다리가 땅에 붙어 꼼짝달싹 못한 채 흙비와 돌비를 맞고 쓰러졌다.

몇 날 며칠을 내리던 흙비와 돌비가 그치자 발을 동동 구르던 어머니가 뒷산을 올라 돌구멍을 들여다보았다. 아무 소리가 들리지 않아 죽었구나 싶었는데, 구멍을 통해 작은 소리가 들렸다. 귀를 대고 들으니 아기 울음소리였다. 어머니는 칡덩굴을 붙잡고 기어 내려갔다. 당금애기 품 안에는 아이가 하나도 아니고 셋이나 안겨 어미 젖가슴을 헤치며 칭얼대고 있었다.

"하늘이 너를 살렸는데 누가 너를 해칠까?"

어머니는 눈물을 훔치며 딸과 세 손주를 데리고 집으로 돌아와 키우기 시작했다.

아이들은 쑥쑥 자랐지만 '아비 없는 자식'이라는 주위의 놀림에 서러움을 견딜 수 없었다. 어느 날 참기 힘든 모욕을 당한 세 형제가 어머니 앞에 달려와 울음을 터뜨렸다.

"어머니, 우리는 왜 아버지가 없습니까? 서러워 죽고 싶습니다."

당금애기는 눈물을 머금고 가슴속 깊이 묻어두었던 그날 하루의 일을 풀어놓았다. 말을 마친 당금애기는 품 안에 고이 간직했던 박씨 세 알을 꺼내놓으며 '너희 아버지가 남기신 증표'라고 말했다. 세 형제는 씨를 받아 곧바로 뒤뜰에 심었다. 씨는 하룻밤 사이에 싹이 돋아 덩굴을 출렁이며 뻗어 나가기 시작했다. 세 형제는 가마에 어머니를 태우고 박 덩굴을 쫓아 길을 나섰다.

셀 수 없이 물을 건너고 산을 넘어서 네 사람이 다다른 곳은 머나먼 서쪽 낯선 땅이었다. 덩굴은 황금빛 산의 골짜기로 접어들더니 조그만 암자 앞에 멈추었다. 안에서는 불경 외는 소리가 들리는데, 당금애기가 들어보니 바로 그날 그 사건의 주인공 목소리였다.

"동쪽 나라 당금애기가 아이들 데리고 당신을 보러 왔습니다."

방문이 열리고 한 스님이 나오는데 그 모습은 낯설었다. 이목구비가 그린 듯하고 살결이 백옥 같아 티 한 점이 없었다. 놀란 당금애기가 눈을 감았다 떠보니 얼굴빛은 다르되 눈빛은 그대로였다.

'아버지'라고 부르며 달려드는 아이들에게 스님은 엄한 목소리로 말했다.

"너희가 내 자식이라면 뒷동산에 올라 죽은 지 삼 년 된 소뼈를 살려내어 거꾸로 타고 와라."

세 형제가 소뼈를 주워 모아 정성껏 쓰다듬으니 살이 올라 '움메' 소리와 함께 살아나면서 세 형제를 태웠다.

돌아오자 두 번째 시험이 떨어졌다.

"짚으로 닭을 만들어 살아 움직이게 해라."

세 형제가 짚으로 만든 닭에 숨을 불어넣으니 날개를 퍼덕이며 '꼬끼오' 울었다.

마지막으로 "손가락의 피를 내어 이 그릇에 담으라."고 했다. 스님도 피를 내어 그릇에 흘리자 네 사람의 피가 구름처럼 몽실몽실 쌓여 똘똘 뭉쳐졌다. 아비는 세 아들을 끌어안았다.

아이들이 '이름도 없이 살아왔다.'며, '이름을 지어달라.'고 아비에게 요청했다. 스님이 큰 형부터 앉히고는, "푸른 띠를 둘렀으니 청산이라 하자."고 말했다. 이 순간 옆에서 지켜보기만 하던 당금애기가 끼어들었다. 스님의 제안을 '몹쓸 이름'이라 반박하며, "형 부처(兄佛)'라고 합시다."라고 우겼다. 그 기세에 눌린 스님 아비가 당금애기의 제안을 받아들였다.

그리고는 둘째를 보며, "누른 띠를 둘렀으니 황산이 어떠리까?" 하고 당금애기의 의견을 물었다. 그 이름도 못 쓰겠다고 반박한 당금애기는 '다시 부처(再佛)'라고 하자며 주장하여 관철시켰다.

셋째는 "하얀 띠를 둘렀으니 백산이 어떠합니까?"라고 말하며 당금애기의 눈치를 보았다. 역시 당금애기는 곤란하다고 한 후 '셋째 부처(三佛)'로 관철시켰다. 스님은 당금애기를 바라보며 말했다.

"이름이 좋습니다. 형 부처, 다시 부처, 셋째 부처. 이렇게 세 부처가 꼭 되었습니다."

세 형제가 삼불제석 제석신이 되어 세상 사람들을 구원하고 복을 나누어 주게 된 사연은 이러하다. 그 어머니 당금애기는 삼신이 되어, 집집마다 아이를 점지하고 순산을 돕고 병 없이 자라게 돌보아 주는 일을 맡게 되었다. 어머니는 인간 생명의 탄생 과정을, 세 형제는 인간 생명의 성장 과정을 돕는 신들이 되었으니, 당금애기 모자의 활약으로 모든 가정이 생명의 탄생과 성장을 이룰 수 있게 된 사연이다.


그 어느 날 혼자 있을 때 그이가 찾아온다. 잠근 문을 부수고 가슴까지 풀어헤치며 몸속으로 들어와 내 삶을 온통 뒤바꾸어놓는다. 그이는 누구일까?

보고에 따르면 그 땟국 흐르는 무도한 중의 근본은 하늘나라이

다. 그는 인간 세상 서쪽 나라 개비랑국에 태자로 태어났다가, 부모
가 일찍 돌아가셔서 외톨이 고아가 되어 황금산에 파묻혀 한숨으로
세월을 보냈다 한다.

어느 날 미친바람이 불더니 그의 발 앞에 염주 한 알이 떨어졌고,
이를 심으니 염주가 주렁주렁 열리는 나무로 자랐다. 이것으로 자
신의 운명을 알아차린 그는 백팔염주를 실에 꿰어 목에 걸고 스님
행세를 시작했다고 한다. 산에서 한 걸음도 나가지 않고 도를 닦으
니 6년 만에 깨달음을 얻었다.

깨달음을 얻고서 사람 사는 마을로 나올 때 그의 모습에 대해서
는 "검고 얽고 찡긴 얼굴에 귀밑으로 때가 얼기설기 흘렀다."고 한
다. 겉모습은 그러하되, "등 뒤에는 보일 듯 말듯 북두칠성이 응하
고 두 어깨에 해와 달이 응하였다." 그의 이름은 '시준님'이다.

개비랑국은 카필라바스투 왕국을 말할 것이고, 6년간 수행하고
나서 깨달았다고 하니 석가세존의 속칭인 '시준'이 그이였다. 하늘
은 세존의 형상을 띠고 그날 당금애기의 전 존재를 덮쳤다. 어느 날
갑자기 내 삶의 기반이 다 무너지는 그때가 하늘이 덮치는 날이다.


인간계의 사람들은 이렇게 '갑자기 삶을 황폐화시키는' 사태를
막기 위해 벽을 치고 갑옷을 겹겹이 껴입고 있다. 열두 대문의 물리
적인 벽은 물론 부모나 형제, 국가가 얽힌 사회적 관계의 갑옷이 우
리 삶을 보호할 것이라고 믿는다. 서로가 서로의 갑옷을 입혀주고,
갑옷에 이런저런 치장도 하다 보면 갑옷 자체가 '나'라고 생각된다.
하늘의 할아버지라도 여러 벌 두껍게 껴입은 인간의 갑옷을 깨기는

힘들다. 그러나 사회적 관계의 갑옷을 벗고 혼자 있는 시간, 하늘은 무섭게 내려올 수 있다.

시준님은 우연히 당금애기 집에 온 것이 아니다. 아홉 아들 뒤에 명산대천에 기도하여 낳은 귀한 딸 당금애기. 그것도 천상선녀의 화신인 듯 맑은 자태와 고운 마음씨가 눈곱만 한 티끌 한 점 없는 아이. 그 순수한 마음의 가능성을 보고 온 것이다. 그것도 당금애기가 혼자 있는 시간, 관계의 갑옷이 풀리며 자기 자신을 직면할 틈이 생긴 시간을 미리 알고 닥친 것이다. 때가 된 것이로되, 그것을 모르는 당금애기에게는 '갑자기 황당한 일'이 터진 것처럼 보일 뿐이다.

시준님은 우선 열두 대문을 열어젖힌다. 한반도 최대 부자의 재력과 신분을 보호하기 위해 12중으로 쌓은 대문들. 그 철통같은 장벽이 시준님의 주문 하나로 덜컹덜컹 열려버리고, 그 순간 당금애기가 입고 있던 신분과 재산의 갑옷이 훌렁 벗겨져 나간다. 자아를 둘러싼 사회적 껍질이 깨져 나간 것이다.

사회적 신분의 껍질이 산산이 깨져버리자, 당금애기는 황급히 화장과 치장으로 자신을 보호하고서 방 앞에까지 들이닥친 시준님을 맞는다. 첫 대면에서 시준님은 시주를 내놓으라고 요구한다. 사회적 신분이라는 자아를 버린 상태에서 부처님을 공양하라는 뜻이다. 이 요구에 대해 당금애기는 '부모와 오빠들이 안 계셔서 곳간 문을 열 수 없다.'며 발뺌한다. 다시 시준님이 신통술을 부리니 곳간 문이 덜컹 열려버린다. 내 신분을 지탱해준 부와 물질의 창고가 열려 석가세존에게 노출되어버린 것이다.

하늘은 '나'를 보호하기 위해, 더 나아가 '나'를 형성하기 위해

쳐놓은 장벽을 한 켜 한 켜 뭉개며 내 심장부를 향해 무섭게 다가온다. 곳간이 열려버리자 당황한 당금애기는 아버지에서 시작하여 이 집안에 책임이 높은 사람들을 순서대로 열거하면서 그들이 잡숫던 쌀을 드리겠다며 관계의 서열 맨 뒤로 숨는다. 서열과 권한의 갑옷 끈을 단단히 조이며 자아를 방어하려 한 것이다. 그러자 시준님은 남의 쌀은 각종 냄새가 난다며 '바로 네가 먹던 쌀을 손수 퍼서 바치라.'고 요구한다. 이 요구 앞에 막내딸이라는 관계 서열로 보호된 '나,' 더 나아가 '관계=나'의 갑옷이 훌러덩 벗겨진다. 숨을 곳이 없어진 당금애기는 자기 쌀을 퍼서 공양드릴 수밖에 없다.

동냥자루에 부은 쌀이 땅으로 흘러내리자 빗자루로 대충 쓸어 모으려는 당금애기. 서열과 관계의 갑옷이 벗겨져 중요한 방어막이 사라진 위험한 상황에서 자아는 빨리 이 험한 상황을 벗어나려고 시도한다. 싫고 힘든 것은 피하며, 좋고 쉬운 것만 유지하려는 자아의 관성을 따른 것이다. 그러자 '싸리 젓가락으로 하나하나 주어 담으라.'는 요구가 또 떨어진다. 곤란하고 어려운 것은 피하고 편한 것만 취하려는 자아의 쾌락 원리를 간파한 하늘이 날카롭게 견제한다. 쾌락 추구의 갑옷이 벗겨진 자아는 날이 저물도록 구슬땀을 흘리며 정성을 쏟지 않을 수 없다.

자아의 갑옷을 벗기며 무섭게 다가오는 하늘은 마침내 잠 잘 방을 내놓으라고 요구한다. 당금애기는 한 번 벗겨진 관계와 서열의 갑옷을 다시 주어 입으며, 부모 방에서 오빠들 방까지를 제시하며 피하는데, 석가세존의 견제는 추상과 같다. 그런 방들은 부처님 모시기에 모두 냄새가 나는 너의 겉껍질들이니 네 속 알맹이를 내게 바치라는 것이다. 자기 방을 내놓으라는 얘기는 그렇게 귀히 여겼던 처녀의 몸을 내놓으라는 소리다. 몸과 동일시된 자아의 갑옷이 훌렁 벗겨지면서 알몸이 드러난다.

마지막 남은 보호벽은 병풍뿐. 발가벗은 자아는 밀려오는 이 무서운 힘에도 불구하고 마지막까지 남은 보호 수단으로 자신을 둘러싼다. 병풍 저편에서 잠자지 않고 밤을 새우는 것이다. 마음으로 친 최종 보호 장벽이다. 그러나 시준님의 주문은 그것마저 벗겨버린다.

마침내 자아의 모든 갑옷을 벗겨낸 하늘은 자기 씨앗을 당금애기의 몸과 마음속에 뿌려 넣는다. 이것이 석가세존의 모습으로 덮쳐온 하늘이 뿌린 '무아'의 씨앗이다. 어느 날 갑자기 쏟아진 하늘은 자아를 보호한 모든 벽을 깨고 자아를 구성해온 모든 갑옷을 벗겨버린다.


하늘은 그 씨앗을 뿌린 사람들의 삶을 황폐화시키는 것처럼 보이지만, 실상은 내가 붙들고 놓지 않으려는 자아의 갑옷들을 벗겨버릴 뿐이다. 그렇게 굳은 울타리를 두르고, 그렇게 두껍게 갑옷을 입고 있어서는 인간 생명을 심고 키우는 삼신이 될 수 없고, 인간의 생장을 돕는 제석신을 잉태할 수 없기 때문이다.

당금애기는 버림의 전사이다. 비록 남은 갑옷들을 조이며 마지막까지 자신을 보호하려고 안타깝게 시도했지만, 당금애기는 자아의 껍질들이 벗겨져 땅바닥에 뒹굴 때마다 그 껍질들을 다시 주워 입으려 하지 않고 새로운 시준님의 요구를 받아들였다. 그러면서 한 켜 한 켜 자아의 껍질들을 놓아버렸다.

비록 가족의 것일지라도 남의 것이 아닌 바로 내 것을 바쳐야 한다는 것, 곤란하고 힘들어도 피하지 않고 정성을 바쳐 한 알 한 알에 마음을 모아 바쳐야 한다는 것, 그리고 내 몸과 마음까지 하늘에 열어놓아야 한다는 것을 그녀는 깨달아간다. 그리고 열두 대문으로 둘러친 나의 벽들, 화장의 갑옷, 예절의 갑옷, 서열의 갑옷, 물질의 갑옷, 쾌락 원리의 갑옷, 몸의 갑옷, 마음의 갑옷이 모두 껍데기들이라는 것을 버리면서 깨달아간다.

그녀가 버린 것은 여러 겹으로 둘러싼 자아의 껍질들이다. 그러나 결국은 하나, '나' 라는 환상이다. 자아라는 환상, 박제상을 포함한 버림의 전사들이 버리는 것들의 공통 핵심이다. 당금애기는 지혜를 칼로 하여 자아를 둘러싼 껍데기들을 한 켜 한 켜 벗겨버렸기에 하늘 씨앗을 세 개나 잉태할 수 있었다.


하늘의 씨앗을 잉태한다는 것은 위험한 일이다. 오빠들이 칼을 들고 내리치고, 뒷산 바위 구멍으로 내팽개쳐질 수도 있다. 그러나 하늘은 자신이 뿌린 씨앗을 지키기 위해 끝까지 돕는다. 제우스가 자신의 씨앗을 보호하려 했던 것처럼.

중국의 노자는 "그 영화로움을 알고 그 욕됨을 지키면 천하의 골짜기가 된다."고 했다. 천하의 골짜기는 모든 생명을 낳는 하늘의 자궁이니, 바로 삼신이 된 당금애기를 말한다. 그렇게 되려면 자아의 껍데기들을 버리는 데 따른 욕됨을 감수하면서, 그 욕됨이 얼마나 영광스러운 일인지를 알아야 한다. 욕됨을 견디는 게 아니라 지켜내는 실천이다. 당금애기는 그 영광을 알며 그 욕됨을 지켜내는 수행을 실천했고, 그리하여 천하의 골짜기가 될 수 있었다.

레토, 이오, 칼리스토가 겪은 고통도, 박제상이 사사로움을 버린 것도, 그 핵심은 당금애기에게서 드러난다. 자아의 껍데기들을 하나하나 벗기는 수행. 처음에는 고통을 참기만 했을 것이다. 그러나 그 영광을 알고 나서부터는 그 욕됨을 지켜 나간다.

전사와 보통 사람의 차이는, 보통 사람은 그 영광을 모르기에 그 욕됨을 견디지 못하고 부처의 씨앗을 자꾸 유산시킨다는 것이다. 반면 전사는 부처의 씨앗을 받는 영광을 알기에 자아를 버리는 데 따른 욕됨을 지켜 나간다. 영광이 그들의 것이 될 수밖에 없는 이유이다.


당금애기는 자아의 껍질들을 버리고 욕됨을 지켜내는 수행을 한 결과, 다시 만난 시준님이 더 이상 무섭지 않았다. 외형적인 모습으로 아들의 이름을 지으려는 그를 당금애기는 당당하게 저지했다. 그리고는 아들들의 내적 역량에 따라 모두 부처의 이름을 붙여버렸다.

남편은 이미 부처였다는 것이 드러났다. 자신도 자아를 버리는 과정을 통해 무아를 깨닫는 경지에 이르렀다. 아들들도 남편의 시험을 통해 부처의 공력을 갖추었다는 것이 드러났다. 이를 훤히 지켜본 당금애기는 외형적 모습에 따라 산신령 수준의 이름을 지으려는 남편 부처의 마지막 시험에 걸려들지 않았다. 당신이 뿌린 씨앗은 내게서도, 아들들에게서도 완전히 무르익었다는 것을 당당히 주장했고, 이것은 남편 부처로부터 승인되었다. 부처 부부, 부처 아들 등 다섯 명이 새로운 부처 가족을 이루는 순간이었다.

당금애기가 욕됨을 지켜내며 품었던 영광의 빛이 온 우주에 퍼지
는 순간이었다. 그녀의 요구는 우주에 의해 모두 승인되었다. 이름
붙이기는 창조의 핵심. 당금애기는 자아의 껍질들을 버리고 욕됨을
지켜내는 과정을 통해 부처 가족을 창조해냈다. 그리하여 자신의
삶을, 그리고 아들들의 삶을 우주적인 영광으로 올려놓았다. 전사
가 자기 버림으로 잉태한 하늘의 씨앗을 키워 우주의 영광으로 되
돌린 것이다.


■ 일연, 김원중 옮김, 〈내물왕과 김제상〉, 《삼국유사》, 을유문화사, 2002.
■ 안인희, 〈외눈박이 지혜의 신 오딘〉, 《북유럽신화》 1, 웅진지식하우스, 2007.
■ 신동흔, 〈당금애기, 그 동정의 모성〉, 《살아있는 우리신화》, 한겨레신문사, 2004.

# 떠남의 전사

보통 사람은 머무르려 하지만
전사들은 과감히 떠난다.
머무르는 곳에 파인 함정을 알기에.

# 혜숙

전사들은 떠남의 달인들이다. 어느 날 갑자기 장래가 촉망되는 길을 떠나 사라지고, 사람들의 무리를 떠나 숨어서 산다.

6~7세기 신라, 나라의 젊은 귀족 인재들 무리인 화랑에서 한 젊은이가 자취를 감추었다. 그의 이름은 화랑 명부에서 지워졌다. 전도양양한 화랑 무리를 떠난 승려 혜숙(惠宿)은 깊숙한 촌에서 20년이나 숨어 살았다. 혜숙이 다시 모습을 나타낸 것은 화랑인 구참공이 교외에 나가 사냥할 때였다.

중 하나가 다가와 말고삐를 잡으며 "소승이 따라가도 되겠습니까?" 하고 물었다. 공이 허락하자 중은 이리저리 내달리며 옷을 벗어젖히고 앞을 다투었다. 공이 즐거워하며 피로를 풀면서 고기를 구워먹었다. 이 중은 조금도 꺼리지 않고 살생한 고기를 같이 먹었다. 중이 제안했다.

"여기 맛있는 고기가 있는데 좀 더 드시겠습니까?"

'좋다.' 는 공의 말이 끝나자마자 혜숙은 자신의 허벅지 살을 베어 쟁반에 담아 올리는데, 옷에는 피가 줄줄 흘렀다. 공이 깜짝 놀라 사연을 묻자 혜숙이 말하였다.

"처음에 공이 어진 사람이라 여겨 따라왔는데, 지금 공이 좋아하는 것을 보니 살육을 탐하고 남을 해쳐 자신을 봉양할 뿐이니 어찌 어진 사람이 할 일입니까?"

공이 몹시 부끄러워하는 사이 혜숙은 옷을 털고 가버렸다. 그가 먹던 쟁반을 보니 신선한 고기가 그대로 있었다.


떠남의 전사는 가르치고 배우기 위해서라면 자신의 살점까지도 쉽게 떠난다. 외형적으로는 살을 베어낸 것이지만, 마음에서는 자신의 살을 떠난 것이다. 마음이 자유자재로 이 살을 떠날 수 있으면 살을 베는 고통도 없고, 내 것이라는 집착도 없다.


얼마 후 혜숙이 죽자 마을 사람들이 그의 시체를 묻어주었다. 마을 사람 중 하나가 다른 곳에 갔다 오는 길에 혜숙을 만났다고 말하니, 그의 시체를 막 묻은 마을 사람들은 놀랐다. 혜숙은 그에게 "오랫동안 이곳에 살았으므로 다른 곳으로 유람하고자 한다."고 말하고는 구름을 타고 가버렸다 한다. 사람들이 무덤을 다시 파보니, 혜숙의 시체는 없고 짚신 한 짝만이 남아 있었다.


혜숙과 같은 전사들은 익숙한 것, 안정적인 것, 삶에 꼭 필요한 것들을 쉽게 떠난다. 그것도 갑자기 떠나는데, 마치 떠나는 것을 아침밥 먹는 것처럼 일상적인 일로 여기는 듯하다.

심지어 자신의 생명도 쉽게 떠난다. 그를 부양한 마을 사람들과의 사전 작별 인사도 없다. 유일한 작별 인사라는 것도 '다른 곳으로 유람 가고자 한다.'며 여행 인사 정도로 처리한다.

그들은 멋있게 보이려고 그렇게 하는 게 아니다. '떠남은 일상의 다반사'라는 게 그들이 투철하게 안 진실이다. 그들은 자연스러운 일을 할 뿐이다.

아무리 친한 친구도 언젠가는 떠나고, 평생직장도 때가 되면 떠나며, 피를 나눈 가족도 언젠가는 떠나고, 나 자신이라고 생각한 몸도 떠나고, 모든 것이 언젠가는 떠나간다. 다만 보통 사람들은 머물러 있는 것이 현실이라고 착각하고 그것들을 붙들고 있다. 떠남이 슬픈 이유는 착각과 집착 때문이며, 착각과 집착의 정도만큼 슬프다. 그러나 착각과 집착이 없는 만큼 떠남은 자유롭다.

이들은 의도적으로 떠나기도 한다. 머무르면 집착이 생기고 착각이 생기기 때문에. 머무를 수 없는 세계를 붙잡고 안주하며 놓지 않으려는 어리석음이 자라나므로. 그리하여 집착이 생길 때쯤이면 저 광야를 가고 있는 무소의 외뿔처럼 혼자서 떠난다.

# 사복

또 다른 떠남의 전사가 있다. 7세기경 신라의 사복(蛇卜)은 어려서 '뱀아이'로 불렸다. 그의 어머니는 과부로 혼자 살았는데, 남편도 없이 임신하여 낳은 아이가 사복이었다. 이 아이가 열두 살이 되도록 말도 못하고, 일어서지도 못하고 기어 다녔으므로 사람들이 '뱀아이'라 놀렸다.

때가 이르자 어머니가 돌아가셨다. 사복은 가까운 절에 있던 원효스님을 찾아가 말했다.

"옛날 그대와 내가 함께 불경을 싣고 다니던 암소가 지금 죽었으니, 함께 장사 지내는 것이 어떠한가?"

'좋다.'고 답한 원효는 사복의 집에 갔다. 사복이 원효에게 참회의 게송을 해달라고 부탁했다. 원효가 시신 앞으로 가서 빌었다.

"태어나지 말지니, 죽는 것이 괴롭구나. 죽지 말지니, 태어나는 것이 괴롭구나."

사복이 '말이 번거롭다.'고 응답하니, 원효가 다시 읊었다.

"죽고 사는 것이 괴롭구나."

둘이 상여를 메고 산으로 오르자 원효가 말하였다.

"지혜 있는 호랑이를 지혜의 숲에 장사 지내는 것이 마땅하지 않은가."

이어 사복이 노래를 지어 말하였다.

"석가모니 부처님은 사라수 사이에서 열반에 드셨도다. 지금 또한 그러한 자가 있어 연화장 세계로 들어가려 하네."

사복이 띠 줄기를 뽑으니, 아래에 밝고 맑고 허허로운 세계가 나타났다. 일곱 보물로 장식한 누각이 장엄하여 인간 세상이 아님이 분명했다. 사복이 어머니 시체를 업고 땅속으로 함께 들어갔다. 모자(母子)가 들어가자 땅이 다시 합쳐져 아무 일도 없었던 듯했다.

사복은 지지리도 복 없이 태어났으나, 그가 이 세상에서 유일하게 받은 복은 어머니 복이었다. 전생에 원효와 사복이 함께 수행하면서 불경을 싣고 다닐 때, 온몸에 땀을 흘리며 그들에게 봉사했던 암소가 다시 옛 주인을 아들로 모신 것이다. 의지할 곳 없이 혼자 사는 여자가 남들의 비난 속에 낳은 아들이 말도 못하고 서지도 못했으니, 어머니의 노고와 마음고생은 이루 말할 수 없었을 것이고, 그런 어머니에 대한 아들의 고마움도 가슴에 사무쳤을 것이다.

그럼에도 사복은 어머니가 돌아가셨을 때 눈물 한 방울 흘리지 않았다. 그가 한 일은 전생의 도반인 원효를 불러, 옛날 그들을 도왔던 암소의 명복을 빌어주는 것이었다. 전생을 꿰뚫을 정도로 도력이 높은 사복, 그 도반에 걸맞은 고승 원효. 두 사람은 전생에 온몸으로 수행을 도왔고, 이생에서는 험한 처지에서 그 중 한 사람을 낳고 헌신으로 돌보았던 한 영혼의 마지막 길을 극락으로 터놓기 위해 협력했다.

전생의 암소이자 이생의 어머니는 부처님의 길을 가는 사람을 위해 굴욕을 참아내고 헌신하는 공덕을 쌓았다. 그러나 그녀의 공덕만으로는 연화장 세계에 들어가기 부족했다. 두 사람이 번갈아 참회의 게송과 노래를 지어 부른 것은 전생의 암소이자 이생의 어머니에게 마지막 가르침을 베풀어 많은 공덕을 쌓고 죽은 혼이 더 밝게 깨닫도록 하기 위함이었다.

다시 태어나려는 업을 가진 어머니에게 원효의 입을 통해 '태어나는 것은 곧 죽는 것이니 모두 괴롭다.'고 가르쳤다. 밝아진 혼에 대해 원효는 '지혜의 호랑이'라고 격려하며, 지혜의 숲에 장사 지내겠다고 안내했다.

그녀가 극락에 갈 정도로 깨닫고 자신감도 얻었다고 판단한 사복이 선언했다. '부처님 수준에 도달한 자 있어 연화장 세계로 들어가노라!' 땅속에 훤히 연화장 세계가 열리자, 그는 어머니 시체를 업고 뛰어들었다.


전사가 떠날 때 벌이는 장쾌한 장면이다. 어머니가 떠남에도 눈물 한 방울 없고, 흐느낌 한 자락 없다. 그러나 어머니에 대한 고마움을 표현하는 데 있어 사복이 취한 방법은 어느 아들보다 극진하다. 자신은 이미 연화장 세계에 갈 만한 수준에 도달했으나, 어머니의 혼은 그렇지 못했다. 그럴 때 죽은 어머니를 모시고 같이 연화장으로 갈 수 있다면, 이제까지 자신을 모시고 키워온 암소-어머니에 대한 최고의 선물이 될 것이다.

암소-어머니의 공덕에 원효의 가르침이 덧붙여지고 자신의 마지막 노래로 연화장이 열리자 어머니를 업은 뱀아이가 땅속으로 들

어간다. 오직 높은 세계로 나아갈 과제에 집중하며 서로 돕고 살아
온 인생들이, 도인과 암소, 뱀아이와 어머니의 껍데기를 미련 없이
버리고 떠난다. 도반에게는 고맙다는 말 한 마디도 없이. 나는 내
과제를 다 하고 가니 따라오라며 껄껄 웃는 큰 소리만 메아리로 남
긴 채.

　떠남의 전사들은 어째서 그렇게 쉽게 떠날 수 있을까? 보통 사람
이 애지중지하는 것들을 그렇게 쉽게 떠나는 데는 어떤 비밀이 있
을까? 또 다른 떠남의 전사 형제들 속에서 그 답을 찾을 수 있다.

# 보천과 효명

7세기 말에서 8세기 초 신라의 왕자 보천(寶川)과 효명(孝明) 형제는 수행원들 몰래 떠나기로 약속했다. 두 왕자는 부하들이 잠든 사이에 도망쳐 오대산으로 숨어들었다. 이들은 왜 마음대로 부릴 수 있는 부하들에게서 도망쳐야 했을까?

왕자들이 수행원을 각각 1천 명씩이나 데리고 왕궁을 나온 것은 외관상 유람을 하자는 목적이었다. 이들은 산과 바다를 유람하던 중 갑자기 사라졌다. 왕자들을 호위하던 수행원들이 곳곳을 뒤졌으나 찾지 못하고 경주로 돌아왔다.

보천, 효명 두 왕자는 왕위와 권력의 세계에서 도망친 것이다. 이들에게는 왕위를 이어 나라를 다스리는 최고 위치에 올라야 한다는 과제, 그리고 왕자로서 해야 할 책무들이 어려서부터 강조되었다. 그럼에도 부모와 대신들의 기대를 저버리고 국가를 위한 책무의 세계를 떠나기 위해 치밀한 계획을 세웠고, 산천을 유람하는 척하다가 도망친 것이다.

두 왕자가 오대산에 이르렀을 때, 중대 남쪽에서 갑자기 푸른색 연꽃이 땅을 뚫고 올라왔으므로 그곳에 형 보천이 풀을 엮어 암자

〈신흥사 빗국모란연꽃살문〉 사진 ⓒ 관조, 1995

를 짓고 수행하였고, 동북쪽으로 600여 보 떨어진 곳에서도 푸른색 연꽃이 피어올랐으므로 동생 효명이 풀을 엮어 암자를 짓고 부지런히 수행하였다. 오대산은 왕자의 신분을 떠나 수행하려는 두 사람을 연꽃으로 맞이했다. 카필라바스투 국의 왕자, 석가를 상징하는 그 연꽃으로.

열심히 수행하던 형제가 하루는 오대산의 다섯 봉우리를 경배하기 위해 올라갔다. 이때 동쪽 봉우리(동대)에서는 1만의 관음진신이 나타났고, 남쪽 봉우리(남대)에는 1만의 지장보살이 나타났으며, 서쪽 봉우리(서대)에서는 1만의 대세지보살이 나타났고, 북쪽 봉우리에는 석가여래를 우두머리로 500의 대아라한이 나타났고, 중앙의 봉우리(중대)에서는 1만의 문수보살이 나타났다. 다섯 봉우리에서 일시에 석가여래를 비롯한 4만 5천의 보살들이 휘황찬란한 광채를 발하며 나타나 두 왕자를 격려했으니, 속세의 어떤 잔치도 따라가지 못할 영광스런 장관으로 두 왕자를 환영한 셈이다. 보천과 효명은 감격한 마음에 5만 진신들에게 하나하나 경배했다.

뿐만이 아니었다. 매일 새벽마다 지금의 상원사 자리에서 문수보살이 36가지 형상으로 번갈아 나타나 이들을 격려했다. 어떤 날은 부처 모양으로, 어떤 날은 부처의 손 모양으로, 어떤 날은 푸른 연꽃 모양으로, 또 어떤 날은 흰 코끼리 모양으로 나타났다. 왕자들은 매일 이른 아침 골짜기 물을 길어다 차를 끓여 그 성스런 광휘의 문수보살께 바쳤고, 밤이면 각자의 암자에 들어가 쉼 없이 도를 닦았다.

그사이 조정에서는 왕권 다툼이 일어나 사람들이 왕을 쫓아내고 새로운 왕을 모시기 위해 두 태자를 찾아 나섰다. 장군 네 사람이

오대산에 이르러 효명 태자의 암자 앞에서 만세를 부르자 오색구름
이 일어나 일주일 동안 그곳에 머물며 광채를 뿜었다. 그들은 빛을
쫓아 오대산에 모여들었고, 왕의 행차를 갖추어 태자들을 모시고
돌아가려 하였다. 형 보천은 울면서 끝까지 사양하였으므로, 동생
효명이 이들의 뜻을 받아들여 돌아와 즉위하여 20년 동안 신라를
다스렸다.

혼자 남은 보천에게 문수보살의 격려는 끊이지 않았다. 보살은
가끔 보천의 이마에 물을 붓고 장차 성불할 것을 예언하는 징표를
주었다고 하니, 보천의 수행은 날로 나아졌다. 그는 언제나 영험한
골짜기 물을 먹었기에 늘그막에는 육신이 허공을 날았다. 그는 몸
을 날려 울진국의 '손바닥 하늘 굴(掌天窟)'에 이르러 머물면서 수
구다라니경을 외우는 것을 하루의 일과로 삼았다.

어느 날 손바닥 하늘 굴의 신이 나타나 말했다.

"이 굴에 머문 지 2천 년이 되었지만 수구다라니경의 진리는 처
음 들었습니다. 청컨대 계를 받고자 합니다."

보천이 그에게 보살계를 주자 다음 날 굴의 형체가 없어졌으므
로, 그는 다시 오대산으로 돌아왔다.

다시 50년을 수도하는 동안 그의 도력이 얼마나 높았는지 도리천
의 신이 하루 세 번 방문하여 설법을 들었고, 정거천의 무리가 차를
끓여 바쳤으며, 40명의 천사들이 3미터 높이에서 공중을 날면서 이
성스러운 인물을 호위하였다. 보천이 지녔던 지팡이가 하루 세 번
소리를 내며 방을 세 바퀴씩 돌아다녔으므로, 이를 시간 기준으로
수행하였다 한다.

떠남의 전사들이 떠나는 것은 외형상 왕위요, 국가에 대한 책무요, 권력의 영화이다. 보통 사람들은 왕위에 오르기 위해 피를 나눈 형제들과도 살육을 벌인다. 보천과 효명 두 왕자가 오대산에 있을 때도, 경주에서는 정신왕과 그 아우가 임금 자리를 다투었으므로, 사람들이 왕을 쫓아내고는 두 태자를 맞이하려 한 것이다.

국가와 민족을 위하여, 가족을 위하여, 회사를 위하여 등 무엇인가 '위하여'를 강하게 외치는 삶은 이처럼 당파 간, 형제간, 부모 자식 간 골육상쟁을 불러온다. 무엇인가를 '위하여'라는 기치를 내거는 순간 형제와 싸우고, 부모에게 대들고, 아내가 남편을 속이고, 내부의 적이든 외부의 적이든 모든 적을 섬멸해야 한다. 보천과 효명 왕자는 그런 삶을 피하려고 떠났다. 그러기 위해 그들은 보통 사람들에게 촉망 받는 왕위도, 보통 사람들이 안주하는 가정도, 아름다운 추억들도 함께 떠났다.

떠남은 보통 사람들이 가치 있고 보람 있다고 생각하는 것들에서 거리를 두거나 아예 벗어나는 행위다. 반면 머무름은 보통 사람들의 삶의 영역과 내용을 붙들고 사는 삶이다. 이 두 가치는 예리하게 대립하여 타협하기가 어렵다.

보통 사람들은 떠남의 전사들을 무책임하고 이기적이라고 비난한다. 그러나 떠나는 사람들이 보기에 보통 사람들은 늪 속에서 허우적거리는 위험한 삶을 살고 있다. 그리고 그런 삶을 가치 있다고 생각할 정도로 마음이 무디다.

떠나는 사람들이 전사인 이유는 안전한 삶의 터전, 누구나 인정해주는 삶의 방식을 과감히 박찬다는 데 있다. 그런 과감성은 이른

<국사대웅전후불정〉 작자 미상, 1692년

바 '사회적 평가'라는 규범의 장을, 또는 팬옵티콘이라는 사회적 감시 체계를 박차고 나선다는 데서 뚜렷해진다. 그런 사회적 규범과 감시 레이더를 벗어나기 위해서는 두려움을 넘어서야 한다. 두려움을 넘으려면 자신이 몸담고 있는 삶이 얼마나 위험한지를 볼 정도의 예민한 통찰력이 있어야 한다.

보천과 효명 형제는 자신들이 머무르면 부모와 형제, 그리고 조정 대신들이 이리저리 당파를 지으며 골육상쟁을 피하기 어렵다는 현실을 뚜렷이 볼 정도로 예민했다. 그들은 거기에 머무는 삶이 권력욕과 복수심에 물들고, 결국 지옥 같은 위험에 빠지는 것이라고 분명히 보았다. 그 위험 신호를 알고는 도망치듯 떠났다.


그들이 의존하는 기준은 '더 높은 원칙에 따르는 삶'이지, 다른 사람들의 칭찬이나 비난이 아니다. 그들이 믿고 따르는 원칙은 보통 사람들이 보기에는 추상적이나, 그들에게는 목숨을 걸 만큼 구체적이다.

전사가 일반 종교인과 다른 점은 비록 하늘 같은 경전에 나와 있는 말씀이라도, 본인이 마음 깊숙이 받아들인 것만 온몸을 걸고 실천한다는 것이다. 그런 점에서 전사는 스승에게 깊은 존경과 경의를 바치지만, 궁극에는 혼자 가는 사람이다. 이 인생은, 숱한 '함께'와 '더불어'라는 캠페인에도 불구하고, 결국 혼자 가는 삶이라는 것을 투철히 알기 때문에. 인생의 모든 셈은 자기 자신과 하늘만이 대면하여 치를 수밖에 없다는 것을 알기에. 바로 그 점에서 전사는 자기 인생의 진정한 주인이다. 보천과 효명 태자는 바로 그 길을 가기 위해 떠난 것이다.

버리고 떠나면 외롭고 쓸쓸하지 않을까? 보통 사람이 떠남을 결단하지 못하는 큰 이유는 외로움의 공포 때문이다.

그러나 떠나고 나면 새로운 영광의 지평이 열린다. 보천과 효명이 떠나고 나니, 오대산의 푸른 연꽃이 환영하고, 5만 진신이 다섯 봉우리에 나타나 눈부신 빛들로 격려하고, 매일 아침 문수대성이 다양한 모습으로 나타나 그들의 수행을 인도했다. 하늘의 장엄한 빛들이 이들 형제의 떠남을 환영하고 안내했다.

애지중지하며 머물던 삶을 떠나 고독해지면 숱한 빛나는 존재들이 환영하는 영광을 누린다. 혜숙이 불현듯 화랑의 무리에서 사라진 것도, 그리고 여행 가듯 이 세상을 떠난 것도, 사복이 눈물 한 방울 흘리지 않고 어머니 시체를 업고 땅속으로 뛰어든 것도 이와 같은 떠남의 영광을 알았기 때문이다.

보천 왕자는 떠남의 길에 확고히 들어섰기에 모시러 온 나라 사람들에게 울면서 돌아가지 않겠다고 하소연했다. 누구나 탐하는 왕위를 울면서 거절하는 장면은 머무름의 가치와 떠남의 가치가 부딪치며 예리한 날을 세워 대치하는 형국이다. 그에게 떠남을 포기하는 것은 지옥에 들어가는 것과 같기에 두려워하며 거절한 것이다. 그러나 산속에서 거지처럼 사는 것보다 궁전에 돌아와 머무르는 삶이 훨씬 영광스럽다고 믿는 장군들에게는 이해되지 않는 미친 행동이었다.

그 광경을 보면서 동생 효명이 나선다. 자신이 가겠다고. 그는 형과 약속한 떠남의 길을 포기한 것일까? 그런 것 같지는 않다.

효명은 왕위의 우선순위가 형 보천임을 잘 알고 있었다. 만약 자신도 형처럼 끝까지 사양한다면 결국 형이 돌아갈 수밖에 없는 형국이라는 것도 알았다. 그는 형이 그토록 간절히 원하는 길을 방해하면서 무거운 짐을 안고 남아 있을 수는 없다고 생각했다. 그가 비록 떠남의 길을 포기했을지는 몰라도, 그는 자신의 운명을 받아들이는 전사가 되면서 높은 길을 걸어가는 형에게 공덕을 베풀었다. 그것은 같이 계곡물을 뜨고 600여 보 떨어진 암자에서 서로 격려하며 수행한 우의에 최고로 값진 선물이었다.

두 사람 모두 전사의 길을 갔다. 한 사람은 떠남을 끝까지 밀고 나가는 길을, 다른 사람은 운명이 요구하는 바를 받아들이는 길을. 비록 애절한 이별이 있었으나, 그 둘 사이 마음의 창은 서로를 향해 항시 열려 있었을 것이다.


떠나는 것은 외형상 왕위요, 왕자의 직분이요, 세속적인 삶이다. 그러나 그런 외형 자체에 위험의 근원이 있는 것은 아니다. 사랑하는 것들을 위한다는 삶, 또는 대의를 위한다는 삶에 배어든 자신의 욕심 덩어리가 가장 무서운 질곡이다.

그리하여 떠남의 전사들이 궁극으로 떠나는 것은 욕심을 만들어 내는 '나'이다. '나'는 그 욕심의 불꽃으로 몸을 바치고, 마음을 바칠 것을 요구한다. 바치고 바쳐도 게걸스런 '나'는 혀를 날름거린다. '나'의 요구에 순응하다 보면 백발이 되어도 자유를 얻지 못한다. 그러하기에 자유를 찾아 '나'를 떠나는 것이다.

그래서 전사들의 떠남은 세속의 삶을 살면서도 항상 이루어진다. 익숙한 삶에 머물지 않고 거리 두기, 마음이 항상 가서 움켜쥐는 것들에서 손 놓기, 당연한 것들을 낯설게 바라보기, '나'라고 생각되는 모든 것을 떠나기……. 명상의 시작은 떠남이다.

오늘도 전사들은 떠난다. 나를 붙잡아놓는 지위와 가치에서, 그에 얽힌 거짓 책임에서, 각종 현란한 이미지들로 구성된 자아상에서, 그리고 궁극적으로는 '나'의 감옥에서……. 떠남 자체가 자유의 길이고 영광을 맞이하기 위한 출발임을 알기에.

■ 일연, 김원중 옮김, 〈혜숙과 혜공이 여러 모습을 나타내다〉, 《삼국유사》, 을유문화사, 2002.
■ 일연, 김원중 옮김, 〈사복이 말을 못하다〉, 《삼국유사》, 을유문화사, 2002.
■ 일연, 김원중 옮김, 〈오대산의 오만진신〉, 《삼국유사》, 을유문화사, 2002.
■ 일연, 김원중 옮김, 〈명주 오대산 보질도 태자 전기〉, 《삼국유사》, 을유문화사, 2002.

# 인연의 전사

인간들 사이의 관계 중에서 가장 진한 것이
아들과 어머니의 관계일 것이다.
젊을 때까지는 아들에 대한 어머니의 정이,
늙어가면서는 어머니에 대한 아들의 그리움이
질긴 끈처럼 서로를 묶는다.
그런데 이 질긴 관계를 단절하는 전사들이 있다.

# 진정과 어머니

신라에 홀어머니를 모시고 사는 노총각이 있었다. 집이 가난해 장가도 못 간 노총각은 부역으로 품팔이를 하여 곡식을 받아다 어머니를 모셨다. 집안 재산이라고는 다리가 부러진 솥 하나뿐이었다.

어느 날 한 승려가 문 앞에서 절을 짓는데 쇠붙이가 필요하다며 시주를 청했다. 신심이 깊은 어머니는 집안의 유일한 재산인 솥을 시주했다.

얼마 후 노총각 아들이 집에 돌아오자 어머니는 그 사실을 말하며 아들의 눈치를 살폈다. 아들은 기쁜 표정을 지으며 말했다.

"부처님 일을 위해 시주하는 것이 얼마나 다행입니까?"

아들은 질그릇을 솥으로 삼아 음식을 끓여 어머니를 모셨다.

아들은 군대에 부역하면서 의상대사가 태백산에서 설법하며 사람들을 이롭게 한다는 말을 듣고 사모하는 마음을 가지게 되었다. 그리고는 어머니에게도 자신의 뜻을 말씀드렸다.

"효도를 다하고 나면 반드시 의상법사에게 가서 머리를 깎고 부처님의 길을 배우겠습니다."

순간 어머니의 얼굴이 굳어졌다. 그녀는 때가 왔다고 판단한 듯, 큰 결심이 어린 얼굴로 말했다.

"부처님 법은 만나기 어렵고 인생은 너무 빨리 지나간다. 효도를 다하고 간다면 너무 늦다. 내가 죽기 전에 네가 도를 텄다는 말을 듣는 것만 하겠느냐? 주저 말고 어서 가거라."

외아들은 당황했다.

"어머니 만년에 저 혼자 있을 뿐인데, 어찌 노모를 버릴 수가 있겠습니까?"

이 말을 들은 어머니는 더 엄격해졌다.

"내가 너의 출가에 방해가 된다면 이는 나를 지옥에 빠뜨리는 것이다. 비록 남아서 진수성찬으로 봉양한들 어찌 효도가 되겠느냐. 나는 남의 문전에서 빌어먹더라도 타고난 명을 살 수 있으니, 진정 효도를 원한다면 바로 떠나거라."

아들은 울기 시작했다. 어머니는 일어나 쌀자루에 남은 일곱 되의 쌀로 모두 밥을 지어놓고 말했다.

"내 눈앞에서 한 되는 먹고, 여섯 되는 싸 들고 당장 떠나거라."

아들은 눈물을 삼키며 사양했다.

"어머니를 버리고 출가하는 것도 차마 못할 일이거늘, 얼마 안 남은 간장과 양식을 다 싸가지고 가면 세상이 저를 뭐라 하겠습니까?"

아들이 세 번 사양했고, 어머니가 세 번 강권했다.

어머니의 강고한 뜻에 떠밀려 밤낮으로 걸은 아들은 사흘 만에 태백산에 도착하여 의상대사의 문하에 들어갔다. 그의 법명은 '참된 삼매'라는 뜻으로 '진정(眞定)'이라 하였다. 3년이 지났을 때 어머니가 돌아가셨다는 소식이 전해졌다. 진정은 바로 가부좌를 틀고 삼매에 들어가 7일 만에 일어났다.

선정에서 나온 진정은 이 사실을 스승에게 알렸다. 의상은 제자 3천 명을 이끌고 소백산으로 들어가 풀로 엮은 집을 짓고 90일 동안 《화엄경》을 강론하였다. 강론이 끝나자 진정의 어머니가 밝은 얼굴로 꿈에 나타나 말했다.

"나는 벌써 하늘에서 환생하였다."

어머니는 자식이 원하는 바를 들었을 때, 자애와 효도로 함께 산 모자 관계를 단절하기로 결심했다.

어머니는 바른 길이라 판단되면 바로 결정해버리고, 결정한 바는 온몸으로 밀고 나가는 엄청난 힘을 가진 여전사이다. 유일한 재산인 솥도 부처님께 바치기로 바로 결정해버리는 사람이다. 아들의 희망을 들었을 때, 남아 있는 유일한 벗이자 삶의 지지대인 아들을 부처님께 바치기로 바로 결정한다. 그리고는 무서운 힘으로 아들을 밀어내 버린다. 남아 있는 모든 쌀과 간장을 아들의 짐에 챙겨주며.

보통의 모자 관계라면 상상하기 어렵다. 아들이 자주 찾아오지 않는다고 섭섭해하는 것이 보통 어머니의 마음이다. 반면 진정의 어머니는 인생이 얼마나 빨리 흐르는지를 늙은 몸으로 알고 있다. 인생이 너무도 짧기에, 바른 길을 갈 드문 기회가 주어지면 그 길을 향해 모든 것을 바치는 냉철한 지혜가 있다. 시간의 진실을 알고, 부처님의 법을 만나기가 얼마나 드문 기회인지를 몸으로 아는 자, 그리고 그 드물고 귀한 기회를 절대 놓치지 않는 전사, 그녀가 진정의 어머니다.

어머니는 아들과 자신의 관계가 바로 이 일을 위해 맺어졌다는 것을 본능적으로 눈치 챘다. 아들이 부처님의 길을 참되게 가도록 돕는 것. 그 우주적 인연을 위해 어머니는 지상의 모자 관계를 단호히 끊어냈다.

그녀는 문전걸식하며 3년을 살았을 것이다. 그러나 마음은 노총각 자식의 봉양을 받았을 때보다 훨씬 가볍고, 자신과 자식을 위해 바른 길을 선택했다는 기쁨으로 밝았을 것이다. 어느 날 노구가 더 이상 움직이지 못할 때, 더 이상 무리하게 움직이지 않기로 작정했을 것이다. 평안히 누운 채 자신과 아들의 인연을 생각했을 것이다. 이 인연의 목적을 마침내 달성하고 가게 되었다는 잔잔한 환희가 온몸에 퍼져 나가면서, 혼이 육신을 떠났을 것이다.

진정은 어떠했을까? 집에 남아 있던 주먹밥과 간장을 모두 싸 들고 태백산으로 가는 길에, 주먹밥 한 개를 먹을 때마다 어머니를 생각하며 많이도 울었을 것이다. 어머니가 생각날 때마다 게을러지는 마음을 추스르며 참된 삼매를 닦았을 것이다. 삼매란 마음이 고요하고 집중되는 것인데, 삼매가 깊어지면 의식의 차원 변동이 생기면서 인간계 이외의 세계와도 소통이 일어나기도 한다.

어머니가 돌아가셨다는 소식을 접했을 때 아들은 눈물을 흘리는 대신 삼매에 들어갔다. 그는 슬픔의 감정에 휩싸이기보다 해야 할 바를 바로 실천하는 어머니 같은 전사가 되었다. 삼매에서 7일 동안 꼼짝 않고 있었다고 하니, 그가 해야 할 바가 무엇이었을까?

어머니가 이생에서 쌓은 선행과 악업을 살피며 어디에서 환생하

〈걸식녀〉 김준근, 19세기

실지 관찰했을 것이다. 그리고 어머니를 좀 더 높은 세계에 환생시키기 위해 자비의 염을 어머니에게 한없이 방사했을 것이다. 그러나 그는 알았다. 자신의 공력으로는 어머니를 더 높은 행복의 세계로 인도할 수 없다는 것을.

그래서 진정은 스승을 찾아간 것이다. 제자의 사연을 들은 의상은 3천의 제자들을 이끌고 영가를 천도하는 데 좋은 소백산으로 갔다. 거기서 《화엄경》을 강론했을 때, 의상의 높은 공력과 3천 제자의 공력이 모인 어마어마한 공력장에 어머니의 영가도 참여하여 강론을 들었다. 그 장력의 도움을 받으며 어머니는 《화엄경》이 가르치는 요체를 알게 되었고, 순간 많은 악업이 떨어져 나가 밝은 존재로 반짝이기 시작했다. 의상대사는 그 존재의 빛에 가장 잘 맞는 세계로 가도록 제자의 어머니를 인도했을 것이다.

하늘에 환생한 어머니는 큰 환희에 찼다. 세계가 그렇게 밝고 행복할 수가 없었다. 자신을 도운 아들에게 이 사실을 알리지 않고는 배길 수가 없었다. 꿈의 행로를 따라 아들에게 다가간 어머니는 어린아이처럼 기뻐하며 소리쳤다.

"나는 벌써 하늘나라에 환생했다. 고맙구나, 아들아!"


어머니와 아들로 관계를 맺는다는 것, 참으로 흔한 일이다. 그러나 모자가 같은 길을 함께 가며 돕는다는 것, 그것은 다른 웬만한 관계보다 힘든 일이다. 모자 사이의 짙은 감정적 집착 때문이다.

그들이 참된 길을 함께 가기 위해서는 그 진한 감정적 집착을 떼어내는 아픔과 슬픔이 있어야 한다. 즉 모자 관계를 끊어야 한다.

모자 관계를 끊어내는 대신, 그들은 우주의 지평에서 얽힌 인연을 상기한다. 그들의 오랜 인연은 이생에서 함께 참된 길을 걷는 데 서로 돕는 것이 목적이다.

어머니와 아들로 관계를 맺는 것은 그 목적에 도움을 줄 수도 있지만, 장애가 될 가능성도 크다. 그러하기에 진정의 어머니는 아들에게 바른 길을 과감하게 밀고 나가는 전사적 기품을 선사한 동시에 지상에서 맺어온 집착의 모자 관계를 끊어낸다. 함께 참된 길을 가는 목적을 달성하기 위해 우주에서 맺은 인연임을 알기에. 그들은 어머니와 아들이라는 육체적이고 사회적인 관계를 끊어낸다. 그리고는 함께 우주적 인연의 전사가 된다.

# 아도와 고도녕

'높은 길의 안녕(고도녕高道寧)'은 3세기 한반도 북쪽의 고구려 여인으로, 평양성 궁궐 일을 돌보는 궁녀였다. 중국의 조위(曹魏)에서 파견 나온 사신 아굴마(我崛摩)가 높은 길의 안녕을 보고는 마음을 빼앗겼고, 둘은 사랑을 나누며 몸을 섞었다. 아굴마가 본국으로 돌아갈 때가 되자 정표로 동전 두 닢을 애인의 옷고름에 묶어주고는 떠나갔다. 높은 길의 안녕이 아비 없이 낳은 아이는 얼굴마저 검어 '검은 되놈 아이(묵호자墨胡子)'로 놀림 받게 되었으니, 애처롭게도 그것이 아이의 이름이 되었다.

사실은 아이가 태어나는 과정도 순탄치 않았다. 높은 길의 안녕은 산속의 바위 위로 올라가 치마를 뒤집어쓰고 뛰어내렸다. 뱃속의 아이가 태어나면 얼마나 놀림을 받을지, 그러고도 결국은 종살이를 하며 얼마나 암담한 생을 살지, 이미 비슷한 사례들을 평양성 주변에서 많이 보아 알았기 때문이다.

그러나 자살은 성공하지 못했다. 나무에 걸려 혼절한 것을 지나가던 흥덕사 스님이 구해주었다. 스님은 깨어난 여인에게 가슴속에 깊이 박힐 가르침을 전했다.

"그 몸은 이미 죽은 것으로 치고 장차 태어날 아이를 위해 모든 것을 바치시오."

홀로 사는 엄마와 튀기 자식. 떠난 남자에 대한 원망과 아이의 한이 안쓰러워서라도 아들에게 더욱 집착할 만한 관계다. 그러나 높은 길의 안녕은 전사의 자질을 가진 여인이었다.

그녀는 모자가 붙어사는 게 튀기 아이의 종살이 운명을 결정하는 것이라 생각하여 아이의 길을 드라마틱하게 전환시킨다. 검은 되놈 아이가 다섯 살이 된 어느 날, 어머니는 어리디 어린 아이를 절로 출가시킨다. '어떤 일이 있어도 부처님의 길을 벗어나면 안 된다.'는 강력한 지시와 함께. 이 검은 되놈 아이가 고구려에서 신라에 불교를 전파한 아도(我道)화상이다.

아이가 16세가 되었을 때, 어머니는 때가 되었다고 생각했다. 아버지에 대해 품고 있는 아들의 원한을 풀어야 할 때, 그리고 자신이 그 남자에 대해 오래 품었던 한도 동시에 풀 때, 그리고 모자가 아굴마에 대한 집착에서 자유로워질 때. 나아가 아들이 좀 더 깊은 불법 공부를 통해 큰 스님으로 커나갈 길을 밟을 때. 어머니는 남편에게서 받은 동전 두 닢을 아도의 손에 쥐어주고, 아버지를 만나 도움을 받아서 중국에서 불법을 공부하라며 떠나보낸다. 어머니는 아들을 두 번째로 떠나보냈다.

아도는 혼자 사는 어머니를 생각하며 그 가르침을 명심했다. 중국 조위에서 높은 지위에 계신 아버지를 만나지만 대를 이어달라는 요청을 거절하며, 불법 공부의 뜻을 분명히 밝혔다. 아버지로부터 고승을 소개받은 아도는 그 밑에서 공부하다가 3년 후인 19세에 돌아왔다.

혼자 사는 어머니는 늙어가면서도 그 기개는 더 청명했다. 높은 길의 안녕은 자신의 큰 원을 아들에게 털어놓았다.

"지금 신라는 불법을 모르지만 향후 3천여 달이 지나면 신라에서 불교가 크게 일어날 것이다. 그곳에는 가람을 세울 자리가 일곱 군데 있으니, 석가모니 이전 부처님 때의 가람 터이며 법의 물이 오래 흐르던 땅이다. 네가 그곳에 들어가 큰 가르침을 전하면 마땅히 이 땅 불교의 개조(開祖)가 되리라."

어머니는 흥덕사 스님의 원을 아들에 대한 비전으로 삼았으리라. 어머니는 '이전 부처님의 땅에서 불교의 개조가 되는 아들'의 비전을 갖고 있었던 것이다. 바로 이 소망으로 혼자 사는 외로움을 감내하며 출가도 시켰고, 중국 유학도 시켰다. 그리고는 세 번째이자 영원한 이별로 아들을 떠나보낸다. 위험한 적지 신라 땅으로.

아도는 신라에 잠입하여 비밀리에 불법을 전수하다가, 왕의 신임을 얻고 부처님 가르침의 씨앗을 널리 뿌리는 전사가 된다. 그의 노력은 마침내 땅 밑에 흐르던 가르침의 물길을 땅 위로 콸콸 뽑아 올리는 첫 사업이 되었다. 죽음을 건 그의 가르침으로 신라는 위대한 불법의 전사들이 숱하게 쏟아져 나오는 법의 땅이 되었다.

아비 없는 자식과 남편 없이 애를 낳은 어머니. 모자 관계의 출발은 매우 험난했다. 요새 같으면 엄마는 '양갈보'라고 손가락질을 받았을 것이고, 아이는 '튀기'라고 놀림을 받았을 것이다. 그 삶이 얼마나 고달픈지를 아는 어미는 아이가 뱃속에 있을 때 동반 자살을 시도할 정도로 모진 운명에 좌절했다.

그러나 죽었다 살아나 스님의 인도를 받게 된 어머니는 이름 그

대로 '높은 길을 가는 안녕'으로 바뀌었다. 평양성 부근의 빈민촌에서 사는 튀기 아이들과 중국 갈보 엄마들처럼 비참하게 살 수밖에 없는 운명이 일대 반전을 겪었다. 어머니는 튀기 아들의 종살이 운명을 바꾸어, 풍성한 토양에 높은 가르침의 씨앗을 뿌리는 위대한 생명의 농부로 이끌었다. 이 모자는 모진 환경에서 서로를 격려하며 진창에서 걸어 나와 저 높은 길을 가는 위대한 인연을 실현했다.

이를 위해 어머니는 세 번이나 아들을 자기 주변에서 떠나보낸다.

처음에는 다섯 살배기 어린아이를 출가시켰다. 여느 엄마와 마찬가지로 높은 길의 안녕도 어린아이를 안아주고 싶고, 맛있는 밥도 해 먹이고 싶고, 설빔도 해 입히고 싶었다. 그러나 높은 길의 안녕은 그 모든 엄마의 욕구를 내던지고, 엄마 젖을 그리워하는 아들을 절에 맡기고 돌아섰다. 자신의 욕구를 채우는 것이 아들을 비참한 삶으로 이끄는 어둠의 길이라는 것을 알았기에. 아이에게 '어떤 일이 있어도 부처님의 길을 벗어나면 안 된다.'고 추상같이 말하고 돌아오는 길에 엄마의 얼굴은 눈물로 범벅이 되었을 것이다.

두 번째로는 열여섯 살의 아도를 중국으로 떠나보냈다. 오랜 원망으로 마음의 상처가 깊은 아들에게 그 검은 때를 벗기도록 하기 위해, 더 나아가 중국에서 불법을 본격적으로 공부하도록 하기 위해.

3년의 헤어짐 속에 쌓인 그리움으로 귀국하여 어머니를 찾아뵈었을 때, 높은 길의 안녕은 다시 세 번째로, 그리고 영원히 헤어지기 위한 과제를 제시했다. 옛 세상 가섭 부처님 시절의 가르침 터였던 성스러운 경주로 가서 현세 석가모니 부처님의 가르침으로 그 땅의 윤기를 되살리는 일. 지하에 흐르는 진리의 물길을 지상으로 끌어올려 생명의 나무들을 꽃피우는 위대한 일.

그 사명을 위해 모자는 세 번이나, 그리고 영원히 헤어졌다. 어머니 전사는 자신과 아들의 인연이 바로 그 엄청난 일을 해내기 위한 것이었음을 알았기에, 아들에게 잠시의 틈도 주지 않는 차가움으로 일관했다. 홀어머니의 고통을 잘 알고 있는 아들은 어머니의 손발을 주무르고도 싶고 다정한 이야기도 나누고 싶었으나, 어머니는 틈을 주지 않았다. 그렇게 모자는 헤어졌다.

어머니와 아들이 같이 산 것은 아도가 어릴 때 단 5년이었다. 그럼에도 어머니와 아들은 그 높은 길을 가는 데 언제나 함께했다. 어머니의 마음에는 항상 아들이 있었고, 아들의 마음에는 어머니가 지시해준 길이 등대처럼 빛나고 있었다. 그리고 모자가 함께 가는 길에 부처님과 그 가르침과 불교 공동체가 항상 그들을 보호하고 인도했다.

높은 길의 안녕은 세상 어느 어머니보다 깊은 사랑을 아들에게 주었고, 그 과정에서 자신도 그 높은 길을 안녕 속에 걸어갈 수 있었다. 그러나 그녀의 사랑은 바깥으로는 차갑게 표현되었다. 모자의 관계를 끊고, 높은 길을 아들과 함께 가는 인연의 전사가 되기 위해.

아도는 세상 어느 아들보다 높은 효도와 사랑을 어머니에게 되

바쳤다. 그 둘은 서로 만나지 못했지만 마음으로 항상 대화를 나누었다. '안녕히 가고 계십니까?' 아들이 물으면 어머니가 대답했다. '나는 잘 가고 있다. 너는 나보다 더 높은 길을 가기 위해 열 배의 노력을 기울여야 할 것이야.' 함께 가는 모자 전사는 우주에서 맺은 둘의 인연에 감사하며 서로를 향해 미소 지었다.

전사들에게는 혈연관계나 사회관계를 유지하는 것보다 훨씬 높은 길이 비전으로 있다. 그 길을 가기 위해 그들은 혈연관계도 끊는다. 그러나 바로 그것을 끊었기에 우주에서 맺은 인연을 실현할 수 있다. 그 때문에 인연의 전사들은 서로를 위해 할 수 있는 최상의 사랑을 주고받는다.

■ 일연, 김원중 옮김, 〈진정법사의 효도와 선행이 모두 아름답다〉, 《삼국유사》, 을유문화사, 2002.
■ 일연, 김원중 옮김, 〈아도가 신라 불교의 초석을 다지다〉, 《삼국유사》, 을유문화사, 2002.
■ 윤청광, 《아도화상 : 향은 제 몸 태워 온 세상 향기롭네》, 우리출판사, 2002.

# 함께 가는 전사

보통 사람은 의지하며 함께 간다.
그러나 전사들은
따로 또 같이 간다.

# 광덕과 엄장

우의가 깊은 두 승려 친구가 약속했다.

"먼저 서방정토로 가는 사람은 반드시 서로 알리도록 하자."

7세기 신라 경주의 서쪽 마을에서 신발 만드는 일을 하며 처와 함께 산 광덕(廣德), 남쪽 산에서 혼자 화전을 일구며 산 엄장(嚴莊)은, 오늘날 같은 전문직 승려가 아니라 일하며 처까지 데리고 산 세속적 승려들이었다. 그러나 구도에 대한 둘의 약속은 엄중하여 열심히 도를 닦으며 서로를 격려했다.

어느 날 해 그림자가 붉게 물들고 소나무 그늘에 어둠이 깔릴 무렵, 혼자 사는 엄장의 집 창밖에서 소리가 들렸다.

"나는 서방으로 가네. 자네도 빨리 따라오게."

엄장이 문을 밀치고 나가보니, 구름 위에서 하늘의 음악 소리가 들려오고, 밝은 빛이 땅까지 뻗어 있었다.

이튿날 광덕의 집으로 가보니 과연 친구는 죽어 있었다. 그 아내와 함께 시신을 수습하여 장사를 지내고 나서 엄장이 광덕의 부인에게 말했다.

"남편이 죽었으니 나와 함께 사는 게 어떻겠소?"

광덕의 아내는 이를 허락하고 엄장의 집에 머물렀다.

밤이 되어 엄장이 정을 통하려 하니, 부인이 허락하지 않았다. 그리곤 이렇게 말하였다.

"스님은 물고기를 잡으려고 나무 위에 올라가시는 겁니다."

엄장이 괴이하게 여겨 "광덕도 당신과 잤는데, 나라고 안 되겠는가?"라고 물었다. 그러자 부인이 대답했다.

"남편과 나는 10여 년 동안 함께 살았지만 하룻밤도 잠자리를 같이한 적이 없는데, 하물며 몸을 더럽혔겠습니까? 그분은 다만 매일 밤 단정하게 앉아서 한결같이 아미타불을 외면서 16관을 짓고 미혹을 깨치고 달관하려 하였습니다. 밝은 달이 창으로 들어오면 때때로 그 위에 올라 가부좌를 하였습니다. 이처럼 정성을 다 하였으니, 비록 극락으로 아니 가려 해도 어디로 가겠습니까? 천 리를 가고자 하는 사람은 첫 발자국부터 알 수 있는 것인데, 지금 스님이 하는 일은 동방으로 가는 것이지 서방으로 간다고 할 수 없습니다."

엄장은 부끄러워 얼굴을 붉히고 물러나와 곧바로 원효대사를 찾아가 도 닦는 법을 물었다. 원효가 생각의 더러움을 제거하고 번뇌의 유혹을 없애는 '깨끗이 보는 법(淨觀法)'을 지도하자, 엄장은 그제야 잘못을 뉘우치며 자신을 꾸짖고 몸을 깨끗이 하였다. 그는 한결같은 마음으로 도를 닦아 마침내 친구를 따라 서방으로 가게 되었다.


전사들은 대체로 혼자 길을 가는 사람들이다. 그들이 분명히 아는 것은 결국 각자의 힘으로 혼자 가야 한다는 엄연한 법칙이다. 혼자 갈 힘이 없을 때 대신해주면 상대의 성장을 막기 때문이다. 그러하기에 함께 가는 전사들은 상대에게 의존하지 않는다.

다만 때때로 그들은 함께 간다. 그들이 함께 가는 이유는 저 머나먼 서방까지 가는 길에서 서로 격려하기 위해서이다. 그들은 충고를 나누거나 상대가 스스로 장애를 넘도록 돕는다. 그 파트너십은 목전의 이익을 위한 것이 아니라 서방에 이르는 원대한 이익을 위한 것이므로, 상대에 대한 사랑과 배려는 상상을 초월하기도 한다. 그들 간의 사랑은 차가우면서도 동시에 따뜻하다.

광덕과 엄장은 그런 파트너십을 맺고 함께 서방으로 가는 길을 걸었다. 그 길에서 광덕이 앞서 나갔다. 그는 목표 지점을 분명히 알았고, 그곳에 도달하겠다는 염원이 더 컸다. 광덕이 지은 노래(〈원왕생가(願往生歌)〉)에는 도달해야 할 곳에 대한 분명한 인식과 그곳에 이르고자 하는 강한 염원이 담겨 있다.


달님이여,

이제 또 서방으로 가셔서

아미타 부처님 앞에

말씀을 가져다 전해주십시오.

다짐 깊으신 부처님을 우러르며

두 손 모아 비옵나니

가서 태어나길 바랍니다. 가서 태어나길 바랍니다.

그리워하는 사람 있다고 아뢰십시오.

아아, 이 몸 버리고 나면

마흔여덟 가지 소원이

광덕은 밝은 달이 비칠 때면 창 위에 올라 가부좌를 틀고 달님에게 간절한 소원을 말했다. 서방으로 가거든 아미타불을 그리워하는 사람이 여기 있다는 사실을 알려달라고. 자신의 몸을 버리고 나면 아미타불이 비구였을 때 세운 마흔여덟 소원이 자신에게도 이루어지길 바란다고. 광덕이 지은 16관의 수행법도 아미타불의 이미지를 떠올리고 서방정토의 장엄함을 그리며 집중하는 것이니, 광덕의 마음은 오로지 아미타 부처님이 계신 서방정토에 이르는 데만 쏠려 있었다.

이렇게 혼신의 힘을 모아 도달해야 할 곳에 집중하고 있었으니, 그가 먼저 목표 지점에 이른 것은 당연하다. 그는 친구와의 약속에 따라 친구에게 가서 알렸다. '먼저 가니 빨리 따라오라.'고. 그의 서방행을 환영하는 하늘의 음악과 함께.

엄장은 친구의 장례를 치르고 그 부인과 함께 자려 했을 때 확연히 깨달았다. 친구가 얼마나 열심히 길을 걸어갔는지, 자신은 얼마나 뒤처져 있는지. 그리고 장애를 만나 꼼짝도 못하고 지체해 있는 자신을 발견했다.

친구는 그 부인까지도 수행의 방편으로 삼을 정도로 대단한 공력을 발휘했다. 광덕이라고 어찌 성욕이 없었을 것인가. 그러나 친구는 성욕과 육욕을 서방정토를 향한 열정으로 전환시키는 수행을 해왔던 것이다.

물질과 육체의 포로로 만드는 그 욕심을 정화하지 않고서는 도저히 친구를 쫓아갈 수 없다는 사실이 분명해졌다. 서둘러 원효대사를 찾아가 '깨끗이 보는 법'을 배워 자기 속에 덕지덕지 묻어 있는 욕심의 때를 열심히 벗겨내었다. 마침내 그도 서방의 입구에 다다랐으니, 친구가 반기며 손짓하는 모습을 볼 수 있었으리라. 그리고 친구가 자기에게 얼마나 큰 은덕을 베풀었는지도 확연히 깨닫고 머리 숙여 감사와 존경의 뜻을 표했을 것이다.

'우리 함께'라는 구호는 남들에 대한 기대에 나 자신을 예속시키든가, 아니면 자신의 욕심을 남들에게 걸어놓는 경우가 많다. 그러나 전사들이 함께 가기로 결정했을 때는 상대에 대한 기대와 욕심 모두를 내려놓는다. 우선은 자기 과제가 더 중요하기 때문이다. 자신이 목표를 향해 더 나아가 있어야 남도 사심 없이 도울 수 있다. 능력도 없이 남을 돕겠다고 하는 것은 권력욕에 불과하다.

광덕은 그것을 분명히 알았기에 먼저 열심히 걸었다. 마침내 목표로 한 곳에 도달하자, 광덕이 친구에게 준 사랑은 세상의 어떤 것보다 값진 것이었다. 친구가 진흙탕에서 빠져나올 계기를 예비해놓았기에.

광덕은 자신이 죽은 후에 엄장이 자기 아내에게 같이 살자고 하리라는 것도 알았고, 그에 대해 아내가 어떻게 대응하리라는 것도 알았을 것이다. 그것 모두가 친구를 깨우칠 것이니, 같이 가기로 한 약속을 철저히 지켜낸 셈이다. 부인에게서 전해진 친구의 가르침은 세상 무엇보다 값진 자비스런 우정이었다.

광덕과 엄장, 두 우정의 전사들 사이에는 한 명의 전사가 또 끼어 있다. 이들은 세 명으로 이루어진 팀이었다. 광덕의 부인이 함께 가는 두 전사들 사이에서 두 사람 모두를 돕고 격려했다. 처음에는 광덕을 보필하며 힘을 실어 먼저 보냈고, 다음에는 엄장의 눈을 밝혀 분발토록 했다. 광덕과 엄장, 두 사람은 부인의 인도와 격려로 함께 가는 전사들이 될 수 있었으니, 이 전사들의 팀장은 광덕의 부인이라 할 수 있다.

부인은 분황사의 계집종이었다가 광덕과 같이 살았는데, 추후에 전해진 바에 따르면, 중생 구제를 위해 여러 모습으로 나타나는 부처님의 화신(應身) 가운데 하나였다고 한다. 이들 함께 가는 전사들의 안내를 맡은 것은 여자의 모습으로 나타난 응신이었다.

옥황상제의 외아들로 중동에서 태어난 예수님도 그 사실을 보증한다. '단 두세 사람이라도 내 이름으로 모인 곳에 나도 함께 있을 것' 이라며. 함께 가는 전사들은 자신들의 팀장이 하늘에서 오리라는 것을 믿고 서로 격려하며 팀장의 이름을 끊임없이 암송한다. 혼자 부르는 것보다는 둘이 부르는 소리의 파장이 더 큰 힘을 낸다는 것을 알기에.

# 보양과 이무기

공력이 높은 전사들에게는 용이나 천사 등이 나타나 한 팀을 이루는 경우가 많다.


 10세기 승려 보양(寶壤)이 중국에서 불법을 전수받고 돌아오다 서해 한가운데에 이르렀을 때다. 갑자기 바다에서 용이 나타나더니 그를 바다 궁궐로 초청했다. 보양은 그들의 요청에 따라 불경을 암송해주었다. 그 값진 가르침에 대한 보답으로 용왕은 금실로 수놓은 비단 가사 한 벌을 시주하였다. 뿐만 아니라 이무기(璃木)란 아들을 시봉으로 딸려 보내며 부탁하였다.

 "지금 한반도는 후삼국으로 나뉘어 소란하므로 불법에 귀의한 군주가 없지만, 내 아들과 함께 '까치산 허구리(작갑鵲岬)'에 가서 절을 세우고 살면 도적을 피할 수 있습니다. 또 몇 년 안에 반드시 불교를 보호하는 어진 임금이 나타나 삼국을 안정시킬 것입니다."

 이무기와 함께 경상북도 청도로 돌아와 '구름의 문'이란 산(운문산雲門山) 골짜기에 도착하였을 때다. 갑자기 노승이 나타나 스스로를 원광이라 부르며 도장이 든 상자를 건네주고는 사라졌다. 원광은 300년 전의 큰 스님이니, 그곳에 성했던 절들이 황폐해진 것을 탄식하다가 보양이 절을 다시 세우려 한다는 것을 알고 기뻐하며 그를 인도한 것으로 보인다.

북쪽 고개로 오르니 5층탑이 보이다 사라졌고, 까치들이 땅을 쪼고 있었다. 바다 용왕이 '까치산 허구리'라고 한 말이 생각나 파보니, 과연 옛날 절의 벽돌이 무수히 있었다. 이를 모아 탑을 쌓아올렸는데, 탑이 완성되자 남은 벽돌이 하나도 없이 꼭 맞았다. 그는 여기에 절을 세우고 '까치산 허구리 절(작갑사)'이라 이름 지은 후 불법 교화를 시작했다. 얼마 지나지 않아 고려의 태조 왕건이 삼국을 통일하고 보양법사를 크게 후원하였으니 용왕의 말 대로 이루어진 셈이다.

용왕의 아들 이무기는 항상 절 옆의 작은 못에 살면서 보양의 불법 교화를 남몰래 도왔다. 어느 해 가뭄으로 밭의 채소가 타들어가므로 보양이 이무기에게 명하여 비를 내리도록 하였다. 그러자 한 고을에 충분할 정도의 비가 내렸다.

그런데 하늘 임금은 자신도 모르게 비를 내리게 했다 하여 이무기를 죽이려 하였다. 이무기가 법사에게 위급함을 알리자 보양이 이무기를 마루 밑에 숨겼다. 얼마 후 하늘의 사자가 뜰에 나타나 이무기를 내놓으라 하니, 법사는 뜰 앞에 있는 배나무를 가리켰다. 하늘 사자는 배나무에 벼락을 내리고는 다시 하늘로 올라갔다. 배나무는 시들어 꺾어졌지만 이무기가 어루만지니 즉시 되살아났다.


용왕은 공력 높은 스님이 서해 바다를 건너는 것을 알고 바다 속 궁궐로 초청하여 불경을 듣는 귀한 기회를 가졌다. 그리고 과거 원광법사가 불법을 일으켰으나 지금은 스러져버린 곳에 가서 옛날의 융성한 기운을 되살리고, 이 기운으로 피폐해진 사회를 정화하는 데 기여할 방도를 일러주면서 자기 아들을 시종으로 딸려 보냈다. 아들 이무기는 하늘 임금의 눈을 피하면서까지 보양의 수행과 불법 교화를 도왔다. 보양은 왕건과의 밀접한 관계를 통해 '까치산 허구리'에서 되살린 불법의 기운을 새로운 통일국가 고려에 한껏 불어넣었다.

용이란 존재는 불교에서 말하는 데와의 한 종족으로 추정된다. 덕이나 공력이 높은 사람을 보호하고 받들면서 스스로도 공덕 쌓기를 좋아하는 다른 차원의 존재다. 유럽의 요정이나 기독교의 천사와 유사한 존재일 수 있다. 그들도 윤회를 벗어나지 못한 존재이나, 보통 인간에 비해 대체로 맑은 혼들이다.

용은 부자(父子) 2대에 걸쳐 보양법사의 불법 교화와 수행을 도왔으니, 그 정성은 보통 사람에 비교할 바가 못 된다. 이들이 공력 높은 전사를 호위하고 돕는 이유는, 그들이 모시는 전사의 강한 공력장에 안겨 그 힘의 일부를 나누어 받을 뿐 아니라, 그분에 대한 봉사를 통해 언젠가 그들도 본격적인 향상의 길을 걷기 위한 공덕을 쌓기 위해서이다. 보양과 용왕의 아들 이무기는 긴 시간대에 걸쳐 한 팀을 이루어 함께 가는 전사가 된 것이니, 사랑하는 아들을 보양의 시종으로 딸려 보낸 용왕의 목적이기도 하다.

# 포천산 다섯 비구

다섯 명의 전사가 뜻을 합한다면 어떨까?

8세기 신라의 양산에서 다섯 명의 전사들이 한 팀을 이루었다. 포천산에서 기이하게 생긴 동굴에 모인 이들은 10년 동안 한결같이 아미타불을 염송하며 서방정토로 가는 길을 쉼 없이 격려하면서 걸었다.

어느 날 갑자기 여러 보살들이 서방에서 이들을 맞이하려 나타났다. 그러자 다섯 비구가 각기 연화대에 앉아 공중으로 올라가더니 통도사 문밖에 이르렀다. 놀란 절의 승려들이 나가보았다. 다섯 비구는 공중에 뜬 채로 '인생이 무상하고 고통스럽고 자아가 없다.' 는 불교의 핵심 가르침을 설명하고는 인간의 몸을 벗어버리고 큰 빛을 발하며 서쪽으로 갔다. 하늘에서는 음악 소리가 계속 울려 퍼졌다. 다섯 명의 함께 가는 전사들이 한 팀의 빛을 발하며 서서히 사라져 갔다.

아무리 한 팀이라도 다섯 명이 일시에 깨달음을 얻기는 힘든 일이다. 그러나 앞선 자들이 자신의 공력장 속에 처진 자를 감싸안는 일이 한 동굴에서 10년 동안이나 계속되면 떠나는 때를 맞출 정도로 고른 진전을 이룰 수 있으리라. 그것이 좋은 팀워크의 효과이다.

보통 혼자 가기를 좋아하는 전사들이 다섯이나 모여 한 동굴에서 10년을 살았다는 사실 자체가 범상치 않다. 서로가 서로에게 익숙해지기까지 적지 않은 갈등도 있었을 것이다. 그때마다 그들은 내면의 화를 다스리는 훈련으로 서로가 서로를 도왔다. 때가 이르자 많은 보살들이 그들을 팀으로 환영하기 위해 나타났다.

다섯의 밝은 광채가 모여 양산의 포천산에서 통도사로 비행하고, 밝은 가르침을 마지막으로 베푼 후 하늘 음악과 함께 전 우주로 퍼져 나갔다. 깨달음의 빛이 다섯이나 합쳐졌으니, 그 밝기는 얼마나 눈이 부셨을까? 함께 가는 전사들의 퍼레이드가 우주를 감동케 하는 이유이다.

■ 일연, 김원중 옮김, 〈광덕과 엄장〉, 《삼국유사》, 을유문화사, 2002.
■ 일연, 김원중 옮김, 〈보양과 배나무〉, 《삼국유사》, 을유문화사, 2002.
■ 일연, 김원중 옮김, 〈포천산의 다섯 비구〉, 《삼국유사》, 을유문화사, 2002.

# 몸 던짐의 전사

보통 사람은 돈 돈, 사랑 사랑 하면서도
정성을 다하지 않는다.
그 만큼 절실하지가 않다.
반면 전사들은 몸을 던진다.

# 진표

어린 사미 진표(眞表)는 스승이 경(經) 두 권을 주며 말씀하신 분부에 마음속으로 '진정 그렇게 하겠습니다.'라고 결심했다. 그러나 스승의 분부는 예사로운 게 아니었다.

"너는 미륵과 지장 두 성인 앞에서 간절히 참회하여 직접 계를 받아 세상에 펴도록 하라."

인간 스승인 자신에게 계를 받지 말고 미륵보살과 지장보살을 직접 만나 계를 받으라니, 소름이 돋을 만한 지시였다. 그것도 열두 살 나이에 막 출가한 어린 사미에게 준 가르침이었으니, 어린아이에게 동화 같은 꿈을 준 것이거나, 나이와 관계없이 전사가 전사에게 내린 명령이거나 둘 중 하나였다.

진표는 8세기 한반도 남서쪽 전주의 대정리 출신으로 12세에 출가할 뜻을 품으니 그것도 수상하려니와, 아버지가 이를 선뜻 수락하니 그것도 범상치가 않다. 어린아이는 순제(順濟)법사에게 가서 머리 깎고 승려가 되었는데, 순제스님이 진표에게 사미계를 주면서 내린 가르침이 미륵과 지장 두 보살에게 직접 계를 받으라는 황당한 지시였다.

진표는 27세까지 명산을 두루 다니며 수행했으나 그때까지 보살을 만나지 못했다. 이에 변산으로 들어가 낭떠러지 위에 '생각하지 않는 방(不思議房)'을 짓고 미륵상 앞에서 부지런히 계법을 구하였다. 그런 지 3년이 되었음에도 보살을 만나지 못하자, 이런 식으로는 안 되겠다며 온몸을 던지기로 작정하였다.

그는 절벽 바위 위로 올라가 몸을 날렸다. 그러자 갑자기 푸른 옷을 입은 어린아이가 나와 그의 몸을 손으로 받아들더니 다시 바위 위에 올려놓았다.

극단적인 시도로 첫 반응을 얻은 데 고무된 진표는 삼칠일, 즉 21일을 기한으로 그이를 만나겠다며 밤낮으로 부지런히 도를 닦았다. 돌로 몸을 두드리며 참회를 계속하자 사흘 만에 손과 팔이 부러져 땅에 떨어졌다. 이레째 밤이 되자, 열두 살 소년 시절부터 그토록 그리던 지장보살이 마침내 만신창이가 된 그의 몸 앞에 나타났다.

보살이 지팡이를 흔들며 보호해주니 손과 팔이 예전처럼 몸에 붙었다. 보살이 그에게 가사와 바리때를 주며 격려하니 진표가 감동하여 더욱 수도에 정진하였다.

목표한 21일이 되자 '하늘 눈(天眼)'을 얻어 도솔천의 여러 성인들이 와서 의식을 행하는 모습을 보게 되었다. 마침내 지장보살과 미륵보살이 함께 현현하였다. 미륵보살이 진표의 이마를 어루만지며 격려했다.

"잘하는구나, 대장부여! 계를 구하기 위해 이처럼 목숨을 아끼지 않고 간절히 참회하였구나."

지장보살은 계율이 적힌 '계본'을 손수 건넸고, 미륵보살은 9와 8이라 적힌 나무 간자 두 개를 건네며 말하였다.

"이 두 간자는 내 손가락뼈다. 9는 진리의 법이고, 8은 새로 얻을 불법의 씨앗이니, 이로써 인과응보를 알 수 있다. 너는 현세의 육신을 버리면 도솔천에 다시 태어날 것이다."

이로써 열두 살 사미 때 스승의 가르침을 믿고 가슴 깊이 품었던 비전이 실현되었다. 그는 전주에 금산사를 짓고, 금당벽에 미륵이 내려와 계법을 주던 장면을 그렸다.

그에게는 소도 감동하여 울고, 바다 속 존재들도 감동하였다고 한다. 한번은 명주 해변을 걷고 있었는데, 물고기와 자라 등이 바다에서 나와 몸을 이어 붙여 육지처럼 만드니, 진표가 그것을 밟고서 바다로 들어가 계법을 가르치고 나오기도 하였다.


열두 살 사미에게 주어진 스승의 지도는 지나친 것이었다. 그럼에도 어린아이는 그때 스승의 말씀을 금과옥조(金科玉條)처럼 마음속에 품고 살았다. 산천을 다니며 수행하기 15년, 다시 벼랑에 올라가 수행하기 3년. 두 보살을 친견하기에는 모자란 세월이었을까?

진표는 자신이 바칠 것을 다 바치지 않았다고 생각했다. 그래서 마지막까지 붙들었던 목숨을 내놓기로 작정하고 몸을 벼랑에서 날린 순간 첫 응답이 왔다. 푸른 옷을 입은 아이는 지장보살의 시종쯤 되었을 것이다. 고무된 진표는 육체를 모두 버릴 각오로 정진했다. 마침내 지장과 미륵 두 보살이 육체를 다 버릴 것 같은 진표 앞에 나타나 계법을 전수하였다.

몸 던짐은 극한의 정성을 다한다는 뜻이다. 몸 던짐의 전사들은 비전에 도달하기 위해 할 수 있는 모든 일을 다 해보는 정성의 전사이다. 그들이 바치는 정성의 수준은 보통 사람들과는 비교가 되지 않는다. 자신이 가진 것 모두를, 심지어 육체까지도 벼랑 위에서 날린다. 빛이 조금이라도 보이면 그쪽을 향해 온몸을 던지니, 하늘이 그런 정성의 전사들을 그냥 죽게 놔둘 리 없다. 아니, 하늘은 그런 용맹한 전사들이 비전에 가 닿지 못하고 그냥 죽어버릴까 봐 안절 부절못하며 돕는 듯하다. 정성에는 응답이 있게 마련이고, 하늘은 그처럼 무서운 정성에 즉각 응답하는 경향이 있다.


진표는 그 후 다시 그 절벽 위의 '생각하지 않는 방'으로 가 머물 렀다. 그때 속리산에서 영심과 융종, 불타 등 3인이 찾아와 진표에 게 간청하였다.

"저희는 천 리를 멀다 않고 찾아와 계법을 구하오니, 부디 법으로 가는 문을 알려주시기 바랍니다."

하지만 진표에게서 아무 대답이 없었다. 그러자 세 사람은 복숭 아나무 위로 올라가 거꾸로 땅에 떨어졌다. 진표가 벼랑에서 몸을 날렸듯, 그들은 나무 위에서 몸을 날렸다. 그 용맹스런 간구에 응답 이 없을 수 없었다. 진표가 그들에게 가르침을 전했다.

진표는 사미 때 스승에게서 받은 두 권의 경과 미륵보살에게서 받은 9와 8의 계를 주며 해야 할 바를 일깨웠다.

진표는 임종할 즈음 절의 동쪽 큰 바위 위로 올라가 마지막을 맞 았다. 제자들은 스승의 유언에 따라 그의 시신을 옮기지 않고 그대 로 공양하다가 유골이 흩어진 이후에야 흙으로 덮었다. 그 자리에 서는 푸른 소나무 두 그루가 자랐는데, 그 뿌리는 하나였다.

보통 사람들은 매일 돈돈 하면서도 돈을 위해 몸을 던지지는 않는다. 매일 사랑 타령하는 사람도 사랑을 위해 온몸을 날리지는 않는다. 체면도 차려야 하고, 적당히 휴식도 취해야 한다고 생각하면서도, 돈과 사랑이 오지 않는다고 신세타령하는 게 보통 사람들이다. 그만큼 그들은 절실하지가 않다.

반면 전사들은 바라는 바를 위해 몸을 던진다. 갈 수 있는 한까지는 물어물어 가보지만, 더 이상 갈 곳도 없고 물어볼 사람도 없는 막다른 절벽에 이르면 그의 직관이 이끄는 방향을 바라보며 하늘에 '마지막 시도입니다.' 라고 고하고 몸을 던진다. 진표는 지장과 미륵보살을 만나기 위해, 그 제자들은 스승에게서 계법을 얻기 위해 몸을 날렸다. 그만큼 그들은 절실했다.

몸 던짐의 전사들은 알고 있다. 정성을 들인 양만큼 응답은 있게 마련이라는 것을. 이것은 우주의 정신물리적 법칙이다. 그 법칙을 알기에 '모든 것' 을 바치는 정성까지도 불사한다. 그들이 바른 길을 가고 있는 한, 하늘은 결코 배반하지 않는다. 바른 정성을 다하면 하늘이 배반하지 않는다는 것, 그것이 몸 던짐의 전사들이 의존하는 우주 법칙이다.

# 욱면

8세기 신라에 몸을 던지는 또 다른 위대한 여전사가 태어났다. 지방 관리 귀진(貴珍)의 집 계집종이었다. 이름은 '풍성한 얼굴(욱면郁面).' 당시 귀진을 포함한 수십 명이 극락세계를 구하며 미타사를 짓고, 1만 일을 기약하며 기도하는 계를 만들었다.

그런데 귀진이 절에 갈 때면 시키지 않았는데도 풍성한 얼굴이 따라 나섰다. 욱면은 신분상 법당에 들어갈 수 없으므로 뜰 한가운데에 서서 스님을 따라 염불하였다.

종이 하라는 일은 안 하고 염불에 따라 나서니, 주인은 풍성한 얼굴에게 날마다 곡식 두 섬씩을 주고 하룻저녁에 찧도록 했다. 그러나 계집종은 주어진 곡식을 서둘러 초저녁에 다 찧고 절로 돌아와 염불을 게을리 하지 않았다.

그녀의 염불 수행은 엽기적이기까지 했다. 뜰의 좌우에 긴 말뚝을 세우고 두 손바닥을 뚫어 새끼줄로 꿴 다음 말뚝 위에 매달았다. 그리고 염불할 때마다 합장하고 좌우로 흔들면서 스스로를 격려하였다. 손바닥에는 피가 흐르고 온몸에 고통이 전해질 터인데, 게으름과 졸음을 쫓고 기도에 집중하기 위한 욱면의 정성은 9년이나 이어졌다.

어느 날 여전히 새끼줄 합장으로 염불할 때 하늘에서 소리가 들

보리사 석불좌상

렸다.

"욱면 낭자는 불당으로 들어가 염불하라."

절 사람들이 하늘에서 울리는 소리에 놀라 계집종에게 권유하여 법당 안으로 들이고, 이전처럼 정진하게 하였다. 신분 높은 남자 신도들 옆에서 풍성한 얼굴의 기도는 계속되었다.

얼마 후 서쪽 하늘에서 음악 소리가 들려오고, 그 음악을 신호로 한 듯 풍성한 얼굴의 몸이 솟아올랐다. 그녀의 몸은 법당 지붕을 뚫고 나가 서쪽 교외로 날아갔다. 거기서 풍성한 얼굴은 육신을 버리고 부처님 모습으로 바뀌더니 연화대에서 큰 빛을 내며 천천히 가버렸다. 그녀가 간 하늘에서는 신비로운 음악 소리가 끊이지 않았다.

풍성한 얼굴이 뚫고 나간 지붕의 구멍은 세찬 비와 함박눈이 내려도 새지 않았다. 주인 귀진은 '특별한 사람이 몸을 맡기고 살던 집'이라며 자신의 집을 내놓아 법왕사(法王寺)라 한 뒤 밭과 소작인을 바쳐 자신의 종이자 법왕인 풍성한 얼굴을 기렸다. 그녀가 날아가다 신발 한 짝을 떨어뜨린 소백산 지역에도, 그리고 산 아래 도착하여 육신을 버린 곳에도 사람들이 절을 지어 그녀의 정성과 영광을 기렸다.


풍성한 얼굴은 그 생김처럼 성품도 소 같지 않았을까 추정된다. 주인이 허락하지 않아도 매일 저녁 주인의 뒤를 따라 미타사로 향하는 풍성한 얼굴. 주인은 따라오는 계집종을 뒤돌아보며 짜증을 냈을 것이다. 그러나 그녀의 간절한 마음은 멈칫하던 몸을 이내 추스르고 다시 주인을 따랐다. 주인이 일을 더 맡겨도 절로 향한 마음은 수그러들지 않았다. 몇 배 노력으로 소처럼 일해서 초저녁에 끝내고는 이내 절로 향했다.

신분 높은 분들이 법당 안에서 1만 일을 기약하며 기도하고 있으니, 미천한 계집종이 법당 안에 함께 있을 수는 없었다. 어느 날은 달빛을 받으며, 어느 날은 비바람과 눈보라를 맞으며, 뜰 한가운데에 선 풍성한 얼굴의 염불은 소처럼 우직하게 끊이지 않았다. 나무아미타불, 나무아미타불……. 아미타 부처님께 공경을 바칩니다, 아미타 부처님께 돌아가 의지합니다…….

그것으로도 모자라 욱면은 마치 예수처럼 손바닥을 뚫었다. 새끼줄을 끼워 좌우로 흔들며 이어지는 염불 소리. 소도 그렇게 우직할 수 있을까? 흐르는 피나 손뼈가 울리는 아픔도 염불 소리를 따라 하늘로 퍼지는 마음의 기쁨을 막을 수 없었다. 오히려 합장한 손에서 일어나는 고통의 자극은 염불 리듬의 파장과 공명을 이루며 증폭되어 몸을 잊은 마음이 저 하늘 끝까지 닿도록 도왔다.

소보다 더 우직한 정성에 마침내 아미타 부처님이 응답했다. 하늘에서 들린 소리에 사람들이 계집종을 법당 안으로 모셨고, 지체 높은 분들 옆에서 기도할 수 있게 되었다. 얼마 후 미천한 그녀의 몸은 법당 지붕을 뚫고 빛나는 부처님 모습으로 변하여 주위에 황홀한 빛을 뿌렸다. 넋을 잃고 쳐다보는 주인과 다른 지체 높은 분들 가슴속에 하늘 음악의 호위를 받으며 가는 진정으로 높은 분의 빛이 강렬한 진동으로 살아남았다.

'특별한 사람'이 자기 종으로 살았다며 감격해한 귀진은 풍성한 얼굴을 기리기 위해 자기 집, 아니 욱면이 살던 집을 성스런 절로 내놓았다. 욱면을 기리는 절은 그녀의 자취마다 세 개나 세워졌다. 살았던 곳, 날아가다 신발을 떨어뜨린 곳, 그리고 육신을 버린 곳.

몸 던짐의 전사들은 자신이 가진 모든 에너지를 오로지 한곳에 집중하여 폭포수처럼 쏟아붓는다. 다른 모든 일은 오로지 그 한 가지를 위한 것으로 재배열된다. 모인 에너지가 한곳에 집중하여 폭발하면, 보통 사람들은 생각하지도 못하는 공력으로 나타나고, 그 공력이 어느 임계점을 넘으면 하늘이 공명한다. 풍성한 얼굴은 무서운 힘으로 기도의 길을 걸어갔다. 계집종이 빛나는 부처가 되어 주인이 오히려 섬기는 영적 주인으로 변하기까지.


그녀의 정성은 9년 동안만 모인 게 아니다. 전전생에는 그녀도 승려였다. 한때 관음보살의 현신이 승도 1천 명을 모아 둘로 나누고, 한 쪽은 수행만, 다른 한 쪽은 일만 시켰다. 일만 하던 500의 무리 중에는 풍성한 얼굴도 있었다. 그는 일만 하다가 계를 받지도 못하고 죽었다. '다른 동료들은 불법 수행을 하는데, 왜 나는 일만 시키는가.' 하는 불평으로 일에 정성을 쏟지 않았기 때문이리라.

그 때문인지 풍성한 얼굴은 영주 부석사의 소로 환생했다. 그리고 역시 평생 일만 해야 했다. 소는 주로 불경을 실어 날랐는데, 등으로 전해지는 불경의 기운을 오래 입다 보니 다시 사람으로 환생할 기회가 주어졌다. 그가 바로 귀진의 집에 계집종으로 태어난 풍성한 얼굴이었다.


3생에 걸쳐 불평을 극복하고 복종하며 온몸으로 정성을 바치는 훈련을 한 셈이니, 그녀의 기도가 무식할 정도로 우직했던 배경이다. 3생 내내 불법과 가까이는 있었으나 직접 배우지는 못하고 그 기운만 입었으니, 경전 지식에 관해서는 무식하달 수밖에 없었다. 그러나 마음에 쌓인 불법의 기운과 우직함이 결합하여 마침내 풍성한 얼굴을 하늘로 쏘아올렸다.

풍성한 얼굴은 그 이름에서 보이듯 얼굴도 소와 비슷하고, 일하는 것도 염불하는 것도 소처럼 했다. 마음의 단순함, 순일함, 소 같은 우직함이 어마어마한 공력으로 전환되었고, 그 힘이 '나무아미타불' 하나의 염불 구절에 모여 법당 지붕을 뚫고 전 우주로 폭발했다.

경전 공부를 위해 중국까지 유학한 유식한 스님들보다 빨리 그리고 가장 아름다운 하늘의 환영 음악에 둘러싸여, 가장 찬란한 빛을 온 우주에 퍼뜨렸다. 단순하고 순일하고 우직한 정성의 여전사 욱면은 그렇게 몸과 마음을 다 던졌다.

진표도 몸을 던졌고, 그 제자들도 몸을 던졌으며, 욱면도 몸을 던졌다. 벼랑에 서서 마지막 시도인 양 몸을 던졌을 때, 그들의 몸은 중력의 법칙을 벗어났다. 떨어지는 중간에 빛나는 몸으로 변하여 하늘의 음악과 결합하였다. 그렇게 몸을 던지면 죽지 않고 오히려 영생을 얻는다. 전사들이 취하는 마지막 전략이다.

■ 일연, 김원중 옮김, 〈관동풍악의 발연수 비석의 기록〉, 《삼국유사》, 을유문화사, 2002.
■ 일연, 김원중 옮김, 〈계집종 욱면이 염불하여 극락으로 오르다〉, 《삼국유사》, 을유문화사, 2002.

# 4

# 전사의 길

# 자비의 전사

모든 전사의 모델이 되는
전사가 둘 있다.
그 하나가 자비의 전사이다.

자비의 전사

# 바리공주

바리공주는 그 말을 듣고는 기가 막혔다. 아무리 임금이라지만 얼굴한 번 못 본 아버지 아닌가. 게다가 자신이 이 세상에 태어나자마자바다에 버린 원망스런 아버지가 아닌가. 그런 양반이 병들어 죽어가면서 오직 자기만이 그런 한스런 아비를 구할 수 있다고 하니!

그동안 키워준 비리공덕 할아버지, 할머니와 작별하고, 왕의 시종을 따라 꿈에도 그리던, 하지만 한없이 원망하던 아비와 어미를찾아가는 바리공주의 가슴은 착잡한 마음으로 얼룩졌다. 과연 나를버린 자를 위해 저승까지 가야 하는, 즉 목숨을 걸어야 하는 일에나서는 게 합당한가, 아니면 그들의 태도를 보아가며 적당히 거절할 것인가?

한반도 북쪽 불라국의 오구대왕은 왕비 길대부인 사이에 줄줄이같은 꿈을 꾸고 딸만 여섯을 낳았다. 부인의 태몽은 품 안에 달이돋고 오른손에 청도화 한 가지를 꺾어 드는 것이었다. 아들을 학수고대하던 오구대왕에게 부인은 다른 태몽을 얘기했다. 궁궐 대들보에 청룡과 황룡이 엉키고 오른손엔 보라매, 왼손엔 백마를 받고서,양 어깨에 해와 달이 돋았다고 했다. 아들이 틀림없었다. 두 사람과온 궁전의 기대는 하늘을 찌를 듯했다.

마침내 아이가 태어났다. 그러나 탄성과 환호 대신 길대부인의 울음이 큰 궁전을 싸늘하게 식혀버렸다. 오구대왕은 기대만큼이나 큰 좌절로 소리쳤다.

"이 아이는 보기도 싫으니 함에 넣어 서해 바다에 띄워보내라!"

임금의 뜻을 돌이킬 자신감을 잃은 길대부인은 간난 아이를 부여안고 통곡하며 이름과 생년월일을 옷고름에 적은 옷가지를 챙겨줄 수밖에 없었다. 옷고름에 적힌 이름은 버리는 아이이기 때문에 '바리'였다. 간난 아이는 자물쇠마저 덜컥 채워진 옥함에 뉘어 파도치는 바다에 띄워졌다.

한없이 흘러간 옥함은 먼 바닷가 마을에 도착했다. 자식도 없이 가난하게 살던 비리공덕 할아비와 할미가 이상한 꿈을 꾸고서 바닷가에 나가 옥함을 발견했다. 그들은 자식을 보내준 하늘에 감사하며 정성스레 키웠다.

버려진 존재는 근원을 찾는 법. 젊은 처녀가 된 바리는 자신의 근본에 대해 묻기 시작했다. 더 이상 거짓으로 대답할 수 없었던 비리공덕 부부는 숨겨놓았던 옥함과 옷가지들을 내놓았다. 이름과 생년월일이 적힌 비단 고름을 받아든 바리의 눈에서는 눈물이 한없이 흘러내려 비단 고름을 적셨다.

그 후 얼마 지나지 않아 낯선 사람이 찾아왔다. 불라국 길대부인의 시종이 바리공주를 찾아 세상 각지를 떠돌다, 마침내 바닷가 마을의 가난한 집에서 늙은 부부를 모시고 사는 시골 처녀 바리를 찾아낸 것이었다. 그가 들려준 사연은 기가 막혔다.

오구대왕은 화가 나서 일곱째 딸을 버리라고는 했으나, 그 후 얼

바리공주

굴에는 웃음이 사라지더니 병석에 누워 일어나질 못했다. 1만 가지 약이 무효인 중에 한 도승이 길대부인의 시주를 받고 돌아서며 한 마디 던졌다.

"일곱째 공주를 버린 탓으로 하늘이 내린 벌입니다. 왜 공주를 찾지 않으십니까?"

놀라 묻는 부인에게 도승은 더 의미심장한 말을 보태고는 사라졌다.

"서천서역 지나 저승 깊은 곳 동대산 동수자의 약수를 구해오면 왕을 살릴 수 있습니다. 일곱째 공주만이 할 수 있는 일이지요."

길대부인은 만조백관과 여섯 공주들을 모아놓고 도승이 전해준 비법을 설명하면서 동대산으로 떠날 사람을 찾았다. 그러나 평소 충성과 효도를 입버릇처럼 말하던 신하들과 딸들은 모두 두려워하며 발뺌하였다. 저승의 동대산에 갔다 오라는 소리는 죽으라는 소리와 같았기 때문이다. 슬퍼하는 부인을 지켜보던 시종 하나가 일곱째 공주를 모시고 오겠다며 자원했고, 마침내 공주를 찾아 모시고 불라국으로 돌아가게 되었다.

열다섯 살 어린 시골 처녀가 공주의 근본을 찾아가는 길이로되 발걸음은 가볍지가 않았다. 꿈에 그리던 어머니와 아버지를 만나는 것은 설레나, 자신을 버린 아버지를 보면 어떻게 해야 할지, 그리고 그 무서운 과제를 부탁하면 무엇이라고 답변해야 할지……. 

마침내 바리는 어머니를 만났다. 그동안 해보고 싶었던 어머니의 젖도 만져보고, 치마폭에도 싸여보았다. 아비를 만나자 늘 누워 있던 대왕이 벌떡 일어나 목을 부여잡고 엉엉 울었다. '너를 버린 죄를 받아 15년 동안 병을 이기지 못하고 이제 죽어간다.'고 하소연하며.

대왕의 뉘우침이 통곡으로 온몸에 전해지는 동안 바리는 결심했다. 아버지를 살리러 떠나겠다고. 모든 사람의 만류를 뿌리치고 남장을 한 채 홀로 길을 나섰다. 서쪽으로 서쪽으로.

남장 소녀의 서역행은 고난의 길이었다. 미끄러지고 넘어지고 손발이 덤불에 긁히고, 옷은 해졌다. 나무 열매를 따먹고 솔잎을 씹어 허기를 달래며, 가랑잎 속이나 바위틈에서 잠을 잤다. 열흘, 스무 날씩 사람을 볼 수 없는 곳도 지났다.

저승이 가까워지긴 했으나 길을 물어도 공짜로 가르쳐주는 사람은 없었다. 밭을 가는 할아버지는 바리가 나서서 밭을 다 갈아줄 때까지 '저 높은 산을 넘어 왼쪽으로 가면 된다.'는 사실을 가르쳐주지 않았다. 갈림길에서 만난 빨래하는 할머니는 바리가 '흰 빨래는 검게 빨고 검은 빨래는 희게 빠는' 방법을 스스로 알아 빨아줄 때까지, 그리고 할머니 몸에 굼실거리는 이를 다 잡아줄 때까지, '저쪽 길을 가다 열두 고개 넘으면 나루터가 나오리라.'는 사실을 알려주지 않았다.

이 할머니는 착한 사람을 돕고 악한 사람을 혼내주는 천태산 마고할미였다. 바리에게 '착한 아이'라고 칭찬한 할미는 삼색 꽃이 핀 꽃가지와 금빛 방울을 주며 어려울 때 쓰라고 하였다.

마고할미가 가리킨 열두 고개를 넘는데, 노인 죽은 짝지 고개, 할머니 죽은 망녕 고개, 처녀 죽은 보따리 고개, 시아버지 죽은 호령 고개, 시어머니 죽은 잔소리 고개, 아이 죽은 사랑 고개, 손주 죽은 처실 고개, 며느리 죽은 조실 고개, 사위 죽은 도둑놈 고개 등등 고개마다 귀신들이 울면서 막아섰지만, 이미 죽음을 각오한 바리를 겁주어 막을 수는 없었다.

죽은 영혼만 건너갈 수 있는 황천수에는 나루를 지키는 군사들의 위엄이 서리 같았으나, 마고할미가 준 꽃가지를 보자 꽁무니를 빼며 배를 대주었다. 아득한 강을 건너서 걸어가는데, 가시성 쇠성이 하늘에 닿을 듯 길을 막아섰다. 바리가 삼색 꽃을 흔들자 성이 구름 녹듯 무너지며 그 안에 갇혀 있던 영혼들이 쏟아져 나왔다. 눈 없고, 팔 없고, 목 없는 죄인들이 바리에게 몰려들더니 살려달라고 애원하였다. 그 모습이 어찌나 불쌍한지 바리는 두 손을 모아 그들의 극락왕생을 정성껏 기도했다. 그러자 온갖 죄 지은 영혼들이 고통을 덜더니 어디론가 훨훨 날아갔다.

다시 선홍빛 큰물이 앞을 막는데, 손을 대보니 뜨겁고 쓰라려 도저히 건널 방법이 없었다. 다시 마고할미에게 받은 금빛 방울을 물에 던지니 오색 무지개가 피어올랐다. 바리가 무지개를 타고 선홍빛 큰물을 건너자 마침내 동대산이 보이고 동수자의 집이 나타났다.


동수자는 본래 천상 사람이었다. 옥황상제를 모시던 중 죄를 지어 그 벌로 죽은 자를 살리는 동대산 약수를 지킨 지 오래되었다. 그를 만난 바리는 '불라국 오구대왕의 일곱째 왕자' 라고 인사하며, 약수를 받아 부왕의 병을 고치러 왔다고 소개했다. 동수자가 바리의 기색을 가만히 보니 차림새는 남자인데 목소리와 몸가짐이 여자 티가 났다. 이에 동수자는 '먼 길 고생으로 행색이 말이 아니니 몸부터 씻으시라.'고 권했다.

목욕물을 받아주고 숨어서 엿보니, 아니나 다를까 영락없는 처녀의 몸이었다. 동수자가 바리의 옷을 슬쩍 빼돌리니, 목욕이 끝난 바리가 옷 달라고 난리였다. 동수자가 '내 청을 들어주면 옷도 주고 약수도 주겠다.'는 조건을 제시하는데, 그 청이란 '나와 혼인하여 아들 셋을 낳아달라.'는 것이었다. 어쩔 수 없이 그 청을 받아들이니, 그날부터 둘의 살림이 시작되었다.

본래 동수자가 천상에서 지은 죄를 다 갚으려면 '인간 세상 처녀를 만나 아들 삼 형제를 낳아야 한다.'는 것이었다. 저승 세계 깊숙한 곳에 인간 처녀가 찾아올 리 없건만, 동수자에게는 불가능한 복이 열린 것이었다.

마침내 첫째, 둘째, 셋째 아들까지 낳은 바리가 동수자에게 약속대로 해달고 요구했다. 동수자는 바리를 이끌고 동굴 속을 지나 형형색색의 꽃들이 핀 벌판으로 데려갔다. 높이 솟은 바위에 거북 입 같은 돌 끝에서 물이 한 방울씩 떨어지고 있었다. 감격한 바리는 약수를 가득 받고 색색의 꽃을 하나씩 꺾어 간직했다.

되돌아 동굴을 나오는데 남편이 보이질 않았다. 집에 돌아와 보니 아들 세 놈이 울고 있는데, 그 아비는 보이지 않았다. "아버지 어디 계시냐?"고 묻자 아이들이 대답했다.

"아버지가 우리 셋이 잘 놀라고 하고는 저 하늘로 올라가 버렸어요."

미련을 버리는 바리의 결단은 빨랐다.

"얘들아, 가자꾸나."

세 아이를 업고 안고 걸리며 한없는 길을 돌아 마침내 불라국에 도착했다. 궁궐로 향해 가는데 웬 상여 행렬이 나왔다. 사연을 물은 즉, 오구대왕이 3년 전에 죽었으며, 그간 막내 공주를 기다리다 포기하고 장례를 막 치르는 중이라고 했다.

바리공주가 행렬로 뛰어가서 상여를 부여안았다.

"아버지, 여기 일곱째 바리가 왔습니다. 약수를 구해서 왔습니다. 여러 님네들, 우리 아버지 모습을 보게 해주세요."

일곱째 공주 바리라는 말에 사람들은 모두 깜짝 놀랐다. 언니들이 나서서 동생을 밀치려는데 길대부인이 나섰다.

"내 딸 바리야, 네가 죽지 않고 왔구나. 그래 보거라. 뵙고서 보내드려야지."

어머니의 명으로 상여가 멈추고 관 뚜껑이 열렸다. 오구대왕은 앙상한 뼈가 되어 누워 있었다. 바리가 뼈를 어루만지며 "일어나서 저를 보세요."라고 했다. 그와 더불어 품에 간직했던 형형색색의 꽃으로 뼈들을 쓰다듬기 시작하니, 뼈들은 덜컥거리며 붙고, 핏줄과 살이 돋아났다. 입에다 병을 기울여 동대산 약수를 흘려 넣자 막혔던 숨이 터졌다. 살아난 오구대왕은 어린 손자들을 하나씩 품에 안았고, 길대부인은 일곱째 딸 바리를 끌어안았다.

그 후 바리는 나라도, 부귀도 마다하고 저승으로 돌아가 오구신이 되었다. 오구신은 염라대왕에 이어 저승 서열 4위로, 죽은 이가 자신의 죽음을 인정할 때까지 이들을 보살피며, 그 뒤 저승길까지 가는 여정을 안내하는 역할을 한다. 바리공주의 세 아들은 저승의 열 개 지옥을 관할하는 열대왕이 되었다. 한편 버려진 바리를 키워준 비리공덕 할아비와 할미는 죽은 자의 길 안내를 맡는 신이 되어, 길 삯을 받으며 살게 되었다.

바리는 누구보다 인간의 비애를 잘 알았다. 태어나자마자 자신을 낳은 아비에게 바로 버림 받았기 때문이다. 그것도 귀한 신분으로 태어난 공주가. 어머니 태몽에서 암시되듯 본래 남성적인 혼이 여자의 몸으로 태어난 것도 그 혼에게는 비운이거늘, '또 딸'이라는 이유로 버려졌으니……. 속에 있는 혼은 '나는 남자요.'라고 소리치지만 누구도 귀 기울이지 않고 내쳤다.

이리하여 남성적 모험의 혼을 가진 바리는 인간 세상에 태어나자마자 배웠다. 말도 안 되는 이유로 버려질 수 있다는 것을. 겉만 보는 사람들에게는 자신의 속이 보이지 않고 인정받을 수도 없다는 것을. 이런 억울함과 슬픔을 안고 사는 게 인생일 수도 있다는 것을. 남성 혼이 남자의 몸을 입고 나왔다면 도저히 배울 수 없는 것을, 바리는 태어나자마자 온몸에 각인되도록 배웠다.

이 때문에 바리는 중요한 결단을 내릴 때마다 인간의 원초적 비애에 대한 동정심에 이끌렸다. 비록 아비라고는 하나 자신을 버린 원수를 처음 만났을 때, 속에서 끓던 원망은 아버지의 회한의 눈물과 함께 녹아버렸다. 나아가 죄를 참회하며 자신의 목을 끌어안고 생명을 의지하는 한 불쌍한 영혼에 대한 동정심이 어린 가슴을 가득 채웠다. 원수는 사라지고 불쌍한 늙은 영혼만이 남았다. 그 순간 아버지를 위해 저승으로 가겠다는 결단은 흔들림 없는 바위처럼 단단해졌다.

# 자비희사

바리공주가 자비의 전사가 된 것은 그 순간부터이다. 이전에는 자신의 슬픈 운명과 비슷한 인생에 대한 동정심이 많았다. 그러나 이제는 불쌍한 영혼을 위해 자기가 가진 것 모두를, 목숨까지도 바치겠다는 결단을 세우고 밀고 나가기 시작한 것이다. 동정심 밑에 숨겨져 있던 인간의 비애에 대한 보편적 자비심이 그녀의 내면에서 터져 나왔다.

'자비' 라는 말은 부처님의 마음을 가리키는 네 가지 성질, 자비희사(慈悲喜捨)의 준말이다. 즉 보편적 사랑의 마음, 더불어 슬퍼하는 마음, 더불어 기뻐하는 마음, 그리고 대상에 집착하지 않고 버리는 평정한 마음이 그것이다. 그 중에서도 '자비' 는 앞의 두 마음, 즉 보편적 사랑과 더불어 슬퍼함에 비중을 두는 말이다.

어떤 사람이 겪는 고통은 그 사람에게만 특별한 것이 아니라 인간이면 누구나 피할 수 없는 보편적 고통의 일부라는 것. 따라서 그 고통을 야유하지도, 그렇다고 그 사람을 불쌍히 여기며 우월감을 갖지도 않는다. 인간이면 누구나, 그리고 자신도 그런 종류의 고통을 피할 수 없다는 깨달음에 입각한 보편적 사랑과 동정심이 바로 자비다.

자신이 15년이나 겪어온 슬픔을 아버지도 똑같이 겪어왔다는 것

〈시황도 지옥 5〉 작자 미상, 1862년

을 안 순간, 원망은 연기처럼 사라지고 샘솟는 자비심이 꺼져가는 한 생명을 감싼다. 내면에서 솟기 시작한 자비의 샘은 넘치기 시작하여 피를 나눈 아버지뿐만 아니라 저승길에서 만나는 모든 사람까지도 촉촉하게 적신다.

저승 가는 길을 묻자 "이 너른 밭을 갈아야 한다는 게 안 보이느냐?"며 퉁명스레 반응하는 할아버지에게도 동정심이 솟아 스스로 나서서 대신 밭을 갈아주고, "빨래하기도 바쁜데 왜 귀찮게 하느냐?"는 할미 대신 빨래를 해주는 바리는 혈육만을 향한 배타적 동정심의 소유자가 아니다. 고된 삶을 살아야 하는 모든 인간의 고통에 더불어 안타까워하고 그 삶을 품어 안는 온기로 자신의 가슴과 상대의 가슴을 따뜻한 기운으로 감싼다.

보편적 자비는 인간과 생명체라면 피할 수 없는 죽음까지 품어 안는다. 아무리 이 세상에서 단맛만 본 사람이라도 죽음의 서늘한 그림자 밑에서는 지옥 같은 공포와 슬픔을 벗어나지 못한다. 그러하기에 바리의 자비심은 죽은 혼들까지 품어 안는다.

열두 고개마다 독특한 한을 품고 죽은 귀신들이 길을 막고 며느리의 한, 아이의 한, 손주의 한, 노인의 한 등 각종 원한을 그녀에게 쏟아붓는다. 이런 귀신들은 혼탁한 마음 때문에 가야 할 곳으로 가지 못하고 중음을 떠돌면서 인간계에 기생하는 불쌍한 존재들이다. 그러나 귀신들은 바리의 가슴에서 강하게 솟는 자비의 기운을 대하면서 가슴속에 박힌 어두운 암흑을 잃고 스르르 녹아내린다.

각종 죄를 짓고 가시성과 쇠성에 갇힌 영혼들도 바리의 가슴에서 빛나는 자비의 빛에 이끌려 달려들며 '살려달라.'고 애걸한다. 이들은 자신들이 저지른 악행으로 지옥에 갇혀버린 존재들이다. 이들에 대한 바리의 '더불어 슬퍼하는 마음'은 특별하다. 그녀는 두 손 모아 그들의 극락왕생을 기도하고, 그 은총의 빛으로 밝아진 귀신들은 우주 감옥에서 벗어나 좀 더 밝은 곳으로 훨훨 날아가는 자유를 얻는다.

동수자가 "나와 혼인하여 아들 셋만 낳아주오."라고 청했을 때, 바리의 자비는 더 환한 빛을 발했다. 비록 옷을 빼앗기고 여자라는 게 들통은 났어도, 남성적 호방성을 가진 바리가 알몸을 드러내기 창피해 결혼 조건을 건 계약에 응한 게 아니었다.

동수자는 본시 천상의 존재이지만, 죗값을 치르기 위해 저승의 존재로 내려와 노역을 하고 있었다. 그는 천상 존재의 거만함을 버리고 인간 여자를 사랑하며 자식을 셋까지 낳아 키우는 수고를 겪지 않으면 그 고되고 외로운 노역을 끝낼 수 없었다. 동수자의 간청에 바리는 천상의 존재까지도 겪어야 하는 비애와 고통을 더불어 슬퍼하는 마음과 보편적 사랑으로 감싸안았다.

이제 바리가 키워온 자비의 가슴은 우주의 모든 생명체를 다 품어 안을 만큼 넓어지고 따뜻해졌다. 마침내 죽은 사람까지 살릴 생명수와 생명꽃을 얻게 된 것은, 모든 중생에 대한 자비의 마음이 완성된 자연스런 결과였다.

자비로 승화하기 전까지의 동정심은 대상에 대한 안쓰러움에 머무른다. 안쓰러움은 그 대상에 집착하게 하고, 자신이 돕는 대가를 무의식중에 요구하는 저급한 감정이다. 불쌍한 느낌이 자비심으로 승화하면 특정 대상에 집착하지 않는 평정심을 유지하면서 가지고 있는 모든 것을 내놓아 중생의 고통을 덜기 위한 보편적 자애를 실현한다. 보편적 사랑의 마지막 지평은 가진 것들을 모두 내어놓고 자아를 완전히 비우는, 그리하여 우주적 사랑과 하나가 되는 영광스런 자리다.

바리는 애들 아버지가 일신의 평안을 위해 하늘나라로 도망쳤다는 것을 아이들에게 들었을 때, 이미 그런 경지에 도달했다. 그녀의 반응은 "얘들아, 가자꾸나!"였다. 이 치졸한 남자를 위해 바친 시간과 그 남자와의 사이에 낳은 아이들을 키우기 위해 들인 헌신도 '나의 것'은 아니라는 각성에 이미 도달해 있었다. 어떤 미련도, 원망도 그녀를 괴롭히지 못했다. 본래 남편이란 존재들은 그런 이기심 때문에 불쌍한 것이다. 그들이 불쌍해지는 요인을 훤히 아는 바리는 미련 없이 아비 없는 불쌍한 애들을 안고 업고 걸리며 돌아왔다. 바리는 자비희사의 마지막, 즉 '버리어 평정한 마음'에 도달했다. 버려진 아이 바리, 그녀는 그 원망까지도 버릴 줄 아는 버림의 달인이 되었다.

아버지의 생명을 구하러 떠난 바리는 그 목적을 마침내 달성하게 되었다. '또 딸' 아이를 버려 죽음의 죗값을 치른 아버지는 바리의 자비로 생명을 되찾고, 생명의 은인인 딸을 끌어안았다. 그동안 바리는 퍼주기만 한 게 아니었다. 그녀는 동대산까지 갔다 오는 과정에서 내면에서 잠자던 자비를 빛나는 광명으로 발현시키는 위대한 일을 성취했다. 남자의 혼이 '또 딸'로 태어나 겪은 비참한 슬픔을 동정으로, 그리고 마침내 빛나는 자비희사의 완성으로 승화시키는 인생의 목적을 달성한 것이다.

그런 바리에게 궁전에 머물며 자기 아들들을 왕위에 앉히려는 욕심이 남아 있을 턱이 없었다. 그녀는 궁전의 모든 영화를 버리고 아들들을 데리고 다시 떠났다. 이 세상의 슬픔과 고통에 찌든 영혼들을 돕기 위해. 버려진 아이 바리를 자애로 키워준 비리공덕 할아비와 할미가 그녀가 벌이는 자비 사업의 파트너로 초청된 것은 당연한 일이었다. 바리공주의 가족과 파트너들이 죽음의 초입에서 두려워하고 방황하는 영혼들을 자비심으로 돕고 있기에, 우리는 좀 더 안심하고 죽을 수 있게 되었다.

자비의 전사 바리공주. 그녀가 후대 사람을 돕는 더 큰 이유가 있다. 그녀는 인생에서 피할 수 없는 비애를 통해 어떻게 위대한 전사가 될 수 있는지를 몸으로 보여주었다. 중동의 예수가 그랬던 것처럼, 한반도 북쪽의 바리공주는 어떻게 동정심을 자비심으로 향상시켜 나갈지, 그리고 어떤 과정을 거쳐야 자비의 완성에 이를 수 있는지를 자신의 삶으로 가르쳐주었다. 자비의 전사 바리공주가 살아 있는 존재를 위해 남긴 더 큰 가르침이다.

■  신동흔, 〈길 위의 바리〉, 《살아있는 우리신화》, 한겨레신문사, 2004.

# 꿈을 깨는 전사

모든 전사의 두 번째 모델이자 최고의 전사,

지혜의 전사이다.

지혜를 완성하기 위해 전사들은

매일 꿈을 깬다.

# 조신

음욕에서 벗어나 해탈하기로 결심하여 중이 된 남자 조신(調信). 그가 태수의 딸을 처음 본 순간 애초의 결심은 까맣게 잊어버렸다. 젊은 스님 조신은 태수의 딸을 깊이 연모하여 그 몸과 마음이 불타올랐다.

신라 경주에 있던 홍교사에서는 절의 장원을 관리하기 위해 강원도 동부 지방으로 조신을 파견하였다. 여기서 조신은 태수 김흔의 딸을 첫눈에 사랑하게 되었다. 조신은 그렇게 기도를 잘 들어주신다는 낙산사 관음보살상 앞으로 나아가 남몰래 '그녀와 인연을 맺게 해달라.'고 수없이 기도하였다.

그렇게 기도를 반복하기를 몇 년, 김흔의 딸에게는 배필이 생겨버렸다. 그 사실을 안 조신은 관음보살상 앞에 달려가 자기 뜻을 이루어주지 않았다고 원망하며 날이 저물도록 슬피 울었다. 울다 울다 지친 그는 관음상 앞에서 선잠에 빠져버렸다.

갑자기 김씨의 딸이 기쁜 모습으로 문안으로 들어오더니 활짝 웃으며 말했다.

"저는 일찍이 스님의 얼굴을 본 뒤로 사모하게 되어 한순간도 잊은 적이 없습니다. 부모의 명을 어기지 못해 억지로 다른 사람의

아내가 되었지만, 이제 같은 무덤에 묻힐 벗이 되고 싶어 찾아왔습
니다."

조신은 기뻐서 어쩔 줄 몰랐다. 고향으로 돌아가 함께 40년을 살
면서 자식 다섯을 두었다.

그러나 중으로 산 자가 어찌 세속 살림을 잘 꾸릴 수 있으랴. 집
이라곤 네 벽뿐이요, 콩잎이나 명아주국 같은 변변한 끼니도 때울
수 없어, 마침내 가족을 이끌고 사방으로 다니며 입에 풀칠하게 되
었다. 이렇게 10년 동안 초야를 떠돌다 보니 옷은 너덜너덜해져
100번을 기워 입어도 몸을 가리지 못할 정도였다.

이 거지 가족이 강릉의 해현령을 지날 때 열다섯 살 된 큰아들이
마침내 굶주려 죽고 말았다. 조신은 통곡하며 길가에 묻고, 남은 네
자식을 데리고 한 마을의 길가에 띠를 엮어 집을 짓고 살았다. 부부
가 늙고 병들어 일어날 수 없게 되자, 열살 난 딸아이가 돌아다니며
구걸하였다. 딸아이는 마을에서 구걸을 하다가 개에게 물렸고, 돌
아와 부모 앞에서 아프다고 울며 드러누웠다.

이 지경에 이르자 부인이 눈물을 씻더니 남편에게 말했다. '헤어
지자고. 우리 부부는 병들고 쇠약해져 아이들이 굶주림과 추위에
떨어도 돌봐줄 수 없는 참혹한 형편이라고. 결국 우리가 처음 만나
기뻐한 것이 바로 근심의 시작이었다고. 굶주림과 추위, 병, 아들의
죽음, 구걸하며 사는 부끄러움, 어린아이를 구걸에 내몰고 구걸 나
간 아이가 개에게 물리는 이 험난한 삶이 우리 둘의 만남에서 비롯
되었으니 그 인연을 풀자고.'

조신은 아내의 말을 듣고 기뻐하였다. 같이 산 이후 그의 몸과 마

음을 무겁게 짓눌러온 먹구름을 아내가 헤치며 몰아낸 듯했다. 각기 아이 둘을 나누어 데리고 떠나는데 아내가 말했다.

"나는 고향으로 향할 것이니 당신은 남쪽으로 가십시오."

이별하고 길을 가다가 꿈에서 깨어났다. 희미한 등불이 어른거리고 밤이 깊어가고 있었다. 아침이 되자 수염과 머리카락이 모두 하얗게 세었다. 그리고는 세상일에 전혀 뜻이 없어졌다. 마치 100년 동안 괴로움을 맛본 것 같아 세속을 탐하는 마음이 얼음 녹듯 사라진 것이다.

부끄러움으로 관음보살의 얼굴을 바라보자 깊이 참회하는 마음이 끝이 없었다. 돌아오는 길에 꿈에서 아이를 묻었던 곳으로 가 파보니, 돌미륵이 묻혀 있었다. 그는 그 돌미륵을 물로 깨끗이 씻어서 가까운 절에 모셨다.

경주로 돌아와서는 장원 관리직을 사임하고, 개인 재산을 털어 '정토사'를 짓고서 수행하였다. 그 후 아무도 조신의 행적을 알지 못했다.

'조신의 꿈'으로 불리는 이 사건은 두 가지 다른 차원에서 발생했다. 하나는 조신이 관음상 앞에서 숱하게 기원한 것이 안 이루어졌을 때, 관음보살을 원망하며 울다 잠이 든 후 깨어난 사건이다. 그가 잠이 들어 있는 동안 관음보살은 그의 꿈을 통해 '네가 그 여자와 함께 살면 이런 일이 벌어지리라.'며 선명한 상으로 보여주었다.

조신은 관음보살을 철석같이 믿었다. 그가 울며 원망한 것도 '관음보살님은 다 들어줄 수 있는데도 안 들어주셨다.'며, 어머니를 믿는 어린아이처럼 투정했다. 그 어린아이가 떼쓰며 품에 안겨 울다 잠들었을 때, 어머니 관음은 매우 자비로운 방법으로 가르침을 준 것이다. 이것이 꿈을 통해 욕망의 실상을 깨달은 조신의 사건 1이다.

다른 사건도 일어났다. 조신에게 실제로 김씨의 딸이 찾아와 '같은 무덤에 묻힐 벗이 되고 싶어 왔다.'고 했다. 같이 50년을 산 조신은 아내와 헤어지는 길에 근방에 있던 낙산사 관음상 앞으로 다시 갔다. 그토록 원했던 여인과 같이 살도록 해주신 관음보살께 같이 산 인생의 결과를 보고하고, 욕망이 어떤 결과를 맺는지를 삶으로 알게 해주신 보살께 참회의 눈물을 흘리다 잠이 들었다. 그가 어둑한 밤에 깨어났을 때 잠시 행복하다 오래 고통스러웠던 지난 50년이 마치 생생한 꿈처럼 느껴졌다.

수염과 머리카락이 모두 하얗게 세어버렸으니, 실제 그만큼의 시간이 흘렀을 것이다. 굶어 죽은 맏이를 묻었던 자리에서 돌미륵이 나왔으니, 관음보살이 미륵의 기운으로 꾸며 보내준 아들임이 분명했다. 그가 가진 것들을 모두 부처님께 내놓고 '그 행적을 아무도 모르게' 살며 수행에 전념한 것은 인생이 '단지 꿈일 뿐'임을 몸으로 깨달았기 때문이다. 인생 자체가 꿈이라는 깨달음이 담긴 조신의 사건 2다.

사건 1에서 현실은 꿈에 의해 붕괴되지 않는다. 다만 꿈의 영향으로 그 행로를 바꿀 뿐, 삶의 토대인 현실은 다시 안정을 되찾는다. 반면 사건 2는 '장자의 나비' 같은 현실 위에 전개된다. 인생은 실제로 허구의 연극이요, 꿈이요, 아지랑이요, 신기루요, 물 위에 비친 달이라는 현실이다.

사건 2가 전개된 현실은 그 싸늘한 진실을 드러낸다. 달콤한 사랑의 꿈이 참담한 거지 생활로 무너져버리는 세계, 아름답고 생생한 몸도 허옇게 시들고 병들어 누워버리는 세계, 기쁨은 단지 시름의 원인일 뿐인 세계, 사상누각 속에서 즐겁고 슬프고 행복하고 불행한 꿈들을 꾸고 있는 세계다. 그들은 꿈을 현실이라고 착각할 정도로 생생한 꿈을 꾸고 있다.

사건 1과 사건 2는 이중으로 겹쳐진 현실이다. 꿈의 세계와 꿈같은 현실 세계가 이중 구조로 겹쳐진다. 어느 것이 꿈이고 어느 것이 현실인지가 모호해지는 접점에서, 장자가 나비의 꿈을 꾼 것과 나비가 장자의 삶을 꿈꾼 것이 겹쳐지는 현실이 열린다. 두 사건은 평행 우주처럼 공존한다. 두 평행 현실 모두가 절대성을 상실하고 남는 것은 깨닫는 의식뿐이다.

관음보살은 '저 여인과 인연을 맺게 해달라.'는 조신의 기도를 들어주었다. 다만 관음보살은 사건 1과 사건 2가 겹치는 지점에 조신을 내려놓아, 그가 일장춘몽 인생의 진실을 볼 지평을 열어주었다. 보살이 특별히 가르침을 주기 위해 꿈 – 삶의 내용을 조작했으리라 보긴 힘들다. 보살은 다만 소원을 이루어준 것이고, 여인과의 삶은, 그것이 꿈이건 실제 삶이건, 두 사람의 카르마와 연관된 것일 뿐이다. 사건 1과 사건 2가 겹쳐지는 지점에서 깨달음은 조신의 몫이고, 거기서 열리는 새 세계도 그의 것이다.

# 꿈 깬 여전사

튼튼한 현실이 무너지고 삶이 꿈이라는 실상이 드러났을 때, 보통 사람과 전사의 차이가 드러난다. 보통 사람은 실상의 괴로움을 피하기 위해 현실이라는 꿈속으로 도피하지만, 전사는 드러난 실상에 새 발걸음을 옮겨놓기 위해 꿈같은 현실을 버린다. 꿈의 달콤함을 찾아 따뜻한 이불 속으로 다시 기어들어 가는 게 보통 사람이라면, 전사는 이불을 박차고 차가운 바깥 세계로 나아간다.

바로 그 점에서 조신은 꿈을 깨는 전사이다. 조신은 그토록 원하던 여인과 함께 사는 삶이 고통으로 뒤덮인 꿈이라는 것을 알았을 때 그것을 과감히 버렸다. 그리고 가지고 있던 모든 것을 꿈이 아닌 진실의 길로 나아가는 데 바쳤다.

김씨의 딸은 꿈을 깨는 데 있어 조신보다 앞서 나갔다. 조신은 미안함 때문이라도 그 괴로운 생활을 박차고 나올 결심을 할 수 없었다. 그러나 아내는 맏이를 묻고 어린 딸이 개에 물렸을 때 꿈을 박차고 나올 때가 되었음을 직감했다. 김씨의 딸이 조신에게 한 말은 꿈을 깨는 전사의 선명한 각성을 보여준다.


"내가 처음 당신과 살면서는 한 가지 맛있는 음식도 당신과 나누어 먹었고, 몇 자 되는 따뜻한 옷감이 있으면 당신과 함께 해 입었습니다. 집을 나와 함께 산 지 50년에 정분은 가까워졌고 은혜와 사랑이 깊었으니 두터운 인연이라고 할 수 있습니다.

그러나 몇 년 이래로 쇠약해져 병이 날로 심해지고 굶주림과 추위도 날로 더해오는데, 곁방살이에 하찮은 음식조차 빌어먹지 못하고 이 집 저 집 구걸하며 다니는 부끄러움은 산과 같이 무겁습니다. 아이들이 추위에 떨고 굶주려도 돌봐줄 수가 없는데, 어느 겨를에 사랑의 싹을 틔워 부부의 정을 즐길 수 있겠습니까?

젊은 날의 곱던 얼굴과 아름다운 웃음도 풀잎 위의 이슬이 되었고, 지초와 난초 같은 약속도 회오리바람에 날리는 버들 솜이 되었습니다. 당신은 내가 있어서 근심만 쌓이고, 나는 당신 때문에 근심거리만 많아지니, 곰곰이 생각해보면 옛날의 기쁨이 바로 근심의 시작이었던 것입니다.

여러 마리의 새가 함께 굶주리는 것보다는 짝 잃은 난새가 거울을 보며 짝을 그리워하는 것이 낫지 않겠습니까? 힘들면 버리고 편안하면 친해지는 것은 인정상 차마 할 수 없는 일입니다만, 가고 멈추는 것 역시 사람의 마음대로 되는 것이 아니고, 헤어지고 만나는 데도 운명이 있는 것입니다. 이 말을 따라 이만 헤어지기로 합시다."


그녀의 이별사에는 인생이 꿈이라는 사실을 여실히 깨달은 선명한 각성이 절절이 배어 있다. 이 집 저 집 구걸하며 다니는 부끄러움이 산과 같이 무거운 삶, 곱던 얼굴과 아름다운 웃음도 풀잎 위의 이슬처럼 되고, 지초 난초 같은 약속도 바람에 날리는 버들 솜이 되어버리는 이 세상에 대한 선명한 통찰. 그리고 그 발단인 둘 사이의 사랑이 서로가 서로에게 근심거리가 되어버리는 변화의 세상. 결국 옛날의 기쁨이 바로 근심의 시작이었다는 서늘한 통찰이다.

이 세상은 내가 믿고 의지하기에는 너무도 무상하다는 붓다의 시선이 아내를 통해 밝아졌다. 자신이 참고 참아온 말을 대신해준 아내의 엄중한 각성에 조신의 마음은 먹구름이 걷히고 환해졌다. 모든 사람이 느끼면서도 그 써늘함 때문에 다시 가리는 인생의 진면목을 보게 되자, 꿈을 깨는 부부는 헤어지기로 결정했다.

꿈을 깬 여전사의 마지막 말은 이불 바깥이 너무 써늘해 꿈으로 다시 돌아가려는 내면의 유혹을 차단한다. 힘들면 버리는 것은 인정상 차마 할 수 없는 일이지만, 우리의 인연이 끝나가니 안쓰러움에 머물지 맙시다. '나는 고향 방향으로 갈 것이니, 당신은 남쪽으로 가시오.' 같은 방향으로 가면 미련과 인정에 이끌려 다시 꿈속으로 돌아갈 수도 있으니, 처음부터 그 가능성을 차단하자는 투철한 경계심이다.


꿈을 깬다는 것은 각성한다는 것이다. 내가 믿고 의지했던 것들이 믿고 의지할 만한 것이 애초부터 아니었다는 사실에 대한 각성. 꿈 깸은 믿고 움켜쥐고 달라붙었던 착각과는 차원을 달리하는 새 시선이 생겨나기 시작했다는 중요한 가능성을 암시한다.

아내의 이별사 속에도 새 시선이 드러난다. '가고 멈추는 것 역시 사람의 마음대로 되는 것이 아니고, 헤어지고 만나는 데도 운명이 있다.'는 시선. 내 욕망에 따라 움켜쥐는 시선과는 달리, 삶을 이끄는 더 큰 힘을 감지하고 그 힘에 '나'를 복종시키는 시선이 드러난다. 새로운 진실의 지평이 드러날 때, 그 지평의 안내에 따라 '이만 헤어지자.'는 결단도 생긴다. 우리를 묶어놓았던 움켜쥔 꿈들을 깨고 각성된 새 시선이 안내하는 실상의 지평을 걷기 위해 꿈의 감옥을 만들었던 서로의 인연을 풀자는 것이다.

새로운 좀 더 진실한 시선이 생긴다는 것. 그것이 꿈을 깨는 가장 큰 목적이다. 허구의 세계에서 실상의 세계로 나아가기 위해 전사들은 매일, 매사에서 꿈을 깬다. 그리하여 마침내 인생이라는 거대한 꿈에서 깨어나기 위해. 그리하여 맑은 지혜가 눈부신 진실을 전부 볼 때까지. 우주의 종착역 진실의 샘에 도달하기 위해.


조신은 아련한 꿈을 접고 서늘한 실상의 벌판을 걸어가기 시작한다. 그 후 아무도 그의 종적을 알지 못하였다 하니, 그는 그 길을 따라 꽤나 멀리 가는 데 성공한 듯하다.

꿈을 어렴풋이 깬 자리, 보통 사람과 전사를 나누는 곳이다. 전사는 따뜻한 꿈자리, 사실은 고통을 연장하는 그 따뜻함의 유혹을 단호히 뿌리친다. 꿈을 확실히 깨기 위해 이불을 박찰 때, 실상의 청명한 벌판을 향하는 꿈을 깬 전사의 상쾌한 첫걸음이 시작된다.


■ 일연, 김원중 옮김, 〈낙산의 두 성인 관음과 정취, 그리고 조신〉, 《삼국유사》, 을유문화사, 2002.

# 전사의 길

전사들은 나아간다. 그 먼 길을 한없이 걸어도, 목마르지 않다.

사랑과 자비의 샘, 진실과 지혜의

샘에서 나오는 샘물이 길 옆에 흐르기 때문이다.

이 샘물은 멀리까지 흐르고 흘러 그들의 목을 적셔주고 기운을 주면서

샘의 원천으로 그들이 안전하게 도달하도록 이끈다.

마침내 자비의 샘에 도달하고, 진실의 샘에 도달하여

그 샘물에 몸과 마음을 결합할 때,

그들이 수고한 만큼 덧붙여진 사랑과 진실이 우주에서 더욱 빛난다.

앞선 전사들의 몸과 마음은 뒤 이어 따라오는 전사들이 힘겹게 나아가는 길에

목을 축일 샘물이 되어 흐른다.

# 헤라클레스

힘 있는 못된 자들을 굴복시키고, 엄청난 괴물들을 퇴치하며, 신들까지도 꼼짝 못하게 만든 화려한 무용담의 주인공 헤라클레스. 그러나 그의 삶에는 짙은 슬픔이 배어 있었다.

헤라클레스는 출생부터 슬픈 무용담의 주인공이 되었다. 그의 어머니 알크메네가 제우스의 사랑을 받아 낳은 아들이니, 역시나 출생하자마자 헤라의 공격을 받아야 했다. 그가 큰 인물이 되리라는 예언을 종식시키기 위해 헤라는 아기의 요람에 독사 두 마리를 보냈다. 그런데 태어난 지 8개월 된 아이는 한 손에 한 마리씩 잡고 목을 졸라 죽였다.

이 장면은 헤라클레스의 인생 전반을 예고하는 것이었다. 제우스에게서 받은 어마어마한 힘과 그 힘을 꺾기 위해 헤라에게서 내려오는 어마어마한 시련의 충돌 지점, 바로 그곳에 헤라클레스 인생은 옴짝달싹못하고 갇혀버렸다.

장성한 헤라클레스의 용기에 감복한 크레온 왕이 딸 메가라를 아내로 주자, 헤라는 그의 행복을 막기 위해 헤라클레스를 미치게 만들었다. 광기에 휩싸인 이 괴력의 남자는 아내와 아이들을 불 속에 집어던져 죽여버렸다. 그가 제정신으로 돌아왔을 때는 가정의 파탄과 저주스런 운명에 대한 좌절만이 남아 있었다. 그는 불행을 부르는 자신의 힘과 광기에서 도망치려는 듯 망명길에 올랐다.

그러나 헤라의 추적은 집요했다. 헤라클레스는 친척인 에우리스테우스 왕의 신하로 들어가, 그 비열하고 교활하며 겁 많고 심술궂은 왕이 시키는 일을 다 해내야 할 비참한 운명에 몰렸다. 당연한 일이지만, 헤라는 에우리스테우스로 하여금 헤라클레스를 죽일 만한 일만 골라 시키도록 했다. 거침없고 대범한 헤라클레스가 그 졸장부 왕에게 복종하며 수행해야 했던 일은 '12가지 어려운 일'로 불리며, 헤라클레스 무용담의 진수를 보여준다.

무기로는 죽지 않는 네메아 사자의 모피를 가져와라, 머리가 아홉 개이고 그 중 하나는 죽지 않는 물뱀 히드라를 퇴치하라, 3천 마리의 소를 키우면서도 30년간 치운 적이 없는 아우게이아스의 외양간을 치워라, 호전적인 여성 종족인 아마존의 여왕 히폴리테의 허리띠를 빼앗아 오라, 어디 있는지도 모르는 히스페리스의 황금사과를 따와라, 대지에 발이 붙어 있으면 무한한 힘이 생기는 장사 안타이오스를 죽여라, 저승 입구를 지키는 머리가 셋인 개 케르베로스를 데려와라 등등 보통 인간이면 상상도 못할 과제, 궁극적으로는 헤라클레스의 죽음을 노리는 과제들이 억수같이 쏟아졌다.

이 험난한 과정을 통해 헤라클레스는 의도치 않게 본인에게 결핍되어 있는 새 능력들을 익혔다. 지혜를 배우고(사물의 원리에 따라 과제 해결 방안을 찾아내는 통찰), 죽음의 두려움도 극복하며(저승까지 가서 개를 데려오는 일), 남의 도움을 얻는 법도 배우고(히드라는 충복의 도움으로 퇴치한다), 남의 도움을 얻을 때 필요한 신뢰도 배운다(황금사과는 헤스페리테스의 아버지인 아틀라스에게 얻어오도록 부탁하

는데, 돌아오지 않을 가능성도 있는 아틀라스 대신 하늘을 받들고 있어야 했다). 광적인 괴력의 남자가 남들과 같이 사는 법, 사물의 원리를 알고 이용하는 법을 배우면서 그 어려운 일들을 보란 듯이 해결해 냈다. 마침내 에우리스테우스의 손아귀에서 벗어난 헤라클레스는 운명의 족쇄에서 풀려난 듯했다.

그러나 헤라가 내린 광기가 다시 찾아왔다. 그가 소도둑으로 몰릴 때 그를 믿고 도와주었던 친구 이피토스를 절벽에서 밀어 죽였다. 그 죗값으로 이번에는 옴팔레 여왕의 노예살이를 3년간 해야 했다. 폭발할 듯한 근육에 분출하는 힘을 지닌 남자 헤라클레스는 여자 옷을 입고 여왕의 시녀들과 함께 양털에서 실을 잣는 등 여자들과 함께 여자를 섬기며 유약하기 짝이 없는 인간으로 나날을 보냈다.

여자 노예살이가 끝나자 처음으로 안정된 행복이 찾아왔다. 데이아네이라와 결혼하여 인생의 맛을 즐긴 지 3년이 되어 둘은 달콤한 여행을 즐겼다. 어떤 개울에 이르자 반인반마의 켄타우로스족인 네소스가 길손들을 등 위에 태워 건네주었다.

헤라클레스는 아내를 네소스에게 맡기고 자신은 얕은 곳으로 건너는데 갑자기 아내의 비명이 들렸다. 네소스가 데이아네이라를 업은 채 내빼는 것이었다. 헤라클레스의 활은 여지없이 이 인면수심의 켄타우로스를 쓰러뜨렸다. 그러나 뻔뻔스러운 네소스는 죽어가면서도 데이아네이라에게 "내 피를 받아 남편의 마음이 변하면 쓰라."고 했다. 데이아네이라는 남편이 오기 전에 그 피를 받아놓았다.

마침내 그 피를 쓸 때가 왔다. 남편은 원정에 갔다가 이올레라는 아름다운 처녀를 포로로 잡아왔는데, 이 처녀를 쳐다보는 남편의 눈빛이 심상치 않았다. 그 포로 처녀를 자기보다 더 사랑하는 것처럼 보였다. 아내는 승리의 제사 때 입는 남편의 예복에 숨겨놓았던 네소스의 피를 묻혔다. 헤라클레스가 예복을 입자 독기가 온몸에 스며들면서 견딜 수 없는 고통이 일었다. 옷을 벗으려 했으나 몸에 딱 달라붙어 떨어지지 않았다. 헤라클레스는 살점째 옷을 뜯어내버렸다.

살갗이 벗겨진 흉측한 모습의 헤라클레스가 집으로 돌아오자, 양심의 가책을 견디지 못한 데이아네이라는 목을 매달아 죽었다. 다시 한 번 그의 가정은 파괴되었고, 승리의 예복은 파멸의 전조가 되었다.

헤라클레스는 아무 말도 없이 산으로 올라갔다. 화장할 나무를 쌓아올리고는 늘 갖고 다니던 활과 화살을 늘 함께 한 필록테테스에게 넘겼다. 그리고는 장작더미 위로 올라갔다. 평소 즐겨 쓰던 곤봉은 베개로 베고, 늘 입고 다니던 네메아 사자 모피로 몸을 덮었다.

그는 필록테테스를 보며 축제날 식탁 앞에서 식사라도 하듯 태연한 얼굴로 '불을 지피라.'고 명령했다. 이미 살갗이 벗겨진 우람한 육체는 삽시간에 불길에 휩싸였다.

사람들의 눈에는 보이지 않았으나, 신들의 눈에는 보였다. 헤라클레스가 어머니에게서 받은 것을 소진시키자 내면에 있던 신성한 기운이 불길을 나와 새 생명으로 하늘에 올랐다. 기다리던 제우스가 그를 구름으로 감싼 다음, 네 마리 뱀이 끄는 마차로 별과 별 사이에 박아주었다. 헤라도 마음의 앙금을 풀었다. 제우스와 헤라 사이에서

태어난 딸 청춘의 여신 헤베가 막 하늘로 오른 헤라클레스의 아내가
되었다.

인간의 몸으로 담고 있기에는 헤라클레스의 근육의 힘이 너무도
셌다. 너무도 셌다기보다 위험할 정도로 셌다. 이것이 바로 헤라클
레스가 제우스 – 헤라 부부에게서 받은 축복이자 저주이다.

축복인 것은 그의 용맹을 뒷받침할 능력이라는 점이고, 저주인
것은 극단의 남성성과 맹수 같은 파괴성을 드러낸다는 점이다. 인
간의 몸으로 담고 있기에는 그 야수적 힘이 너무 커서 일상적인 생
활을 감당해내지 못할 정도이다. 그가 자주 미치는 근본적인 이유
도 여기에 있다.

헤라클레스는 그 무서운 힘과 용맹을 통해 어떤 남자도 못할 영
광스런 과업을 이루지만, 동시에 극단의 남성적 광기에 의해 자기
자신의 삶을 끊임없이 파괴한다. 그의 삶 전반에 흐르는 슬픔과 우
울은 바로 자신도 통제할 수 없는 파괴적 힘이 자기 안에서 끊임없
이 분출하고 있기 때문이다. 파괴적 광기가 아내와 아이까지 불 속
에 던지고 친구도 밀어 죽이면서, 불행의 어두운 먹구름에 쫓겨 다
녀야 할 처지에 내몰린다.

그 때문에 헤라클레스는 인욕, 즉 욕됨을 참아내는 전사가 될 수
있었다. 그에게 에우리스테우스 왕이 시킨 일 자체는 오히려 덜 어
려운 것일 수도 있다. 타고난 기질과 힘 때문에, 모험을 통해 그 힘
을 바깥으로 쏟지 않으면 자기 내부를 파괴했으리라.

그에게 더 힘들었던 점은 에우리스테우스 왕의 비열함과 겁 많

음, 심술궂음, 교만함을 참아내는 일이었다. 헤라클레스처럼 호방한 인품이, 그것도 어느 누구의 신하나 종으로 살기 어려운 인물이, 하고 많은 왕 중에서 가장 비열하고 저질인 인간 밑에서 시키는 대로 받들어야 하는 굴욕은 가장 견디기 힘들었을 것이다. 평소 그의 성품 같으면 에우리스테우스를 주먹으로 쳐 죽이거나, 울화를 참지 못하고 자기 머리를 벽에 찧어 죽었을 것이다. 그만큼 헤라의 계책은 교묘했다.

헤라클레스는 자신의 광기가 괴로워 신탁을 받았을 때, 비열한 인간 밑에서 죽을 일을 숱하게 치러야 한다는 운명을 알았다. 그는 이를 남김없이 수용하는 받아들임의 전사가 된다. 그가 진정 위대한 전사인 것은 그 엄청난 굴욕을 온몸으로 느끼면서도 비열한 남자의 가랑이 밑을 오랜 세월 기었다는 점이다. 헤라클레스는 이 받아들임의 과정을 통해 속에서 끊임없이 폭발하는 파괴적 광기를 다스릴 힘을 얻었다. 그것은 근육의 힘을 통제할 마음의 힘이라 하겠다.

# 갈 길

발칸 반도에서는 헤라클레스에 버금가는 영웅으로 테세우스를 친다. 테세우스는 헤라클레스 같은 영웅이 되고 싶었기에 스스로 모험을 찾아 나섰다. '잡아당겨 늘이는 자'라는 악랄한 프로크루스테스를 찾아가 죽이고, 젊은 남녀를 잡아먹는 미노타우로스도 처치했다. 이런 일들을 통해 그는 영웅의 반열에 올랐다.

하지만 그는 헤라클레스 같은 영웅 칭호로 불릴 수는 있을지 모르나, 결코 삶의 전사는 되지 못한다. 명예욕이 그의 동기였고, 결혼을 약속한 아리아드네도 섬에 남기고 도망가는 배신자였으며, 전처의 아들을 탐한 새 마누라 파에드라에 속아 아들을 죽게 해달라고 신에게 비는 바보였고, 마침내 백성들의 신망을 잃고 망명한 곳에서 살해당했다. 그의 무용담은 화려하나 그 내용은 빈약하기 그지없다.

헤라클레스는 테세우스처럼 뻐기고 다닐 만큼 한가하지 않았다. 그의 힘과 용맹은 테세우스가 범접하지 못할 높은 수준이었으나, 그는 한 번도 자신의 용맹을 뻐기지 않았다. 헤라에 내몰리면서 이런저런 과제와 그 사이사이에 찾아오는 광기를 감당하기도 만만치 않았기 때문이다. 마침내 인욕과 받아들임의 과정을 통해 근육의 파괴적인 힘을 통제할 마음의 힘이 생기면서, 그는 영웅을 넘어 삶의 전사 대열로 진입한다. 영웅과 전사의 차이는, 영웅은 근육과 무력으로 살지만 전사는 마음의 힘으로 살아가는 사람이라는 점이다.

헤라클레스의 슬픔과 우울은 모든 존재가 겪을 수밖에 없는 삶의 고통을 암시한다. 그것을 피할 수 있는 존재는 하나도 없다. 보통 사람은 그것을 피하는 데 인생의 모든 것을 소모한다. 반면 전사는 고통과 대결하여 그것으로부터 배우기 위해 혼신의 힘을 쏟는다. 바로 그 때문에 전사는 마음의 힘을 지속적으로 키워 나간다. 마침내 어떤 외적인 고통도 그의 마음을 흔들어놓을 수 없는 지경에 이를 때까지.


헤라클레스는 에우리스테우스 밑에서 광적인 기운을 다스릴 마음의 힘을 얻기는 했으나 아직 완벽한 통제력을 얻은 것은 아니었다. 그리하여 다시 자신을 도우려는 친구를 벼랑에서 밀어 떨어뜨리는 짓을 저지르고 말았다. 그 속죄를 위해 그가 운명적으로 겪어야 했던 일은 여자의 시종으로 사는 과제였다.

비록 여왕이기는 하나 헤라클레스 같은 남성 우월주의자가, 그것도 뭇 남자들의 존경을 받는 영웅이 옴팔레 여왕 밑에서 수발을 드는 일은 참기 어려웠다. 에우리스테우스의 신하로 살면서 어려운 난사들을 해내는 것보다 더 큰 모험이었을 것이다. 그 우람한 몸이 여자들의 옷을 걸치고, 여자처럼 말하고 걷고, 다른 여자 시종들과 어울려 시시덕거리는 일은 요새 사람들은 도저히 이해 못할 굴욕스러운 일이다.

그러나 바로 여자 시종의 삶을 참아내는 과정을 통해 그는 파괴

〈안타이오스와 싸우는 헤라클레스〉
안토니오 델 폴라이우올로, 1470년경

적인 남성성을 상당 부분 치유할 수 있었다. 어떤 남자보다도 남자다운 남자가 가장 여성적인 품성을 도야하는 과정을 통해 인간성의 온전한 품격을 갖춰 나갔다. 그 결과는 값졌다. 그는 마침내 광기에 시달리지 않고도 안정된 가정에서 행복한 삶을 누릴 수 있었다. 지나친 남성 근육의 힘을 부드러운 여성 마음의 힘으로 정돈하여 일상적 행복을 누릴 지평을 연 것이다.

그러나 모든 전사가 그렇듯이 그는 안주할 수 있는 운명으로 태어나지는 않았다. 삶의 안정적 기반은 이내 무너지고 또 다른 깨달음을 향해 내몰린다. 전사들에게 안주는 죽음을 의미한다. 안주가 지속되면 자만과 자아의 벽이 높게 쳐지기 때문이다. 그 안주의 죽음이 아내의 배신과 함께 찾아왔다.

아내 데이라네이라는 자기를 구해준 남편보다 자신을 납치하려 했던 네소스의 말을 들었다. 위대한 영웅을 남편으로 둔 여인에게 닥친 시험, 뭇 여자들이 사모하는 남편을 믿어야 한다는 시험에 걸려든 것이다. 의심과 배신은 값을 치러야 한다. 그녀 자신이 우선 그 값을 치렀고, 남편 헤라클레스까지도 값을 치러야 했다.

그토록 위대한 모험을 치러낸 헤라클레스에게 가장 치명적인 모험은 일상생활을 사는 것이었다. 남들처럼 평범한 가정을 이루어 사는 것, 그것은 헤라클레스에게뿐 아니라 모든 사람에게도 치명적이다. 보통 사람은 그 삶을 아침에 옷 한 벌을 꺼내 입듯 하지만, 그 속에 감추어진 살점을 떼어낼 치명적인 독소에 대해서는 무방비하다.

살점이 떨어져 나가 피가 온몸에서 흐르는 자신의 흉측한 모습을 보면서 헤라클레스는 확연히 깨달았다. 안주는 집착을 낳고 집착은 눈을 가리면서 그가 겪어낸 모험보다 더 큰 위험을 키운다는 것을. 가정이 주는 달콤함과 행복감도 결국은 위험을 키우는 한 장치라는 것을.

그의 전 인생이 파노라마처럼 흐르며 펼쳐졌다. 뭇 남자들이 수천 생을 살면서도 이루지 못할 일들을 해냈고, 그에 따른 명예도 얻었다. 살갗이 벗겨져 피로 범벅된 근육을 쳐다보면서, 영웅의 삶을 살도록 하늘이 준 재능, 즉 근육의 힘에 감사했다. 그동안 인욕과 받아들임의 수련으로 치명적인 파괴성도 순치시켰다. 그 결과로 찾아온 행복도 값지긴 하나, 거기에 기대고 안주하면 배신에 내몰린다는 사실도 알았다. 이 세상에서 경험할 것은 다 경험했고, 그 결과로 얻은 명예나 행복도 붙들고 있기에는 너무 치명적이라는 것도 알았다. 더 이상 안주할 곳도, 집착할 것도 이 세상에는 없었다.

그가 산 위에 올라 장작더미 위에 그토록 차분하게 오를 수 있었던 것도, 자신이 아끼던 활을 그렇게 쉽게 넘겼던 것도, 항상 입고 다니던 사자 모피를 마치 평안한 수면을 감싸는 이불처럼 덮을 수 있었던 것도, 그리고 축제 때 식사라도 하듯이 '불을 지피라.'고 말할 수 있었던 것도 이 세상에서 할 일을 다 마쳤다는 확연한 판단 때문이다. 그렇게 그는 버림의 전사가 되었다.

그의 마음은 이미 신성에 도달했다. 괴력을 감당할 수 없었던 몸이 치솟는 불길에 타버리자, 근육을 움직이던 힘은 신성과 결합하면서 연기를 타고 하늘로 올랐다. 온 신들이 마중 나와 그를 축하하며 환영했다. 특히 헤라는 그녀가 내린 시련을 잘 극복해낸 지상의

위대한 전사를 축하하며, 자기 딸 헤베를 아내로 내주는 데 흔쾌히
승낙했다. 청춘의 여신이 새로운 신 헤라클레스와 포옹하였다.
　독일 시인 실러가 헤라클레스의 삶에 대해 썼다.


　　헤라의 증오는 지상의 모든 고뇌를,
　　지상의 모든 수고를 그에게 부과했으나
　　운명의 생일로부터 저 장렬한 최후의 날까지
　　그는 이 수고를 훌륭히 참아내었다.
　　……
　　일찍 맛보지 못하던 몸의 가벼움에 기뻐하며
　　지상에서 어둡고 무거운 고통을 죽음에다 버리고,
　　천상의 빛을 향하여 비상했다.
　　올림포스 신들은 그를 맞으러 사랑하는 아버지 대전으로 모이니,
　　빛나는 청춘의 여신은 뺨을 장밋빛으로 물들이고,
　　지아비 된 그에게 신들의 술을 헌작했다.


　본래 이름이 알키데스였던 그는 이제 '헤라의 영광'이라는 뜻의
헤라클레스로 이름을 바꾸었다. 그가 지상에서 해낸 일이 얼마나
위대했으면, 헤라가 가장 아끼는 딸을 내줄 정도였을까. 헤라가 준
지독한 시련을 모두 참아냈을 뿐 아니라, 마음의 힘을 닦아 신성에
오른 전사 헤라클레스는 헤라에게도 큰 영광이었다. 헤라가 주는
고통은 결국 인간을 신성에 다가가게 하려는 시험. 그 시험을 최고
로 잘 치른 남자에게 '헤라의 영광'이라고 이름 지은 것은 최고의

찬사였다.

　헤라클레스 같은 전사와 보통 사람의 가장 두드러진 차이는 그가 가진 괴력이 인간의 수준을 넘고 웬만한 신도 감당 못할 정도라는 데 있다. 왜 헤라클레스만 괴력을 가지고, 보통 사람은 갖지 못하는가?

　그는 거침없는 사람이기 때문이다. 보통 사람이 장애로 생각하는 것을 전사는 자기를 위한 도전이라고 생각한다. 그는 장애를 대할 때 하늘이 준 힘을 남김없이 쓴다. 반면 보통 사람은 하늘이 준 힘을 1만 분의 일도 못 쓰고 간다. 자만하고 두려워하고 체면치레 하느라 자신의 잠재력이 그 정도뿐이 안 된다고 생각한다. 헤라클레스의 괴력, 그것은 하늘이 준 재능과 힘을 남김없이 쓸 때 나타나는 현상이다. 남김없이 쓰면 더 이상 삶을 구걸해야 할 어떤 이유도 사라진다.

　우리의 삶도 헤라클레스와 같은 전사가 되어 뭇 신들의 축복 속에 하늘에 오를 때까지 끝나지 않는다. 그때까지 바닥을 기며 온갖 굴욕을 견뎌야 하고, 다가오는 숱한 역경을 나를 위해 봉헌된 도전이라 받아들이며 끝없이 배워야 하고, 잠시 다가오는 행복도 안주할 곳은 아니라는 깨달음을 얻어야 한다. 무엇보다 먼저 하늘에서 받은 모든 힘을 남김없이 쓰는 괴력을 발휘하는 데서 시작해야 한다.

　갈 길은 아주 멀다. 잠시의 안주도 허용하지 않는 이 인생길에서 우리가 도달할 곳, 그곳은 더 이상 필요 없는 육체를 식사하듯 불길 속에 맡기는 마음의 경지다. 자비의 샘, 지혜의 샘에 도달할 때까지

이 여정은 끝나지 않을 것이므로. 하늘로 올라 별이 되어 지상의 모
든 존재에게 반짝일 때까지 쉼 없이 가야 하므로.

■ 토마스 벌핀치, 이윤기 옮김, 〈헤라클레스〉, 《그리스와 로마의 신화》, 대원사, 1989.
■ Heracles / Carlos Parada. Greek Mythology Link. www.maicar.com/GML

# 신화, 전사를 만들다

지은이 | 김용호

1판 1쇄 발행일 2009년 2월 28일
1판 2쇄 발행일 2010년 6월 28일

발행인 | 김학원
편집인 | 선완규
경영인 | 이상용
편집장 | 정미영 최세정 황서현 유소영
기획 | 임은선 진현휘 박인철 김은영 박정선 김서연 정다이
디자인 | 김태형 유주현
마케팅 | 하석진 김창규
저자 · 독자 서비스 | 조다영 함주미(humanist@humanistbooks.com)
스캔 · 출력 | 이희수 com.
용지 | 화인페이퍼
인쇄 | 청아문화사
제본 | 정민제본

발행처 | (주)휴머니스트 출판그룹
출판등록 | 제313-2007-000007호(2007년 1월 5일)
주소 | (121-869) 서울시 마포구 연남동 564-40
전화 | 02-335-4422 팩스 | 02-334-3427
홈페이지 | www.humanistbooks.com



ISBN 978-89-5862-273-4 03210

만든 사람들

기획 | 선완규(swk2001@humanistbooks.com), 유은경
편집 | 임미영
디자인 | 민진기디자인

* 이 책에 그림과 사진을 제공해주신 전갑배 선생님과 백련사 승원 스님께 감사드립니다.